W0469162

Carl-Auer

Roland Kachler

Traummord

Ein Fall für Freud, Jung und Milton Erickson

2005

Carl-Auer-Systeme im Internet: **www.carl-auer.de**
Bitte fordern Sie unser Gesamtverzeichnis an:

Carl-Auer-Systeme Verlag
Häusserstr. 14
69115 Heidelberg

Umschlaggestaltung: Goebel/Riemer
Satz: Verlagsservice Hegele, Dossenheim
Printed in the Netherlands
Druck und Bindung: Koninklijke Wöhrman, Zutphen

Erste Auflage, 2005
ISBN 13: 978-3-89670-484-9
ISBN 10: 3-89670-484-2

Bibliografische Information Der Deutschen Bibliothek
Die Deutsche Bibliothek verzeichnet diese Publikation in der Deutschen Nationalbibliografie; detaillierte bibliografische Daten sind im Internet über http://dnb.ddb.de abrufbar.

13.00 Uhr

»Lass doch das Träumen!«, rief sie aus dem Schlafzimmer. Ihre Worte drangen nicht zu ihm durch. Mit scheinbar wachen Augen starrte er in eine etwa schädelgroße Kristallkugel, die er soeben behutsam auf den Tisch gelegt hatte. Im geschliffenen Glas der Kugel spiegelte sich ein kalkweiß getünchtes, großes Zimmer. Schwarze Balken an der Decke hielten gebrannte Ziegel, die einen leicht geschwungenen Baldachin bildeten. Im gemauerten Kamin lagen Asche und Reste von ausgeglühten Holzscheiten wie anthrazitfarbene Gebirge und kleine, von Schluchten durchzogene Alpen.

Siegfried Maurer, Kommissar beim Morddezernat einer kleinen Universitätsstadt, schüttelte sich ein wenig verdutzt und versuchte, mit seiner Aufmerksamkeit wieder in den Raum zurückzukehren. Sein dichtes, dunkles Haar und das glatte Gesicht mit der spitz zulaufenden Nase verrieten nicht, dass er die Vierzig schon seit längerem überschritten hatte.

Susanne Kurz, ein paar Jahre jünger als er und von Beruf Kunsthistorikerin in einem Verlag, war dabei, ihre Kleider aus dem Koffer in den Schrank des noch leicht kühlen Schlafzimmers zu hängen.

»Ich bin gleich so weit. Dann können wir rausgehen und ein wenig die Gegend erkunden.«

Sie hatte ihm diesen Urlaub in der Toskana vorgeschlagen. »Lass uns ein paar Tage in den Süden fahren. Dann kannst du dir in aller Ruhe noch mal die Mordgeschichte Roth durch den Kopf gehen lassen. Aus dem Abstand wird dir vielleicht manches klarer, und du kannst mir das Ganze noch mal genau erzählen. Vielleicht bringe ich dich mit meinen Fragen auch auf neue Ideen. Und außerdem kannst du dann in aller Ruhe deine Kristallkugel befragen.«

Er dachte an seinen Chef, der ihm ebenfalls zu dem Kurzurlaub geraten hatte. »Vielleicht haben Sie in der Ferne einen Einfall, der Sie weiterbringt. In den fünf Tagen über Ostern versäumen Sie hier nichts. Machen Sie Ihrer Freundin eine Freude, und genießen Sie die paar Tage in der Ostersonne.«

Widerwillig musste Maurer einsehen, dass sein Chef durchaus Recht hatte. Er ermittelte nun schon fast vier Monate, ohne dass er auch nur ein einziges greifbares Ergebnis vorzuweisen hatte. Vielleicht tat ihm die Ablenkung wirklich gut und brachte ihn auf neue Gedanken. Außerdem freute er sich darauf, wieder einmal mehr Zeit mit Susanne zu verbringen.

Die Anfahrt durch die toskanischen Hügel war wunderschön gewesen, aber noch war Maurer nicht richtig in den herrschaftlichen Zimmern des Weinguts inmitten von Weinbergen und silbrig glänzenden Olivenhainen angekommen. Nach wie vor beherrschte der Mordfall seine Gedanken. Immer wieder hatte er in den vergangenen Monaten versucht, der Lösung des Falles mit einem Blick in seine Kristallkugel näher zu kommen. Doch während der turbulenten Ermittlungen hatte er nicht genug Zeit und Muße für die Kugel gefunden.

Eine Kugel, allerdings eine viel kleinere aus Metall, war es auch gewesen, die in den Kopf des Universitätspsychologen Roth eingedrungen war und für seinen sofortigen Tod gesorgt hatte.

»Weißt du noch, wie ich dir dieses Buch von Milton Erickson geschenkt habe?« Susanne trat in die Tür des Wohnzimmers.

Maurer wandte sich nun mit einem Ruck von der Kristallkugel ab. »Natürlich, ohne dich und ohne dieses Buch hätte ich nie die Kristallkugeltechnik von Milton Erickson kennen gelernt.«

»Und ohne deine Psychologiemacke und deine Psychobücher wären wir heute kein Paar.« Sie nahm ihn in die Arme. »Ja, es war schon etwas Besonderes, wie ich dich in dem Buchladen an der Stadtkirche kennen gelernt habe«, meinte sie lächelnd.

Sie mochte den Buchladen im Schatten der mächtigen Kirchtürme. Selten schaffte sie es, an den kleinen Schaufenstern, in denen sich die Bücher stapelten, vorbeizukommen. Immer wieder zog es sie in die enge Bücherhöhle.

Noch bevor sich ihre Augen an das Halbdunkel der Bücherwelt gewöhnt hatten, tauchte vor ihr der silbergraue Kopf einer der beiden alten Damen auf, die den Laden seit ewigen Zeiten betrieben. Sie blickte gerne in die freundlichen Gesichter der beiden Frauen. Ein kurzes Nicken, dann zog sie sich wie bei jedem Besuch in die Ecke mit der kunsthistorischen Literatur zurück.

An jenem trüben Morgen jedoch saß auf dem hölzernen Klappstuhl, auf dem sie sich sonst zum Schmökern niederließ, ein etwa dreißigjähriger Mann. Er war in ein Buch vertieft und schien sie nicht zu bemerken. Sie wandte sich den Bücherregalen zu, um nach neuen Kunstbänden Ausschau zu halten. Ein Bildband über Tiepolo mit feinen Rötelzeichnungen des menschlichen Körpers zog sie schnell in seinen Bann. Die Bücherregale verloren sich in der Ferne, bis sie in ihrem Rücken zwischen den Schulterblättern einen kleinen, stechenden Schmerz fühlte. Unwillig drehte sie sich zu dem Mann um. Der aber saß über sein Buch gebeugt da. Sie starrte ihn so lange an, bis er den Kopf hob.

»Ist etwas nicht in Ordnung?« Seine Stimme war angenehm. Ihre Augen mussten sich im Halbdunkel suchen.

»Nein, nein, danke. Ich dachte nur, Sie hätten etwas gesagt«, stotterte sie irritiert.

»Hören Sie Stimmen?«, fragte er mit einem leichten Lächeln und schloss das aufgeschlagene Buch.

Ihr Blick hielt sich Rettung suchend an dessen Titel *Lehrbuch der Psychoanalyse* fest. »Sie sind Psychologe oder Psychoanalytiker?«

»Weder noch, aber Amateurpsychologe, wenn Sie so wollen.« Er sagte es mit einem entschuldigenden Lächeln um seinen schmalen Mund, der halb unter einem Oberlippenbärtchen versteckt war.

»Reich werden Sie damit aber nicht«, entgegnete sie und spürte, wie die Spannung zwischen ihren Schulterblättern verschwand und eine angenehme Wärme zurückließ.

»Ja. Meine Brötchen verdiene ich mit etwas anderem.«

»Vielleicht sind Sie ja der neue Hausdetektiv hier.« Sie grinste ihn an.

»Wie kommen Sie denn darauf?«

»Ich habe mich beobachtet gefühlt.«

»Habe ich aber mit keinem Blick getan! Aber wahrscheinlich riecht Ihr Unbewusstes meinen Beruf schon von weitem.«

»Also doch Hausdetektiv!«

»So etwas Ähnliches, natürlich um Klassen besser.«

»Nun machen Sie es aber spannend. Verraten Sie schon!«

»Gerne, aber nur bei einer Tasse Kaffee drüben im Café Hirsch.«

Sie schluckte, nickte und stellte den Bildband so fahrig in das volle Regal, dass der Schutzumschlag einriss. »Wie ungeschickt von mir! Aber es reicht, wenn ich das den alten Damen morgen beichte«, sagte sie entschuldigend zu ihm. »Ich bin eine alte Stammkundin!«

»Kann in der Aufregung schon mal vorkommen«, bemerkte er und ließ ihr den Vortritt. Zwischen den Schulterblättern spürte sie wieder das Prickeln.

»Was hat sie denn heute?«, fragte die alte Dame, »sonst grüßt sie doch so freundlich.«

»Noch heute«, Susanne unterbrach ihre Erinnerungen, »gehe ich gerne in diesen Laden, und dann stellt sich der schöne

Schmerz zwischen den Schulterblättern ganz leicht wieder ein. Es fühlt sich fast ein wenig erotisch an. Dann gehe ich zu den Psychologiebüchern und schaue, ob ich dir mit einem neuen Psychobuch eine Freude machen kann.«

»Du weißt, dass du da fast immer richtig liegst«, schmunzelte er.

Beide amüsierten sich über seine heimliche Leidenschaft, die er neben seinem Job als Kommissar pflegte.

Er hatte sich tatsächlich lange mit der Psychoanalyse, mit der Biografie von Sigmund Freud und dessen frühem Rivalen Carl Gustav Jung beschäftigt und war stolz auf sein Wissen. Vermutlich kannte er sich in der Geschichte der Psychoanalyse besser aus als mancher Psychoanalytiker. Er wäre nie auf den Gedanken gekommen, sich für eine andere psychotherapeutische Schule zu interessieren, bis ihm Susanne eines Tages ein Buch von Milton Erickson mitgebracht hatte.

»Schau, was ich heute in unserem Buchladen gefunden habe!«

»Was ist das denn?!« Seine Enttäuschung war fast mit Händen zu greifen.

»Es gibt ja fast keine psychoanalytische Literatur mehr, die du noch nicht kennst«, antwortete sie, nun ebenfalls enttäuscht, fast ein wenig beleidigt.

Er fasste ihre Antwort als Kompliment auf und fühlte sich geschmeichelt. »Komischer Titel, *Meine Stimme begleitet Sie überallhin*«, bemerkte er und wandte sich dem Klappentext zu. »›Milton Erickson, ein Meister der Hypnotherapie‹«, seine Stimme klang zweifelnd. »Ich dachte, die Hypnose sei schon lange out? Freud und sein Arztkollege Breuer haben doch auch mit der Hypnose begonnen und sie dann aufgegeben, weil sich die Symptome ihrer Patienten nur kurzzeitig gebessert haben, aber nicht wirklich geheilt waren. Und dann hat Freud die Psychoanalyse entwickelt.«

»Auch mein Amateurpsychologe kann vielleicht noch etwas Neues lernen. Mir wurde dieses Buch wärmstens empfohlen.«

Noch am selben Abend hatte er in das Buch hineingelesen und war nicht mehr davon losgekommen. Wie in Trance verschlang er in einer Nacht die Buchstaben, Wörter und Sätze, die ihn wie ein Spinnennetz umgarnten und ihn mit schweren Gliedern in den Sessel fesselten.

Die Kristallkugeltechnik, die in diesem Buch vorgestellt wurde, war für seine Ermittlungen wie geschaffen. Wenn er sich vor seine Kugel setzte, hörte er Ericksons Worte, von denen er nicht wusste, ob er sie tatsächlich bei Erickson gelesen hatte oder ob sie nur aus seinem eigenen Unbewussten aufstiegen.

»Ihr Unterbewusstsein hat Zugang zu vielen Gefühlen, Erinnerungen und Gedanken, die mit Ihrem Problem in Beziehung stehen. Sie wissen noch nicht, wie Ihnen Ihr Unbewusstes helfen wird, dieses Problem zu lösen, aber ihr bewusster Verstand kann für die Antwort empfänglich sein, wenn Ihr Unbewusstes Ihnen die Lösung zur Verfügung stellt. Sie wissen nicht, ob das früher oder später passieren wird. Sie wissen nicht, ob es ganz plötzlich oder langsam und schrittweise geschehen wird. Doch Sie können lernen, Ihre eigene natürliche Art, Lösungen zu finden, zu respektieren.«

Inzwischen hatte er verstanden, was diese hypnotischen Worte und der Buchtitel *Meine Stimme begleitet sie überallhin* bedeuteten. Wenn er bei einem Fall nicht weiterkam, platzierte er sich entspannt vor der Kugel, um sein Unbewusstes zu neuen Einfällen anzuregen. Wie in einem Vergrößerungsglas sah er noch einmal den Mordfall, die Ermittlungen und die Zeugenaussagen, bis sich eine neue Spur auftat. Das Unbewusste, und das war das Neue gegenüber Freud, war bei Erickson nicht nur der Behälter des Verdrängten, sondern eine Quelle ungewöhnlicher Einfälle, der Ort ungeahnter Kreativität und Intuition.

»Komm, draußen scheint wunderbar die Sonne!« Maurer zog Susanne in den Vorraum und trat mit ihr ins Freie. Das Licht der Frühlingssonne empfing sie.

»Wirklich wunderschön! Ich liebe diese Hügel mit ihren Olivenhainen. Und jetzt im Frühling ist alles so grün!« Sie hob schützend die Hand vor die Augen. Die Sonne war schon ziemlich kräftig und tauchte die wellige Landschaft in ein helles, klares Licht.

»Bei diesem herrlichen Wetter wage ich es kaum, wieder von meinem Mordfall Roth anzufangen, aber er geht mir einfach nicht aus dem Kopf.« Maurer legte vorsichtiger als sonst den Arm um Susanne.

»Nur keine Sorge! Ich habe dir doch angeboten, mit dir über den Fall zu reden«, erwiderte sie. »Schließlich ist der Mord an einem Psychologiedozenten der Fall deines Lebens. Etwas Besseres konnte dir doch gar nicht passieren. Endlich kannst du deine Leidenschaft für die Psychologie ausleben.«

»Du hast Recht, es ist wirklich ein toller Fall, umso schlimmer, dass ich nicht mal den Ansatz einer Spur habe. Nichts, wirklich gar nichts!« Maurer ging für einen Augenblick langsamer. Der Mordfall war fast schon zu seinem Privateigentum geworden. Alle anderen Kollegen hatte er draußen gehalten und ihre Angebote, ihn zu unterstützen, freundlich, aber bestimmt abgelehnt.

»Ich würde zu gerne allen zeigen, dass Kriminalistik nichts als reine Psychologie ist. Am Ende sind es nur die Intuition und die Arbeit des Unbewussten, die mich auf eine Lösung bringen werden. Für mich sind Mordfälle nichts anderes als schwierige Krankengeschichten. Ich muss nur die psychologische Logik dieses Mords an Roth verstehen. Irgendeine Schlüsselszene muss es doch geben, damit das Ding geknackt werden kann!«

»Nun mal ganz langsam!«, bremste Susanne. »Fang doch noch einmal ganz von vorne an, bevor du gleich ins Psychologisieren kommst. Erst die Fakten, dann die Psychologie – und als krönende Lösung deine Kristallkugel oder, besser gesagt, Ericksons Kristallkugel.«

»Wenn es sein muss«, seufzte Maurer ergeben, folgte Susannes Rat und versuchte, sich die bisherigen Ermittlungen exakt vor sein inneres Auge zu rufen.

Am Morgen des 21. Dezember war sein Chef mit den Worten »Das ist ein gefundenes Fressen für Sie. Ihr Fall!« auf ihn zu gekommen. »Fahren Sie ins Psychologische Institut an der Uni. Dort hat heute Morgen die Putzfrau einen Psychologiedozenten, Dr. Johannes Roth, erschossen in seinem Arbeitszimmer aufgefunden. Schauen Sie sich's am besten alleine an, bevor Sie alle weiteren Schritte veranlassen.«

Keine zehn Minuten später betrat Maurer das Büro des Ermordeten. Sein Blick fiel auf die große Fensterfront auf der gegenüberliegenden Seite des Raums. Dort stand der Schreibtisch, auf dem Bücher, Berge von Papier und zahlreiche Manuskripte in wirrem Chaos aufgetürmt waren. Eine halb vertrocknete Grünlilie wurde an den Rand der Schreibtischplatte gedrängt und drohte jeden Augenblick in den Abgrund zu stürzen. An der linken Wand hingen – beim Eintreten gleich ins Auge fallend – zwei Schwarz-Weiß-Fotografien, die Sigmund Freud und Carl Gustav Jung, beide offensichtlich in hohem Alter, zeigten.

Roth saß an seinem Schreibtisch, den Oberkörper über die Tischplatte gebeugt, den Kopf nach vorne geneigt, als suchte er mit kurzsichtigen Augen etwas auf dem Schreibtisch. Vielleicht war er auch nur eingenickt. Von hinten konnte man beim besten Willen nicht erkennen, ob Roth tot war oder nur schlief.

Vielleicht träumt er einen süßen Traum, dachte Maurer. Zugleich konnte er die Assoziation »Den seinen gibt's der Herr im Schlaf« nicht unterdrücken. In diesem Fall hatte er ihm die Kugel gegeben. Maurer trat näher heran und sah, wie das Blut über Roths linke Gesichtshälfte am Hals wie ein vorgebahnter Bachlauf nach unten floss. Das ausgefranste Loch in der Schläfe des Toten zeugte von der brutalen Kraft der Kugel. Sie hatte einen Tunnel gerade und scharf durch das grau gefaltete Gebirge seines Gehirns getrieben.

Noch vor wenigen Stunden war dieses gewundene Felsengedärm von lautem Dröhnen, eifriger Arbeit, Rauschen, sich überschlagenden Echos und feinstem Sirren erfüllt gewesen. Geschnürte Wasserläufe, kleine und kleinste Rinnsale, Bahnen und Bäche, Wurzeln und Äste hatten es durchzogen. In ihnen war der Strom der rothschen Seele geflossen. Elektronengewitter und Stürme von Entladungen hatten im Kopf des Verstorbenen Gedanken und Gefühle wachsen lassen. Kaskaden fließender Elektronenströme hatten Bilder und Fantasien ins Gehirn dieses Menschen gemalt.

War die Seele etwas anderes als dieses Geschiebe, Gedränge und Gemenge von Elektronen? War sie mehr als der Austausch von Transmittern zwischen Axonen und Dendriten von Gehirnzelle zu Gehirnzelle, mehr als das Diffundieren von Kalium und Natrium durch die Zellmembrane am Neuronenspalt?

Maurer sollte nun die Frage beantworten, welches Elektronengewitter in welchem anderen Zellgebirge dem Finger am Abzug einer Pistole und damit der Kugel den Befehl gegeben hatte, loszufliegen, einzuschlagen und den Tauschhandel von Elektronen und Transmittern in Roths gefältelten Gehirnwindungen zu beenden.

Das rechte Auge war fast geschlossen. Maurer beugte sich etwas näher und sah, dass die trüb gewordene Pupille, ein wenig nach innen weggedreht, durch einen schmalen Schlitz starrte. Schaute sie dem Lauf der Kugel nach, oder versuchte sie die schwarzen Buchstabengestalten auf den Seiten des aufgeschlagenen Buchs zu fassen und festzuhalten? Doch die in Gruppen und Linien aufmarschierenden Buchstaben ergaben für die Pupille keinen Sinn mehr, und auch das zum Stillstand gekommene Gallertgebirge hinter der Pupille konnte mit ihnen nichts mehr anfangen.

Roth muss es beim Lesen dieses Buches erwischt haben, dachte Maurer.

»Wann wurde Roth überhaupt ermordet?« fragte Susanne.

»Die Obduktion ergab, dass der Tod zwischen dreiundzwanzig Uhr dreißig und null Uhr dreißig eingetreten sein muss. Roth war bekanntermaßen ein Nachtarbeiter. Wenn alles im Haus still war, konnte er sich ganz aufs Lesen konzentrieren. Dafür reichte ihm tagsüber die Zeit nicht, weil er nicht für Wissenschaft und Lehre, wie es so schön im Unijargon heißt, angestellt war.«

»Womit hat er dann sein Geld verdient?«

»Nun, Roth leitete das Prüfungsamt der Psychologischen Fakultät. Leiten hieß in seinem Fall, dass er zusammen mit zwei Halbtagssekretärinnen die Vordiplom- und Abschlussprüfungen der Psychologiestudenten organisierte. Die Professoren, die Prüflinge und die jeweiligen Schriftführer mussten in einem komplizierten Organisationsplan zusammengebracht werden. Bevor aber die Studenten zu den Prüfungen zugelassen wurden, hatten sie, entsprechend den Prüfungsordnungen, die verschiedensten Bescheinigungen über die vorgeschriebene Anzahl absolvierter Seminare, Praktika und schriftlicher Seminararbeiten abzugeben. Nicht selten musste Roth einen Prüfling abweisen, weil die eingereichten Unterlagen nicht den Anforderungen entsprachen. Dann gab es meist lange, oft auch hitzige Diskussionen.«

»Das kann ich gut nachvollziehen. Und jeder Student denkt natürlich, er sei der wichtigste.« Susanne zeigte Verständnis für Roths schwierige Arbeit.

Dafür war Roths zweites Aufgabengebiet, die Organisation der Promotionen und Habilitationen, nicht ganz so nervenaufreibend. Hier war auch das Interesse und Engagement der Professoren größer. Er konnte auf ihre Mitarbeit zählen, mehrt ein erfolgreicher Doktorand doch auch das Ansehen und den Ruf des Doktorvaters. Die Doktoranden und Habilitanden waren meist angenehme Gesprächspartner, und auch wenn die Korrektur selbst nicht zu seinem Job gehörte, las er gern in eingereichten Dissertationen und Habilitationsschriften.«

Das war in Roths Büro nicht zu übersehen gewesen. Die zu Haufen getürmten Diplomarbeiten und Dissertationen zeugten von seiner alltäglichen Arbeit. Maurer sah die Prüfungs- und Promotionsordnungen in Stapeln auf dem Beistelltisch liegen, griffbereit, damit Roth sie in den Sprechzeiten ohne langes Suchen aushändigen konnte. Auch verschiedenste Formulare, Anträge, noch leere Briefbogen mit dem offiziellen Briefkopf des Prüfungsamts, Bestätigungen und Bescheinigungen waren säuberlich in Ablagekästen geordnet.

Auf Roths Schreibtisch lagen einige Prüfungsanträge sowie drei Diplomarbeiten und andere umfangreiche Manuskripte. Roth musste in ihnen gelesen haben, wohl aus eigenem Interesse, da er auch für das Diplom nicht zur Korrektur zugelassen war. Seine Aufgabe war es, den Zweitkorrektor für eine Diplomarbeit zu finden.

Maurer griff über den toten Roth hinweg nach den Diplomarbeiten mit Titeln wie *Postnarkotische Träume und ihre Bedeutung*, *Die Funktion von Träumen im REM-Schlaf* und *Träume in der kognitiven Verhaltenstherapie*. Unwillkürlich schlug er letztere Arbeit auf. Seines Wissens spielten Träume für die Verhaltenstherapie keine Rolle, ging es bei diesem Therapieverfahren doch darum, ein störendes Verhalten zu verlernen und ein angemessenes Verhalten neu zu erlernen. Was sollten da Träume, die flüchtigen Wesen der Nacht? Anscheinend gab es aber doch Studenten, die sich mit der offiziellen Lehrmeinung von Universität und Verhaltenstherapie nicht abfanden und in ihren Diplomarbeiten neue Themen suchten und bearbeiteten. Maurer blieb an einem Satz in der abschließenden Zusammenfassung hängen: »Träume werden zukünftig auch in der Verhaltenstherapie als Mittel zur Problemlösung ihre wichtige Funktion finden.«

Sein Blick fiel auf die beiden gerahmten Porträts von Freud und Jung. Die beiden Kontrahenten der Tiefenpsychologie hatten ein unterschiedliches Verständnis der Träume und differierende Methoden der Traumdeutung entwickelt – nicht zuletzt ein Grund für ihre Auseinandersetzungen und die daraus resultierende Feindschaft.

Maurer überlegte, was diese beiden Männer an einem universitären Institut für Psychologie zu suchen hatten, kam aber zu keinem vernünftigen Ergebnis. Beide waren hier Personae non gratae. Sie waren von der mit Zahlen und Statistiken arbeitenden Universitätspsychologie als unwissenschaftlich gebrandmarkt und aus den heiligen Hallen der exakten Wissenschaft verbannt worden.

An der Tür klopfte es lautstark.

»Einen Augenblick noch!«, rief Maurer nach draußen. Er wusste, dass die anderen Ermittler und der Fotograf schon unruhig auf ihren Einsatz warteten. Der Pressesprecher des Kommissariats hielt sich wahrscheinlich schon bereit, um der Presse eine erste Mitteilung zu machen.

»Ich brauche noch ein paar Minuten«, setzte Maurer nach.

Er war gerne mit dem Ermordeten allein am Tatort. Tote, so auch Roth, strahlten immer etwas ganz Besonderes, etwas Würdiges, oder sollte er sagen: Heiliges aus. Die Person des Ermordeten war noch im Raum. Maurer hielt nichts von esoterischen Spekulationen über eine Aura oder Ähnliches. Aber irgendwie war die Seele der Toten noch so präsent, dass Maurer sich immer wieder dabei ertappte, wie er sie ansprach. Er war überrascht, wenn es in dem Raum jeweils still blieb und keine Antwort zu hören war. Maurer musste sich schließlich zur Ordnung rufen, klatschte dann in die Hände, um sich aus der Nähe zu den Toten zu verabschieden. Diese verschwand meist erst dann ganz, wenn seine Kollegen von der Ermittlung dazukamen.

»Und dann«, Maurer blieb stehen und fasste sich an den Hinterkopf, »dann habe ich etwas gemacht, was ich noch nie gemacht habe und eigentlich auch nicht machen darf. Ich habe ganz vorsichtig den linken Ellenbogen und dann Roths Kopf ein wenig angehoben, nur ganz leicht, nur ein paar Millimeter, um das Buch unter seinem Kopf hervorzuziehen.«

»Ja, ja, mein ach so korrekter Kommissar.« Susanne zog die Augenbrauen hoch. »Welches Buch hat Roth denn in seiner Todesstunde gelesen?«

»Du wirst lachen, es war eines von Freud, *Neue Folge der Vorlesungen*, Band XV der Gesammelten Werke. Es war auf den Seiten 24 und 25 unter dem Abschnitt *Die Revision der Traumlehre* aufgeschlagen.«

»Überrascht bin ich eigentlich nicht. Nach den Diplomarbeiten, die Roth auf seinem Tisch hatte, habe ich mit so etwas fast schon gerechnet.«

»Ich, ehrlich gesagt, auch«, bestätigte Maurer. »Die Frage ist aber, ob Roth in den Minuten vor seinem Tod tatsächlich Freud gelesen hat oder ob der Täter ihm das Buch untergeschoben hat.«

»War der Freud-Band denn nicht von Roths Blut beschmiert?«

»Nein, eigenartigerweise nicht. Er hat das Buch wohl mit seinen angewinkelten Armen und seiner rechten Gesichtshälfte abgedeckt und geschützt, während ihm das Blut von der linken Schläfe über den Hals floss.«

»Merkwürdig. Hat da jemand nach dem Todesschuss etwas manipuliert oder gar inszeniert?«

»Es sah ganz danach aus. Auf den beiden Buchseiten waren zwar einzelne Blutstropfen, aber die waren so unnatürlich in einer Reihe angeordnet, dass es kein Zufall sein konnte. Es schien, als wollten diese Blutstropfen etwas hervorheben.«

»Also war die ganze Szene bewusst arrangiert, und jemand hat dem toten Roth das Buch so unter den Kopf gelegt, dass die gewollte Hervorhebung im Text nicht verschmiert wurde.«

»Ich kam in diesem Augenblick nicht auf die Idee, genau zu schauen, welche Wörter oder Sätze auf den Seiten 24 und 25 im Buch durch die Blutstropfen unterstrichen werden sollten, sondern schob das Buch über die Schreibtischplatte wieder unter die Arme und Hände des Toten und ließ den Kopf in die alte Lage auf die abgewinkelten Arme sinken. Es wirkte so, als ob der Tote die Arme wie zum Schutz über Freuds Buch legen würde.«

»Roth und du, die Beschützer der Psychoanalyse. Da weiß ich genau, was in diesem Moment in deinem Kopf vor sich ging. Die alten Geschichten um Freud und die Psychoanalyse. Du hättest doch Psychoanalytiker werden sollen.« Susanne zog ihn an der Hand weiter.

»Du kennst mich einfach zu gut, dabei habe ich doch gar keine Psychoanalyse bei dir gemacht. Aber es war so, wie du vermutest, ich habe von dem Toten aufgeschaut und geradewegs auf das Foto geblickt, auf dem Freud zu sehen ist, wie er an seinem Arbeitstisch sitzt und schreibt.«

»Und trotz eines Toten und der vor Roths Büro wartenden Polizisten fiel dir nichts anderes ein, als dir die Geschichten mit Freud ins Bewusstsein zu rufen.«

»Wie du von Milton Erickson weißt, geht das in Sekundenschnelle. Ein Blick auf Freuds Fotografie, schon steigt alles auf, was ich gelesen und an Bildern gesehen habe. Das ist nichts anderes als eine Trance, die meine Aufmerksamkeit von der Außenwelt abzieht und die Bilder dieser Geschichten in mir auftauchen lässt. In dieser kurzen Trance bin ich so in den Bildern drin, als würde ich sie im Augenblick des Erinnerns erleben. Und genau das geschah in dem Moment.«

Sigmund Freud saß an seinem Arbeitstisch, einen Bogen Papier in der Rechten. Er drehte das beschriebene Blatt um, legte es vor sich auf den Schreibtisch und ließ den Blick auf der schneeweißen Fläche des Papiers ruhen.

Auf der glatten Oberfläche formten sich die federweißen

Wolken über den Bergen von Berchtesgaden. Zusammen mit seiner Familie war er im Jahr 1899 auf Riemerlehen, einem Bauernhof in der Sommerfrische, um sich der Niederschrift seines Buchs *Die Traumdeutung* zu widmen. Er saß inmitten ausgebreiteter, mit Götterstatuen aus seiner Antiquitätensammlung beschwerter Blätterstöße. Draußen machten seine Fratzen, wie er seine Kinder zärtlich nannte, einen Höllenspektakel. Der Lärm wurde ferner und leiser, die Bewegungen der Kinder verschwammen auf der Wiese, bis sie ins Grün hineinflossen und Bruchstücke aus dem vielleicht bedeutendsten Traum seines Lebens sich zusammenfügten.

Er hatte von seiner Patientin Irma geträumt, der es im Traum trotz seiner psychoanalytischen Behandlung schlecht ging. Hatte er einen Fehler begangen? Oder war ein befreundeter Arzt daran schuld? Er träumte, dass dieser Arzt Irma eine Injektion mit einer verunreinigten Spritze gegeben hatte.

Ein angenehmer Schauder überfiel Freud bei dem Gedanken, dass dies der erste Traum war, den er einer eingehenden Deutung unterzog. Bei der Behandlung von Patientinnen war ihm aufgefallen, wie bedeutsam Träume waren. Er hatte sie verpflichtet, ihm alle Einfälle und Gedanken mitzuteilen, die sich ihnen zu einem bestimmten Thema aufdrängten. Bei diesen freien Assoziationen waren dann auch Träume aufgetaucht. Es lag nahe, den Traum wie eine Neurose zu behandeln und die Methode des freien Einfalls auch auf ihn anzuwenden.

Freud legte die Stirn in Falten. Angestrengt versuchte er, die Einfälle zu den einzelnen Stichworten des Traums, der unter dem Namen »Irmas Injektion« in die Geschichte der Psychoanalyse eingehen sollte, zu rekonstruieren.

Der Traum, so war ihm in der Deutung klar geworden, hatte die Absicht, ihn zu entlasten. Er war nicht schuld an Irmas Zustand, die Verantwortung lag vielmehr bei dem Arzt, der ihr die verunreinigte Spritze injiziert hatte – so verschoben die Traumbilder die Schuld. Der Traum sprach ihn offenbar von jeglicher ärztlicher Schuld frei. Das hatte er sich unbewusst wohl gewünscht. Die Triebfeder des Traums war also ein unbewusster Wunsch.

Freud war überrascht von der Klarheit dieser plötzlichen, unversehens auftauchenden Erkenntnis. Ihm schien es, als hätte er einen engen Hohlweg passiert und sei plötzlich auf einer Anhöhe angelangt, auf der sich eine reiche Aussicht nach allen Richtungen eröffnete. Erst allmählich erkannte er, dass sich dieser Hohlweg seiner ersten Deutungen als Königsweg zum Unbewussten entpuppte. Irmas Injektion war die Pforte zu einem neuen Verständnis der Träume: Träume waren nichts anderes als die Erfüllung unterdrückter und verdrängter Wünsche.

Weil diese Wünsche aus dem Unbewussten oft unangenehm oder unerlaubt waren, musste das Unbewusste den Umweg über einen Traum suchen, um die Zensur des verbietenden Über-Ichs listig zu umgehen. In der Hülle eines bunt oder bizarr bemalten Briefumschlags und in der Verkleidung verwirrender und zugleich harmloser Traumbilder ließ der Zensor den Brief, den eigentlichen Trauminhalt, passieren. Der Briefinhalt, der verpönte Wunsch, konnte so vom Unbewussten geäußert werden, ohne den Schlaf des Träumers zu stören. Der Traum war der Hüter des Schlafes.

Übrigens, und dabei schmeckte Freud die Verbitterung auf der Zunge und in seinem schmerzenden, vom Krebs zerfressenen Rachen, hatte er nie behauptet, die verborgenen Wünsche seien immer sexuellen Charakters. Bester Beweis war und blieb sein eigener Traum von Irmas Injektion und seine von ihm selbst erbrachte Deutung. Im Traum kamen Wünsche zur Erfüllung, auf abenteuerlichen Umwegen zwar, aber doch so, dass der Wunsch sein Ziel, seine Befriedigung im Traum, erreichte. Dieses Fundament seiner Traumdeutung würde er nie verraten oder revidieren.

Maurer war es, als blickte Freud bei diesen Gedanken von seinem beschriebenen Blatt auf und über den Bilderrahmen zu Jungs Fotografie hinüber. Zornesfalten legten sich ihm auf die

Stirn, seine bisher ruhigen Augen blickten scharf durch die kreisrunden Brillengläser.

Wie um einen Angriff abzuwehren, hob Jung die rechte Hand. Der erhobene Handteller schien Freuds Worte abprallen zu lassen. Auch er trug eine Brille mit kreisrunden Gläsern und blickte stoisch auf sein Gegenüber. Er schüttelte verständnislos den Kopf, als hätten Freuds Argumente für ihn keinerlei Bedeutung. In dem Kampf, den sich die beiden alten Männer der Traumdeutung lieferten, behauptete Jung seine Stellung.

Mit Freuds Buch *Die Traumdeutung* hatte es angefangen. Und sie hatten so gut angefangen, die Flitterwochen zwischen ihm, dem neunzehn Jahre jüngeren Jung, und dem schon gesetzten Mittvierzieger Freud.

Jung ließ die Hand sinken und fiel in Erinnerungen an jene Zeiten zurück, als er im Jahr 1900 mit seinen 25 Jahren ans *Burghölzli*, die berühmte psychiatrische Klinik der Universität Zürich, kam. Es war eine große Chance, unter dem weithin anerkannten Leiter und Psychiater der Klinik, Eugen Bleuler, arbeiten zu können.

Noch waren die Arbeiten Freuds, auch die *Traumdeutung*, von der in den ersten Jahren nur einige Exemplare verkauft wurden, außerhalb Wiens nur wenigen Fachleuten bekannt. In Zürich hatte Bleuler trotz einiger Vorbehalte Freuds Arbeiten aufgegriffen. Er empfahl seinem Assistenten Carl Gustav Jung kurz nach dessen Eintritt in die Klinik die Lektüre der *Traumdeutung*.

Trotz der dringlichen Empfehlung legte Jung das Buch angelesen zur Seite. Erst beim zweiten Anlauf entdeckte er die Zusammenhänge mit seiner eigenen wissenschaftlichen Arbeit, den Assoziationsexperimenten, die er mit den Patienten am *Burghölzli* durchführte. Jung legte ihnen eine Liste verschiedener Stichwörter vor, auf die sie mit einem Wort reagieren sollten. Dann maß er die Reaktionszeit, die die Probanden bis zur Antwort brauchten. Lange Reaktionszeiten traten immer dann auf, wenn das auslösende Stichwort beim Patienten auf einen peinlichen, oft auch verdrängten Inhalt traf. Jung nannte diese emotionsgeladenen, verdrängten Themen Komplexe, die abgespalten in der Tiefe des Unbewussten ruhten.

Nach der Lektüre der *Traumdeutung* zögerte Jung nicht, Freud seine Studien zuzusenden, denn sie schienen dessen Ideen über das Unbewusste und die Traumdeutung experimentell zu bestätigen.

Er erinnerte sich noch genau, mit welchem Hochgefühl er den Paketbrief mit der Adresse Wien IX., Berggasse 19, versah und eigenhändig bei der Post aufgab. Gespannt hatte er auf Freuds Antwort gewartet, mit jedem Tag mehr, bis diese am 11. April 1906 eintraf. Mit fiebrigen Händen riss er den Briefumschlag auf und überflog hastig den Briefbogen. Das Papier, das mit großen, steilen und energischen Buchstabenschwüngen bedeckt war, zitterte leicht in seinen Händen. Beim ersten Lesen verstand er nicht alles. Er suchte nach einer lobenden Bemerkung Freuds über seine Assoziationsstudien, und seine Hoffnungen wurden nicht enttäuscht. Jetzt bekam seine ermüdende und langweilige Arbeit am *Burghölzli* einen Sinn. Jung wusste, dass er eigene Entdeckungen machen und damit bekannt werden würde. Er hatte die richtige Spur aufgenommen, von der er sich nicht mehr abbringen lassen würde, auch nicht von Entdeckungen, die gegen Freuds Ansichten verstießen.

Schon im ersten Brief formulierte Jung vorsichtig seine Einwände gegen Freuds Ansicht, die Sexualität sei das Zentrum der Psyche. Für ihn lag die Entstehung von Neurosen schon damals nicht ausschließlich in sexuellen Erlebnissen der Kindheit.

Doch am Anfang jeder Freundschaft steht Blindheit. Jung wollte von einem starken Vater, den er in seiner Kindheit nicht gehabt hatte, gesehen und geliebt werden. Und Freud brauchte einen jungen Kronprinzen, dem er später sein Vermächtnis der Psychoanalyse übergeben konnte. In Jung sah Freud diesen fähigen und starken Nachfolger, und Jung ließ seine Bedenken in der Sonne von Freuds Anerkennung dahinschmelzen, er ließ sich einnehmen von der Wärme des väterlichen Freundes und genoss es, der auserwählte Adoptivsohn eines Mannes zu sein, der im Begriff war, an Bekanntheit zu gewinnen. Und so täuschten sich beide, ließen sich beide auf eine Illusion ohne Zukunft ein – doch das Unbewusste lässt sich nicht hintergehen. Für andere hatte Jung das immer gewusst, doch für sich und Freud hatte er es nicht sehen wollen.

Ein Jahr nach dem Beginn des Briefwechsels hatte ein Traum, den Jung seinem Mentor bei seinem ersten Besuch in Wien erzählte, den unbewussten Konflikt zwischen ihnen ans Tageslicht gebracht. Jung wusste den Inhalt des Traums nicht mehr, doch Freuds Deutung, die darauf hinauslief, dass Jung ihn entthronen werde, erfüllte ihn noch bis ins hohe Alter mit Triumph.

Dieser Traum hatte die Zukunft vorweggenommen. Der Traum war für Jung eben doch mehr als nur die Wunscherfüllung unbewusster Triebe. Und die Seele war eben mehr als der seelische Apparat aus Ich, Es und Über-Ich.

Maurer schien es, als wanderte Jungs Blick aus der Fotografie noch einmal zu Freud hinüber, um diesen einen Augenblick lang zu fixieren und dann durch ihn hindurch- und über ihn hinauszuschauen.

»Ja, ja, die alten Geschichten der Psychoanalytiker. Was wärst du ohne deinen Freud und Jung?«, stöhnte Susanne. Sie hatten eine Anhöhe erreicht, von der sie über die weiten Hügel der Toskana schauen konnten.

»Aber du hörst sie doch auch immer wieder gerne. Etwas Spannenderes gibt es nicht, nicht einmal in der Weltliteratur. Und wenn in Roths Büro die Fotografien von Freud und von Jung hängen, dann kann ich einfach nicht anders, als an deren Freundschaft und Feindschaft zu denken. Es hat natürlich nicht lang gedauert, dann wurde ich in Roths Büro aus meinen

Träumen gerissen«, antwortete Maurer. »Es klopfte laut an der Tür. Ob ich ein Gelage oder gar eine psychotherapeutische Sitzung mit dem Toten machen würde. Ein anderer meinte, der Tote würde mir seine Träume wohl nicht mehr erzählen. Du kannst dir vorstellen, dass dieser Witz mit schallendem Gelächter quittiert wurde. Mir blieb also nichts anderes übrig, als rauszugehen und den Tatort den Kollegen von der Spurensicherung zu überlassen.«

»War vielleicht auch besser so.«

»Vielleicht. Bevor ich ging, habe ich mich noch einmal umgedreht, um mich zu vergewissern, dass Roths Kopf wieder genauso auf dem Freud-Buch lag wie vorher. Aber vielleicht hätte ich lieber doch nicht noch einmal zurückschauen sollen ...« Maurer ließ seinen Satz im kühler werdenden Luftzug des späten Nachmittags unvollendet.

»Das hat Orpheus auch gemacht, und das war nicht so gut. Bei dir ist ja klar, wer im Totenreich bleiben musste. Aber was hast du gesehen?«

»Plötzlich fiel mir auf, dass die Schreibtischunterlage auf der linken Seite ein wenig höher lag als rechts. Ich weiß nicht, welcher Teufel mich geritten hat, jedenfalls ging ich noch einmal an den Schreibtisch, griff vorsichtig unter die lederne Unterlage und zog ein prall gefülltes Kuvert hervor, das mit *Träume – Wette* beschriftet war.«

Susanne horchte auf. »Was war Geheimnisvolles drin?«, fragte sie.

»Mehrere Briefumschläge. Gleich beim ersten Überfliegen erkannte ich, dass es eine Zusammenstellung verschiedener Träume sein musste.

»Und da hast du dein zweites kriminaltechnisches Vergehen begangen. Du hast das Kuvert in die Innentasche deines Sakkos gesteckt und rausgeschmuggelt.«

»So kann man das nicht sagen. Irgendwie hatte ich nachher das Kuvert bei mir, ich war wie in Trance.«

»Wie in Trance?« Susanne lachte. »Wie in Trance sind wir

ziemlich weit gegangen. Schau da drüben, das Hofgut ist auf einem ganz anderen Hügel! Wir sollten uns ein bisschen sputen, damit wir noch einkaufen können, um uns für heute Abend etwas Leckeres zu kochen.«

»Stimmt. Jetzt wo du es sagst, spüre ich auch, dass ich Hunger habe. Ich habe ganz die Zeit und den Weg vergessen. Erickson beschreibt immer wieder, dass jeder Trancezustand seine eigene Zeit hat, in der die Uhren anders gehen. In der Zeitkondensation wird die reale Zeit zusammengepresst, eine Stunde wird wie eine Minute erlebt. In der Zeitextension wird die Zeit wie ein elastisches Gummiband gedehnt, eine Minute wird zu einer Stunde.«

»Trotzdem war das Gehen und Reden mit dir so intensiv wie schon lange nicht mehr. Mir geht es besser, wenn ich etwas von deiner Arbeit mitbekomme.«

»Und mir tut es gut, wenn du mich mit deinen Fragen und Einwänden auf neue Ideen bringst. Aber jetzt lass uns einfach nur gehen.«

Er nahm ihre Hand und schlug ein rascheres Tempo an. Die Frühlingssonne hatte ihre Kraft verloren, die Zypressen am Weg warfen lange Schatten.

18.00 Uhr

»Lass uns einen Umweg über den kleinen Ort da vorne machen. Ich habe dort heute morgen beim Durchfahren einen kleinen Mercato gesehen.« Ohne eine Antwort abzuwarten, schlug Susanne den Weg zu der kleinen Ansiedlung ein.

»Eigentlich bin ich ziemlich müde. Aber du hast Recht, lass uns etwas Besonders kochen. Worauf hättest du denn Lust?«

»Als Vorspeise stelle ich mir Tomaten und Mozarella vor. Beim Zwischengang denke ich an frische Ravioli in einer feinen Zitronen-Butter-Sauce.«

»Nicht schlecht. Als Hauptgang wünsche ich mir Saltimbocca. Ich übernehme die Zubereitung.«

»Einverstanden!«

Sie betraten den Mercato.

»Buona sera«, versuchte es Susanne auf Italienisch, obwohl niemand zu sehen war. Hinter der Fleischtheke tauchte gemächlich ein älterer Herr auf.

Maurers Blick fiel auf die Auslage hinter den Glasscheiben. Geistesabwesend hörte er, wie Susanne das Kalbfleisch für die Saltimbocca bestellte. Maurer konnte seinen Blick nicht von dem Fleisch abwenden.

Blutstropfen fielen lautlos in einen Blutsee, schlugen kleine Vertiefungen, aus denen sich aufbäumende Fontänen aufstiegen, die für einen winzigen Augenblick wie erstarrt in der Höhe schwebten und dann wieder in das Rot zurückfielen.

»Nein, es tut mir Leid, aber in den letzten Tagen war niemand hier, der Rinderblut wollte.«

Maurer wandte seinen starren Blick von dem stählernen

Bottich ab, in den das Blut aus den Halsschlagadern getöteter Rinder so lange schoss, bis der Strom versiegte und der Schlachtergeselle das tote Tier beiseite zog. Maurer fröstelte in der kühlen und feuchten Schlachthalle, in der die Rinder verarbeitet wurden.

Der Schlachtergeselle ließ seine Arbeit liegen, kam in seinen schweren Gummistiefeln und in der steifen, blutverschmierten Gummischürze auf Maurer zu, wischte sich die Hände unter der Schürze an der Hose ab, grinste freundlich und gab Maurer die nasskalte Hand. Auf seiner Stirn glänzten Schweißperlen, die er mit dem nackten Unterarm wegwischte. »Bei der Arbeit kommt man ins Schwitzen«, lachte er. »Nein, leider. Ich erinnere mich jedenfalls nicht daran, dass jemand in den letzten Tagen Blut wollte.«

Vermutlich hat der Mörder sich das Blut woanders besorgt, dachte Maurer. Er blickte abwesend auf eine Schüssel voller Rinderaugen.

»Die sind für die Biologiestudenten. Die nehmen die Augen auseinander«, erklärte der Metzgergeselle und machte sich wieder an die Arbeit.

»Komm, wir schauen noch nach frischen Ravioli.« Susanne stieß Maurer zärtlich in die Seite. »Wo warst du denn schon wieder mit deinen Gedanken?«

»Das brauche ich dir wohl nicht zu sagen.«

»Nein, ganz und gar nicht. Aber du hast mich in diesem Urlaub als Mitkommissarin angestellt, deshalb darfst du nicht ohne mich weitermachen.«

Maurer nickte und sah sie entschuldigend an. »Während du nach den Ravioli schaust, suche ich uns einen guten Chianti aus.«

An der Kasse saß inzwischen eine füllige Sechzigerin, wohl die Ehefrau des Ladeninhabers. Lachend stellte sie ein paar Fragen, die Susanne stockend zu beantworten versuchte. Maurer hielt sich zurück, sein italienischer Wortschatz beschränkte sich auf ein paar Begrüßungsformeln sowie »per favore« und »grazie«.

Maurer trug die Einkaufstasche, Susanne blickte ihn fragend an.

»Ja, vorhin war ich in meinen Gedanken im Schlachthof. Den hatte ich bald nach Roths Ermordung aufgesucht. Ich wollte wissen, woher das Blut in dem Freud-Band stammte. Du erinnerst dich, die Tropfen, die so eigenartig, wie mit Absicht auf den Text getropft schienen. Die Laboranalyse der Blutstropfen hatte ergeben, dass das Blut nicht von Roth stammte, sondern von Rindern. Das Blut war allerdings erst wenige Tage alt.«

»Also sollten die Blutstropfen tatsächlich etwas bedeuten, und der Mörder muss sich das Rinderblut in einem Schlachthof besorgt haben, aber eben nicht in dem, in dem du gefragt hast.«

»Leider, auch die Ermittlungen bei anderen Schlachthöfen haben uns nicht weitergeführt. Und die Herkunft des Freud-Bands konnte auch nicht aufgeklärt werden. Brauchbare Fingerabdrücke waren, wie ich vermutet hatte, nicht zu entdecken.«

»Hilft der Inhalt der Seiten 24 und 25 weiter?« Susanne hatte nun selbst Blut geleckt und ließ nicht locker. »Soll ich die Einkaufstasche tragen, damit du leichter denken kannst?«

»Nein, nein, lass nur. Was den Inhalt angeht, bringt der nicht viel. Für das Buch sind die Seiten eher unwesentlich, Freud referiert dort die Meinung anderer Autoren zum Traumsymbol. Für den Fall Roth schien mir das Ganze ohne Sinn und belanglos.«

»Aber der Täter hat sich doch die Mühe gemacht, Rinderblut zu besorgen und das Buch mit den Tropfen zu kennzeichnen. Irgendetwas muss das doch bedeuten.«

»Das einzig Auffällige besteht darin, dass die drei Blutflecken unnatürlich, exakt in Form einer Linie auf die Seite 25 getropft waren. Die Tropfen scheinen etwas aus dem Text hervorheben zu wollen.«

»Dann lass mal hören, wie der Fingerzeig lautet, den der Mörder uns oder wem auch immer geben will.«

»Wenn es ein Fingerzeig sein soll, dann verstehe ich ihn nicht. An der gekennzeichneten Stelle ist von der Spinne als Symbol für die verschlingende Mutter die Rede. Die Angst vor der Spinne sei die Furcht vor dem weiblichen Genitale, das den inzestuösen Jungen kastrieren will. Ich liebe ja meinen Sigmund Freud, aber das kommt auch mir spanisch vor. Fällt dir etwas zu Spinnen ein?«

»Klar, dir als Mann kommt das natürlich nicht in den Sinn. Das Spinnenweibchen frisst das Männchen nach der Kopulation. Apropos: Nach dem Essen könnten wir ja ... Die toskanische Luft wirkt richtig anregend.« Sie gab ihm einen leichten Kuss auf die Wange, bevor sich über ihre Stirn eine angestrengte Falte legte. »Als Kunsthistorikerin kann ich dir noch ein bisschen was über das Symbol der Spinne erzählen. Sie steht mit ihren Fäden für die Moiren, die drei Schicksalsgöttinnen der Griechen. Klotho spinnt den Schicksalsfaden, Lachesis misst ihn dem Menschen zu und Atropos schneidet ihn ab. Wenn es dich interessiert, die Moiren sind nichts anderes als drei verschiedene Bilder der dreifachen Göttin, die in einer Gestalt Schöpferin, Erhalterin und Zerstörerin ist. Aber dass das Leben ein genau bemessener Faden ist, der aus dem Mütterlichen kommt, werdet ihr Männer nie begreifen. Deshalb habt ihr unsere Göttinnen abgeschafft und durch die männlichen Götter des Patriarchats ersetzt. Jeder hat seine Zeit, da lässt sich nichts daran ändern oder manipulieren. Das gilt übrigens auch für Roth. Er musste sterben, nicht weil ein Mörder es so wollte, sondern weil sein Lebensfaden zu Ende war. Aber so etwas willst du ja nicht von mir hören, sonst müsstest du die Sinnlosigkeit deiner Mörderjagd einsehen. Der Mörder ist nichts anderes als ein Werkzeug der Todesgöttin, die den Faden abschneidet. Warum ihn also verfolgen und bestrafen?« Erwartungsvoll sah sie ihn an.

Er setzte die Einkaufstausche ab und applaudierte. Das

Klatschen seiner Hände klang seltsam in der Weite der abendlichen Landschaft. Susanne verneigte sich. »Vielen Dank für den Applaus!«

»Nein wirklich, das war ein tolles Referat aus dem Stegreif. Und du glaubst, der Mörder will mit den drei Blutstropfen tatsächlich auf die drei Schicksalsgöttinnen anspielen? Ich weiß nicht, das würde eher zu Jung passen als zu Freud. Ich habe über den Registerband seiner Gesammelten Werke herausgefunden, dass das Stichwort ›Spinne‹ bei Freud nur dreimal vorkommt. Zweimal wird die Spinne beiläufig genannt, nur an der von dem Mörder gekennzeichneten Stelle wird ausführlicher auf die symbolische Bedeutung der Spinne eingegangen.«

»Also muss es einen Sinn haben.«

»Davon gehe ich aus. Jedes Verbrechen und jeder Mord haben ihren Sinn, und wenn sie auf den ersten Blick auch noch so sinnlos scheinen. Die ganze Kunst der Kriminalistik besteht eigentlich nur darin, diesen verborgenen Sinn zu verstehen. Für mich ist ein Mord das Symptom eines größeren Zusammenhangs, der entschlüsselt werden muss. Der Mörder führt nur aus, was in seinem Unbewussten vorbereitet ist. Insofern gleicht das Verbrechen dem Symptom einer Neurose. Der Mord scheint zunächst ebenso sinnlos wie das Symptom eines Zwangs, sich ständig waschen zu müssen. Versteht man aber die unbewussten Kräfte, die ein Symptom inszenieren, dann enthüllt sich auch sein Sinn.«

Nun klatschte Susanne in die Hände. »Bravo, Herr Professor für Kriminalistik. Und deshalb magst du Freud und Jung so sehr. Du bewunderst Freuds Spürsinn und seine kriminalistische Logik, aber auch Jungs weitläufige und tiefsinnige Spekulationen, die auch im scheinbaren Unsinn des Wahns noch einen Sinn finden. Aber du musst zugeben, dass Freud bei den Motiven für die meisten Morde und Verbrechen Recht hat. Es sind doch immer die gleichen niederen menschlichen Triebe, eigentlich geht es doch immer um Liebe oder Sex.«

»Ja, wenn ich so auf meine Fälle zurückschaue, hast du

wahrscheinlich Recht. Vielleicht ist es sogar noch schlimmer, denn manchmal ist es doch auch die Lust am Töten. Und ist Töten etwas anderes als die intensivste Form der sexuellen Vereinigung?«

Susanne runzelte die Stirn. »Das ist mir nun doch zu negativ. Lass uns wieder zu Roth zurückkehren.«

»Die Ermittlungen ergaben, dass er in der Mordnacht zwischen 23.30 Uhr und 0.30 Uhr mit einer 9-mm-Walter getötet wurde. Die Schmauchspuren und das Einschlagloch der Kugel zeigten, dass Roth aus unmittelbarer Nähe erschossen wurde. Die Richtung der Schussbahn verrät, dass die Kugel schräg von vorne kam. Roth starb also nicht am Schreibtisch sitzend. Die Haltung, in der er aufgefunden wurde, ist ohne Frage vom Mörder nach dem Todesschuss arrangiert worden. Demnach spielt der mit Blutstropfen gekennzeichnete Text eine wichtige Rolle. Da auch keinerlei Kampfspuren entdeckt wurden, muss ich davon ausgehen, dass der Täter mit Roth ganz normal gesprochen hat, dann sehr plötzlich die Pistole gezogen und ihn von Angesicht zu Angesicht erschossen hat. Der Ermordete muss den Täter also gekannt haben.«

»Dann hast du routinemäßig die ganzen Freunde und Feinde von Roth abgeklappert.«

»Das Übliche. Roth hatte allerdings keinen großen Bekanntenkreis. Er lebte außerhalb der Universitätsstadt auf einem Dorf in einer kleinen Zweieinhalbzimmerwohnung.«

Als Maurer die Tür zu Roths Wohnung öffnete, fühlte er sich sofort von der ruhigen Stille und der Wärme eines ins Halbdunkel getauchten Flurs angezogen. Es roch nach Staub, der seine Nasenschleimhäute reizte. Als sich seine Augen an das dämmrige Licht gewöhnt hatten, sah er die deckenhohen Bücherregale im Flur. Die ganze Wohnung war eine anheimelnde Höhle voller Bücher.

Maurer versank in einem Sessel im Wohnzimmer, ließ die Bücherwände auf sich wirken und roch den trockenen Duft unzähliger Buchseiten. Diese Räume würde er sofort mit seiner kühlen Loftwohnung in der Universitätsstadt tauschen. Susanne würde sicherlich mitziehen.

»Damenbesuch hat er nie gehabt«, hatte die Vermieterin auf seine Frage nach Roths Frauenkontakten spitz bemerkt.

Maurer erhob sich aus Roths Sessel, in dem dieser vermutlich so vieles gelesen hatte. Er nahm wahllos ein Buch aus dem Bereich der Psychologie heraus. Natürlich war auch hier alles vertreten, was Rang und Namen hatte. Die Gesamtausgaben von Carl Gustav Jung und Sigmund Freud standen ebenso vollständig in Reih und Glied wie die Gesammelten Schriften seines dritten Lieblingspsychologen, des Hypnotherapeuten Milton Erickson.

Maurer stellte fest, dass Band XV der Gesammelten Werke Freuds nicht fehlte und von Roth mit Unterstreichungen durchgearbeitet worden war. Auf Seite 25 war die Textstelle über die symbolische, also sexuelle Bedeutung der Spinne mit Rotstift doppelt unterstrichen. Offensichtlich war auch Roth die ominöse Stelle wichtig gewesen, und der Mörder hatte dies vermutlich gewusst. Hatten sich die beiden über Freuds Revision der Traumdeutung unterhalten?

Zwar führte auch hier keine Spur zu dem Täter, aber wie schon aus den Diplomarbeiten auf dem Schreibtisch in Roths Arbeitszimmer ersichtlich, war das besondere Interesse des Toten an Träumen auch hier nicht zu übersehen. Es gab zahlreiche Bücher über die Psychologie der Träume und die Kunst der Traumdeutung.

Widerstrebend verließ Maurer Roths Wohnung. Er hätte noch gerne in den Bücherregalen gestöbert, aber er musste die Vermieter und Nachbarn zu Roths Lebenssituation vernehmen. Übereinstimmend ergab sich, dass Roth kaum Kontakte nach außen gepflegt hatte. In seiner zurückgezogenen Art war er hier auf dem Dorf allseits respektiert worden. Feindschaften waren nicht bekannt. Dasselbe Bild zeichnete sich bei der Befragung von Roths Mutter ab, die nach dem Tod ihres Mannes schon lange allein im Nachbarort gelebt hatte. Roth hatte sie unter Hinweis auf seine hohe Arbeitsbelastung nur selten besucht. Geschwister oder andere nähere Verwandte gab es nicht.

»Also muss Roths Mörder aus dem Universitätsmilieu kommen!«, unterbrach Susanne Maurers Erinnerungen. »Weiß man, wie der Täter ins Institut kam?«

»Da es weder an den Türen noch an den Fenstern Beschädigungen gab, ist der Täter vermutlich mit einem Schlüssel ins Institut gelangt.«

»Apropos Schlüssel: Wir haben es gleich geschafft. Hast du den Schlüssel eingesteckt?«

»Ich dachte, du hättest ihn. Du hast doch die Wohnung abgeschlossen.«

»Typisch Kommissar, die Täter sind immer die anderen. Mit einem Verdacht bist du schnell zur Hand. Und ich bin immer deine Verdächtige. Eines Tages wirst du mich noch in Handschellen dem Staatsanwalt vorführen.«

»Sorry, das ist eine Berufskrankheit. Ich bin professionell schon misstrauisch geworden und sehe tatsächlich in allen nur noch Verdächtige. Auch im Fall Roth waren die ewig gleichen Fragen unausweichlich. ›Wo waren Sie zwischen 23.30 Uhr und 0.30 Uhr? Wer kann das bezeugen? In welcher Beziehung standen Sie zu dem Ermordeten? Hatten Sie einen ungeklärten Konflikt mit ihm?‹ Und dann die immer gleichen Vermutungen, Hypothesen und Schlussfolgerungen zu einem möglichen Tatmotiv und Tathergang, danach die Besprechungen im Dezernat, die Fragen und der Druck vom Chef und schließlich die Spekulationen der Presse. Am schlimmsten finde ich die Amateurkriminologen und Hobbykommissare unter den Zeitungsleuten. Ich kann dir gar nicht sagen, wie dankbar ich für diesen Urlaub bin!«

»Und du wirst sehen, heute Abend lösen wir den Fall, und dann können wir hier den Frühling genießen.«

»Schön wär's, vielleicht brauche ich doch noch die Nacht

vor meiner Kristallkugel. Morgen früh ist die Sache aber bestimmt vom Tisch«, sagte Maurer lachend.

»Deine Kristallkugel liegt aber in der Wohnung, und da müssen wir erst mal hineinkommen. Also wo ist ...«

»Ich hab da einen Verdacht«, stöhnte Maurer. »Er liegt ganz unten in der Einkaufstasche.«

»Dann bleibt uns nichts anderes übrig, als alles auszupacken.«

Sie waren am Weingut angekommen. Der Hof des Guts lag als großzügige Terrasse über den Weinbergen. Alte Karren, bepflanzte Steintröge und große Tonkrüge gaben dem Platz ein malerisches Flair.

Maurer ließ sich leicht schnaufend auf eine Bank fallen. »Meine Kondition ist auch nicht mehr die beste, oder werde ich tatsächlich schon alt?«

»Wer wird denn gleich alt werden wollen?! Vor nichts habt ihr Männer mehr Angst. Aber wenn du nur immer irgendwelche Tatverdächtigen befragst oder vor deiner Kugel träumst, trainierst du allenfalls deine Fantasie, aber nicht deine Muskeln.« Susanne hob vorsichtig die eingekauften Waren aus der Tasche und legte sie auf den runden Tisch. Die Steinplatte war vermutlich ein alter Mühlstein, der von der Frühlingssonne noch ein wenig aufgewärmt war. »Da ist er. Wenigstens haben wir den Schlüssel zur Wohnung. Den zu deinem Fall werden wir auch noch finden.«

Maurer nahm den Schlüssel und eine Flasche Chianti an sich und ging voraus. »Ich öffne die Tür und die Flasche«, versprach er. »Auf den Schreck müssen wir erst mal was trinken. Und ich muss prüfen, ob der Wein für unser Festmahl gut genug ist.«

Susanne verstaute die Lebensmittel wieder in der Einkaufstasche und trat durch die weit geöffnete Tür in die Wohnung. Sie setzte die Tasche ab und ließ sich in den großen Sessel fallen. Maurer kam mit zwei Gläsern dunklem Rotwein aus der Küche, zog sich einen Stuhl heran und reichte ihr ein Glas.

»Auf unseren Urlaub!« Er stieß mit ihr an. Die Gläser klangen hell wie zwei kleine Glocken.

»Auf unsere gemeinsamen Ermittlungen und unseren Erfolg!«

»Nicht schlecht. Schön trocken und doch samtig weich.« Maurer ließ den Wein mit einem leisen Schmatzen auf der Zunge nachklingen.

Hier in der Dämmerung zu sitzen, einen guten Wein zu genießen – kann es etwas Gemütlicheres geben? – »Wie ging's mit deinen Ermittlungen weiter? Bis zum Abendessen haben wir noch Zeit.« Susanne räkelte sich in ihrem Sessel und drückte den Kopf entschlossen in das weiche Kissen.

»Von wegen gemütlich. Das war es ganz und gar nicht, als ich draußen an den Hochhäusern stand. Es regnete, und es war kalt und unangenehm. Ich drückte mit meinem schon klammen Finger auf den schwarzen Klingelknopf neben dem Namensschild ›Thomas Schlichter‹. Er war der Einzige aus dem Kreis der Studenten, Prüflinge und Doktoranden, der mit einem Tatmotiv übrig geblieben war.«

»Wieso gerade er? War er dir unsympathisch, oder hast du gegen ihn was Reelles in der Hand?« Susanne stellte ihr Glas ab, stützte die Ellenbogen auf die Knie und sah Maurer gespannt an.

»Traude Kusowski, die gute Seele im Prüfungsbüro des Instituts, hatte mir bei ihrer Vernehmung von einem Vorfall berichtet, der mich stutzig werden ließ. Die Kusowski hat eine lautstarke Diskussion zwischen Roth und Schlichter mitbekommen, die sie im Vorzimmer zu Roths Büro gar nicht überhören konnte. Natürlich ist sie auch ein neugieriges Frauenzimmer. Die Auseinandersetzung in Roths Zimmer war zunehmend heftiger geworden, bis ein lautes Klirren zu hören war. Dann wurde die Tür aufgerissen, und Schlichter stürmte wutentbrannt davon. Roth kam irritiert mit dem zerbrochenen Bild von C. G. Jung ins Sekretariat. Ich kann mir gut vorstellen, wie die Kusowski peinlich betreten mit ihren kurzen Fingern spielte und sich dann hastig ihrem PC zuwandte. Jedenfalls, so berichtete sie, hat Roth das Foto von Jung am übernächsten Tag in einem neuen Bilderrahmen wieder aufgehängt.«

»Dieser Roth scheint ein glühender Fan von Jung und Freud gewesen zu sein. Aber was hatte er mit Schlichter? Hat Schlichter Jung lächerlich gemacht, oder steckt da mehr dahinter?«

»Genau das wollte ich bei Schlichters Vernehmung herausfinden. Er war meine letzte Hoffnung, sonst schien niemand einen Konflikt mit Roth gehabt zu haben. Mal abgesehen davon, dass auch die Professoren und die anderen Uniassistenten die Verehrung von Freud und Jung bei einem Angestellten des Psychologischen Instituts – um es vorsichtig zu sagen – ungewöhnlich fanden.«

»Du hast also bei Schlichter geklingelt?«

Der Türöffner surrte, und Maurer stieg in den vierten Stock. Dort wartete Schlichter schon hinter dem schmalen Spalt der geöffneten Wohnungstür.

»Guten Tag. Störe ich?«, wollte Maurer förmlich wissen.

»Ein Störenfried kommt selten zur rechten Zeit. Was wollen Sie?« Unwillig ließ Schlichter Maurer in den Flur eintreten und drängte ihn dann in eine kleine Küche, in der sich das schmutzige Geschirr der Vortage zu windschiefen Tassentürmen und geschichteten Tellergebirgen stapelte. Schlichter räumte einen einfachen Hocker von Tageszeitungen und alten Ausgaben des *Spiegel* frei und wies Maurer unfreundlich an, Platz zu nehmen.

»Sie kommen wegen meines Streits mit Roth? Es tut mir Leid, dass er sterben musste.« Schlichters Stimme war etwas weicher geworden, dann nahm sie wieder den abweisenden, kühlen Klang an. »Ich sage Ihnen gleich, dass ich nichts mit seinem Tod zu tun habe. Über den Vorfall in Roths Büro kann ich Sie aufklären. Roth hat meine Dissertation wegen eines Formfehlers nicht angenommen. Damit hätte sich auch das Rigorosum, also mein mündliches Examen, verschoben, und ich hätte eine mir bereits zugesagte Assistentenstelle an einer anderen

Universität nicht annehmen können. Meine akademische Laufbahn hätte einen ziemlichen Knick erlitten. Sie werden verstehen, dass ich sehr erregt war. Denn eigentlich hatte ich den Verdacht, dass Roth den Formfehler nur nutzte, um mir einen Stein in den Weg zu legen. In meiner Dissertation über die Wirksamkeit verschiedener Psychotherapien habe ich die jungsche Tiefenpsychologie einer eingehenden Kritik unterzogen. Das ging Roth zwar nichts an, schließlich war er nicht der Korrektor, aber er wusste von meiner Einstellung zu dieser mythen- und traumseligen, oder besser gesagt, unseligen Tiefenpsychologie Jungs.«

Schlichters Stimme wurde schärfer. »Ja, ich habe Roth angeschrieen: ›Sie wollen bloß ihren geheiligten Jung schützen! Aber nicht auf meine Kosten!‹« Und ich habe Roth angekündigt, dass ich bei Professor Zimmermann eine Dienstaufsichtsbeschwerde gegen ihn einreichen würde.«

Professor Zimmermann war zu dieser Zeit der gewählte Direktor des Psychologischen Instituts und somit die Beschwerdeinstanz für solche Fälle. Damit hatte Schlichter Roth den Fehdehandschuh hingeworfen. Roth seinerseits nahm ihn auf und konterte leise, aber kühl berechnend.

»Ihre schäbige, mit Vorurteilen gespickte Abrechnung mit Jung zeigt, dass Sie ihn in keinster Weise verstanden haben, Herr Kollege. Vom Reichtum und der Tiefe der Psyche haben sie rein gar nichts begriffen. Psychologe!« Roth betonte und dehnte das »Psycho« in die Länge. »Psychologe. Das ist ein Witz. Sie sind ein kleiner, gehemmter Menschenhasser. Ihre Dissertation ist nichts anderes als ein Konglomerat von Zahlen und altbekannten Argumenten.«

Roth wandte sich zu seinem Schreibtisch um. Plötzlich krachte es hinter ihm. Auf dem Boden lag das zerschmetterte Bild von Carl Gustav Jung. Bevor er sich wieder fassen und ein Wort sagen konnte, war Schlichter mit den Worten »Sie werden noch von mir hören!« hinausgestürmt.

Schlichter war aufgestanden und beim Erzählen in der kleinen Küche erregt hin und her gegangen.

»Drei Tage später war Roth tot, sodass mein Promotionsverfahren auf keinen Fall rechtzeitig bearbeitet werden konnte und die in Aussicht stehende Assistentenstelle mit einem anderen Bewerber besetzt wurde. Welchen Sinn hätte es gehabt, Roth zu ermorden? Mein Alibi ist zugegebenermaßen schwach: Ich war in der Nacht vom 20. auf den 21. Dezember allein hier in der Wohnung.«

Er hatte sich ein wenig beruhigt, setzte sich auf seinen Stuhl und sackte in sich zusammen. »Sie werden es mir nicht glauben: Ich hatte in der Nacht fürchterliche Albträume. Ich träum-te, dass Roth meine Dissertation mit einem gemeinen Lächeln durch einen Reißwolf laufen ließ. Immer wieder wollte ich die Maschine ausschalten, aber der Schalter war kaputt.«

»Das war die Rache C. G. Jungs.« Maurer schmunzelte.

»Was wollen Sie damit sagen?«

»Nichts. War nur ein kleiner Scherz. Ich schätze nämlich C. G. Jung ebenfalls.«

»Auch das noch!«, stöhnte Schlichter. »Dann können Sie mir sofort die Handschellen anlegen«, witzelte er schwächlich und streckte ihm auffordernd die Unterarme hin.

»Tatsächlich«, gestand Maurer ein, »scheint kein Tatmotiv bei Ihnen vorzuliegen. Aber Ihr Alibi ist wirklich schwach. Sie werden um eine Wohnungsdurchsuchung nicht herumkommen. Wo haben Sie ein Telefon, damit ich meine Kollegen vom Dezernat benachrichtigen kann?«

Maurer verabscheute es, solche entwürdigenden Prozeduren anordnen und ihnen beiwohnen zu müssen. Schlichter gegenüber spürte er jedoch ein leises Rachegefühl, dem er wohlwollend Raum in seiner Seele gab.

»Wenn Jung sich schon nicht persönlich rächen kann«, Susanne grinste Maurer verschwörerisch an, »dann tust du es für ihn. Rachegefühle und einen gewissen Sadismus kannst du nicht leugnen.«

»Ertappt ist ertappt. Ich habe es genossen, wie aufgeregt Schlichter von einem auf das andere Bein trat, wie er die Tassen hin und her räumte, die Zeitungen von dem einen Stuhl auf den anderen legte und mich um Erlaubnis bat, eine rauchen zu dürfen. Und zugegeben, so ganz gerechtfertigt war die Hausdurchsuchung nicht.«

»Aber wer deinen Freund Jung anmacht, der hat bei dir verspielt.«

»Nicht nur. Ich habe schon gehofft, aus der Durchsuchung würde sich irgendein Hinweis ergeben, der mich weiterbringen könnte. Ich musste Kommissar Zufall eine Chance geben.«

»Den gibt es doch für dich gar nicht, dachte ich immer.«

»Eigentlich nicht, aber ich wusste einfach nicht weiter. Ansonsten glaube ich schon, dass nichts, aber auch gar nichts an einem Verbrechen – auch nicht seine Lösung – Zufall ist. Alles, auch die kleinste Kleinigkeit, ist Ausdruck des unbewussten Komplexes, der einen Mord und dann auch seine scheinbar zufällige Aufklärung konstelliert. Meine Arbeit besteht eigentlich nur darin, mein eigenes Unbewusstes vom Unbewussten des Falls infizieren zu lassen. Ich bin mir ziemlich sicher, dass nicht ich selbst eine Tat aufkläre, sondern dass mich der unbewusste Komplex des Verbrechens in Dienst nimmt, um zu einer Aufklärung zu gelangen.«

»Und deshalb werden wir diesen Fall heute Abend oder spätestens morgen Früh aufklären.«

»Jeder Fall, auch der Fall Roth, trägt in sich die Tendenz zur Aufklärung. Wie sonst ist es zu erklären, dass es einen Täter immer wieder zum Tatort zieht? Das ist für mich nicht so sehr ein Wiederholungszwang, sondern der unbewusste Wunsch, am Tatort gesehen und gefasst zu werden.«

»Wahrscheinlich hat ein Täter den unbewussten Wunsch, für die Tat bestraft zu werden. Auch der schlimmste Täter fühlt irgendwie, dass seine Tat strafwürdig ist und nach einem Ausgleich ruft. Ich wäre nach einem Mord richtig erleichtert, überführt und meinem gerechten Urteil zugeführt zu werden.«

»Typisch weibliche Logik, aber in diesem Fall sehe ich das auch so. Deshalb ist es für mich nicht der Kommissar Zufall, der den Mörder überführt, sondern das Unbewusste des Täters selbst. Das habe ich in meiner langen Laufbahn immer wieder erlebt. Viele Täter liefern sich absichtlich-unabsichtlich selbst ans Messer.«

»Aber ob das in diesem Fall auch so ist? Wenn der Täter einer der Psychologen ist, kennt er diese Überlegungen und wird sie in sein Kalkül mit einbezogen haben.«

»An diesem Fall ist wirklich alles anders.« Maurer nickte und spielte mit dem leeren Weinglas. »Besonders die Sache mit dem Briefumschlag *Träume – Wette*. Das Kuvert enthält tatsächlich eine Sammlung von Traumprotokollen.«

»Traumprotokolle? Unglaublich! Meine berühmte weibliche Logik sagt mir sofort, dass du da genauer hinschauen musst.«

»Da muss was dran sein«, stimmte Maurer zu. »Wie komme ich sonst dazu, diesen großen Briefumschlag einfach mitzunehmen, gegen alle Ermittlungsregeln.«

»An dieser Stelle hat dich die unbewusste Dynamik des Falls gepackt. In den Träumen muss die Lösung liegen.«

»Du wirst es nicht für möglich halten, aber die Traumprotokolle stammen ausgerechnet von den drei Professoren des Psychologischen Instituts. Neben Professor Zimmermann und Professor Graf hat auch die Professorin Schneeweiß-Rode ihre Träume niedergeschrieben und gesammelt. Jeder handschriftlich niedergelegte Traum ist mit Datum und Unterschrift versehen. Die Träume der Professoren liegen alle im selben Zeitraum, als hätten sie auf Befehl geträumt.«

»Verrückt! Diese Professoren geben doch normalerweise keine Träume weiter. So etwas Intimes ist doch nicht für andere bestimmt!«

»Von wegen intim, zumindest für Unipsychologen sind

Träume bestenfalls etwas Unwissenschaftliches und von daher ziemlich belanglos.«

»Für mich sind und bleiben Träume intim. Und ich frage mich, wie Roth zu dieser erstaunlichen Sammlung kam.«

»Nun, das kann ich dir nachher erzählen, das habe ich nämlich bei der Vernehmung der Professoren recherchiert. Aber wie auch ein Traum des Ermordeten in diese Sammlung kam, bleibt das große Rätsel. Es muss irgendeinen Zusammenhang zu den Träumen der Professoren geben.«

»Wieso nachher? Ich möchte gleich wissen, was mit den Träumen los ist.«

»Nein, mein Schatz, lass uns erst kochen.«

Mit diesen Worten verschwand er in der Küche.

21.00 Uhr

»Puh, jetzt bin ich total satt.« Susanne verdrehte die Augen. »Ich auch, aber es war wundervoll. Vor allem die Zitronen-Butter-Sauce zu den frischen Ravioli. Einfach toll! So schmeckt es nur in Italien. Schade nur, dass ich die Kalbsschnitzel zu lange in der Pfanne gelassen habe. Das merkt man gleich. Sie sind dann nicht mehr ganz so zart.«

»Mach dir nichts daraus. Mir hat es sehr gut geschmeckt.« Sie schloss die Augen und fuhr sich genießerisch mit der Zunge über die Lippen.

»Aber jetzt könntest du mir erzählen, warum die Professoren ihre Träume aufgeschrieben und bei Roth abgegeben haben.«

»Will ich gerne tun. Lass dazu einfach die Augen geschlossen. Ich führe dich zum Sessel und versetze dich wie einst Milton Erickson seine Patienten in eine kleine Trance. Dann erzähle ich dir diese Geschichte wie bei einer Imagination …«

»Einverstanden. Lass mich dein Medium sein.«

»Nein, mehr als ein Medium. Wir brauchen die Kreativität deines Unbewussten. Du hörst einfach nur zu, lässt dein Unbewusstes arbeiten und sagst mir nachher deine neuen Ideen.«

»Wie ich dich kenne, wirst du mir auch eine Geschichte von Jung und Freud einflechten.«

»Nur wenn es der Vertiefung der Trance und dem Verständnis der Geschichte dient. Bei der Frage der Träume bietet sich eine Geschichte über die Entdeckung der Traumdeutung doch an, oder nicht?«

»Ich weiß schon, die Amerikafahrt der beiden, deine Lieblingsstory. Wenn es der Aufklärung des Falls dient, höre ich sie mir gerne noch einmal an. Ich lasse die Augen geschlossen und vertraue meinem großen Hypnotiseur.«

Wie ein Blindenführer geleitete Maurer Susanne in den großen Sessel. Sie machte es sich darin bequem und wartete mit geschlossenen Augen auf seine Stimme.

Maurer begann langsam, leise und nachdrücklich: »Milton Erickson würde jetzt vielleicht von einer Zypresse im Frühling erzählen, die von einem milden Wind sanft bewegt wird. Sie lässt ihre Zweige und Äste frei mitschwingen, während sie fest und unverrückbar in ihren Wurzeln ruhen kann. Die Zypresse hat alle Zeit der Welt, sich in den sanften Frühlingswind der Toskana einzuschwingen, sich wiegen zu lassen, sich dem ruhigen Rhythmus hinzugeben. Mit jeder Bewegung der Zypresse, die zu deiner wird, wirst du ruhiger und konzentrierter, kommst du immer mehr in den Kontakt mit deinen unbewussten Wurzeln, mit der Kraft deines Unbewussten. Und dein Unbewusstes wird meine Stimme und meine Erzählung aufnehmen, wie die Zweige der Zypresse den Windhauch aufnehmen. Und dein Unbewusstes wird seinen ganz eigenen, besonderen Beitrag zur Lösung des Mordfalls Roth freigeben und einbringen.«

Maurer schwieg und beobachtete, wie das Zucken in Susannes Augenlidern allmählich abnahm und dann ganz verschwand. Ihr Brustkorb hob und senkte sich gleichmäßig, während sie wie schlafend im Sessel saß. Dann begann Maurer langsam und nachdrücklich zu erzählen.

Im bleichen Schein der Neonröhren beugten sich die Mitglieder der Prüfungskommission über den Text der Prüfungsordnung im Fach Psychophysiologie und Psychosomatik. Roth, der an der Stirnseite des großen Rechtecks aus weißen Tischen saß, eröffnete die Sitzung: »Meine Damen und Herren, lassen Sie mich noch einmal den Stand der Revision unserer Prüfungsordnung zusammenfassen. Wie von allen Beteiligten betont und in der Abstimmung bestätigt wurde, ist ein Drittel der Prüfung für die neurophysiologischen Grundlagen psychischen Erlebens vorgesehen. Die Diplomanden müssen zeigen, dass sie vor allem den Aufbau des Gehirns und die dazugehörigen Funktionen kennen.«

Zimmermann, Professor für Klinische Psychologie, nickte zustimmend. Mit der silbernen Brille auf seiner schmalen Nase, die elegant über einem kleinen Schnurrbart endete, wirkte er wie ein vergeistigter Philosoph. Vom Geist hielt er allerdings nicht sehr viel. »Ich glaube an die Materie und an die Physiologie«, pflegte er bei jeder Gelegenheit sein Credo zu wiederholen. Er war überzeugt, die Seele und ihre Erkrankungen seien Ausdruck der komplexen Vorgänge in Gehirn und Nervensystem. Die Seele als eigenständige Größe gab es für ihn nicht. Er hasste es geradezu, wenn jemand von der Psyche so sprach, als sei sie eine eigenständige Person – Roth tat das zu seinem Missfallen immer wieder. Zimmermann schätzte Roth wegen seiner soliden und gut organisierten Arbeit im Prüfungsamt, missbilligte jedoch sein offen vorgetragenes Bekenntnis zur Tiefenpsychologie. Der Ärger, der ihn in Roths Zimmer jedes Mal beim Anblick von Freud und Jung befiel, kroch ihm auch jetzt in die Eingeweide. Roth konnte sich einfach nicht auf seine Funktion als geschäftsführender Vorsitzender der Prüfungskommission beschränken, immer wieder musste er sein psychoanalytisches Gedankengut in die Sitzungen einstreuen. Nicht nur von ihm, sondern auch von Professor Graf wurde Roth dann in seine Schranken verwiesen.

Graf war Professor für Psychotherapeutische Verfahren und ein glühender Verfechter der Verhaltenstherapie. Aus ganz anderen Gründen als Zimmermann lehnte auch er die Tiefenpsychologie vehement ab. Dankbar blickte Zimmermann zu Graf hinüber, neben dem dessen Assistent Andreas Rachner saß und Protokoll führte.

Graf war mit seinen zweiundvierzig Jahren noch recht jung. In seinen modischen Jacketts, mit seinen grellen Krawatten und dem kurz geschnittenen, nach hinten gekämmten Haar machte er stets den Eindruck größter Entschiedenheit, die auch Zimmermann als fundierte Kompetenz beeindruckte.

»Wir kommen nun zum nächsten Punkt der Prüfungsordnung, dem Wach-Schlaf-Rhythmus und der Schlafforschung«, fuhr Roth fort. »Ich gehe davon aus, dass die Studenten die verschiedenen Schlafphasen, insbesondere die REM-Phase, also den Traumschlaf, und ihre Bedeutung kennen.«

Professor Zimmermann hatte es befürchtet. Roth begann nähere Erläuterungen inhaltlicher Art zu geben.

»Es ist doch erstaunlich, dass wir Erwachsenen pro Nacht zwanzig Prozent unserer Schlafzeit träumen. Das sind in einem durchschnittlichen Leben zusammengerechnet rund vier Jahre Traumzeit mit etwa einhundertfünfzigtausend Träumen. Allein das legt nahe, dass das Träumen für die Psyche, aber auch für die Physiologie unseres Gehirns eine wichtige Funktion besitzt. Das Träumen ist, wie die Forschungen zum paradoxen Schlaf gezeigt haben, neben dem Wachsein und dem Tiefschlaf ein Bewusstseinszustand eigener Art. Darauf haben schon Freud und Jung aufmerksam gemacht.«

Das war für Zimmermann eindeutig zu viel. Er musste eingreifen, um Roths spekulative Ergüsse zu korrigieren.

»Mein lieber Kollege«, seine Stimme vibrierte vor Ärger, »wie wir alle wissen, sind diese Traumphasen zunächst nichts anderes als ein physiologisch zu messender Zustand des Hirns, die so genannten REM-Phasen. Ich hole an dieser Stelle etwas aus, damit Frau Groß als Studentenvertreterin das Ganze besser verstehen und einordnen kann.« Der ironische Unterton seiner Stimme wandelte sich in triumphierende Festigkeit.

»Wie der Begriff *rapid eye movements* schon sagt, sind in der Traumphase vor allem die raschen Augenbewegungen zu registrieren. Paradox nennen wir diesen Schlaf, weil die Gehirnaktivität im EEG dem Zustand der Wachheit gleicht. Weiter ist auffallend, dass die Muskeln des Schläfers vollkommen gelähmt sind. Diese Muskelblockade scheint nötig, damit die in den Träumen vorkommenden Bewegungsimpulse nicht ausgeführt werden können. Natürlich berichten Schläfer immer dann, wenn man sie in der REM-Phase weckt, von Träumen, aber wir wissen überhaupt nicht, welche Bedeutung diese haben. Weitere Forschungen sind hier dringend nötig.«

»Ich halte von einer weiteren Erforschung und Vermessung des Traumschlafs überhaupt nichts«, mischte sich Karin Schneeweiß-Rode ein. Sie saß an der linken Seite des Tischrechtecks und blickte Zimmermann mit wachen Augen an, die ihrem weichen Gesicht einen entschlossenen Ausdruck verliehen. Ihr gekräuseltes rötliches Haar glich einer Löwenmähne, die sie erhobenen Hauptes trug. Ihre stets elegante Kleidung gab ihrer großen Gestalt etwas Beeindruckendes. Trotz ihrer Anziehungskraft auf Männer wirkte sie distanziert und unnahbar. Die ihre Kollegen interessierende Frage, ob sie – und hier war ein beißender Spott nicht zu überhören – »bemannt« sei, blieb ein offenes Rätsel, das die Aura des Geheimnisvollen nur noch steigerte.

Sie sieht gut aus in diesem Hosenanzug, dachte Zimmermann. Widerwillig bewunderte er sie auch immer wieder wegen ihrer Schlagfertigkeit und ihrer fundierten Kenntnis der verschiedensten psychotherapeutischen Schulen. Sie war vor vier Jahren zur Honorarprofessorin für Neue psychotherapeutische Verfahren berufen worden. Ihre Schwerpunkte lagen bei der Familientherapie und der Gestalttherapie, beides Therapieformen, die er und auch Graf als unwissenschaftlich ablehnten. Beide waren gegen ihre Wahl gewesen, sie hätten den männlichen Mitbewerber vorgezogen. Um nicht als frauenfeindlich zu gelten, hatten sie bei der Abstimmung in der Berufungskommission dann trotzdem beide für Schneeweiß-Rode gestimmt. Zimmermann hatte sich damals gewundert, dass ausgerechnet Roth Stimmung gegen sie gemacht hatte. Er hätte sich doch darüber freuen müssen, dass mit ihr nun auch die alternative und tiefenpsychologisch angehauchte Psychologie am Institut vertreten war. Zimmermann hatte sich Roths Position bis heute nicht erklären können.

»Eine weitere Erforschung des Traumschlafs zerstört die

letzte ökologische Nische in unserer Seele. Unsere Träume konstituieren den letzten Raum der Freiheit in uns, der mit einer Vermessung zerstört würde, genau wie wir die letzten Regenwälder zerstören, wenn sie erforscht werden. Wir berauben uns damit wichtiger, unermesslicher Ressourcen. Das Gleiche tun wir mit den Ressourcen der Kreativität und der Spontaneität, die im Reich der Freiheit unserer Träume entstehen. Und wir brauchen die Kraft unserer Träume mehr denn je, um unsere vom männlich-patriarchalen Denken bedrohte Welt zu bewahren.«

»Liebe Kollegin«, fuhr nun Professor Graf dazwischen. »Es tut mir Leid, dass ich Sie in Ihren geistigen Höhenflügen oder besser ideologischen Ausflügen bremsen muss.« Seine Stimme wurde erheblich schärfer. »Träume sind nichts anderes als zufällige und bedeutungslose Nebenprodukte chaotischer Neuronenimpulse.«

»Richtig«, unterbrach ihn die Professorin. »Das Chaos ist, wie die Chaosforschung gezeigt hat, die Quelle der Kreativität. Aus dem Chaos entsteht das Neue, genau deshalb brauchen wir die Träume, die uns das notwendige Chaos in unserem Hirn oder, besser gesagt, in unserem Unbewussten zukommen lassen.«

»Bitte lassen Sie mich ausreden!« Graf wurde ernsthaft ärgerlich. »Wie Sie wissen, sehr geehrte Kollegin«, dabei wurde seine Stimme spöttisch, »wird der REM-Schlaf von primitiven Zentren des Hirnstamms gesteuert. Und in diesen primitiven Hirnregionen sitzen weder die Kreativität noch der Geist, geschweige denn irgendeine psychologische Bedeutung der Träume. Die Impulse werden dann vom Cortex in beliebige und vor allem bedeutungslose Bilder umgesetzt. Das muss doch einmal als Stand der Wissenschaft festgehalten werden, schließlich erwarten wir auch von unseren Studenten, dass sie sich in der Diplomprüfung an den wissenschaftlichen Stand der Dinge halten. Deshalb sitzen wir doch hier, um die Punkte für die Prüfungsordnung danach auszurichten und festzulegen.«

»Natürlich kann ich Ihre Erregung verstehen, lieber Graf.« Zimmermann konnte sich der Diskussion nicht mehr entziehen. »Aber es gibt natürlich Hinweise, dass der paradoxe Schlaf und auch die Träume zumindest bei der Reifung der Großhirnrinde eine wichtige Funktion haben. Je weniger entwickelt das Gehirn bei der Geburt ist, umso größer ist der Anteil des REM-Schlafs beim Fötus und beim Neugeborenen. Beim Säugling sind es sechzig Prozent, beim Kätzchen sogar bis zu achtzig Prozent des Gesamtschlafs. Das Gehirn stimuliert sich sozusagen selbst. Es erlebt also Bewegungen, bevor diese vom Säugling durch Krabbeln oder Gehen ausgeführt werden können. Dadurch werden motorische Prozesse schon vor der Geburt und der Säuglingszeit eingeübt und die entsprechenden Nervenverbindungen angebahnt und gefestigt, zumal die Großhirnrinde in der Säuglingszeit noch wächst.«

»Sicherlich muss man konzedieren, dass der REM-Schlaf eine Funktion hat«, gestand Graf ein. »Sonst wäre er beziehungsweise der Traum in der Evolutionsgeschichte des Hirns wohl kaum entstanden. Aber ich muss betonen, dass der Traum keine Bedeutung hat, wie sie die Psychoanalyse postuliert, sondern allenfalls eine physiologische Funktion für das Hirn.«

Professor Zimmermann stimmte Graf mit einem nachdrücklichen Nicken zu und lehnte sich etwas entspannter zurück, um ihm weiter zuzuhören.

»Um es zugespitzt mit Francis Crick, dem Nobelpreisträger, zu sagen: Wir träumen, um zu vergessen. Die zufälligen Neuronenimpulse im Traumschlaf sorgen dafür, dass die im Wachbewusstsein aufgenommene unwichtige Information verloren geht. Unser Cortex wird gereinigt und für neue Informationen am nächsten Tag bereitgemacht.«

Als er merkte, dass Graf am Ende seiner Rede angelangt war, richtete Zimmermann sich wieder auf. Nur jetzt nicht Schneeweiß-Rode, Roth oder die Studentenvertreterin Melanie Groß zu Wort kommen lassen.

Melanie Groß hing in ihrem Stuhl. Aber man konnte nie einschätzen, wann sie aufwachte und mit respektlosen, oft auch – wie Zimmermann ihr zugestehen musste – witzigen Bemerkungen eine ganze Sitzung zum Kippen brachte.

»Ich darf den Beitrag des Kollegen Graf weiterführen«, schloss Zimmermann nahtlos an Grafs Worte an. »Aber dann sollten wir doch auch zu unserer eigentlichen Aufgabe, der Revision unserer Prüfungsordnung, zurückkehren.«

Zu seinem Erstaunen stimmte Roth ihm zu. »Wir sollten tatsächlich die Bearbeitung der Prüfungsordnung wieder aufnehmen. Die Zeit drängt, und wir sind an die gesetzlich festgelegten Termine für die Revision der Prüfungsordnung gebunden.«

»Noch ein abschließendes Wort«, fuhr Zimmermann erleichtert fort. »Tierversuche haben gezeigt, dass der Entzug von paradoxem Schlaf das Einprägen von Erlerntem behindert. Umgekehrt nimmt der REM-Schlaf bei Mäusen beispielsweise nach Lernaufgaben zu. Träume und der paradoxe Schlaf tragen also vermutlich tatsächlich zur Konsolidierung der Nervenbahnung im Hirn bei. Die flüchtigen Gedächtnisspuren werden wohl im REM-Schlaf stabilisiert, jedenfalls gilt das für Tiere.«

»Ich will diesen Gedanken der Reparatur oder besser der Heilung, wie ich es formulieren würde, aufgreifen und an die alten Griechen erinnern«, mischte sich Frau Schneeweiß-Rode wieder ein. »Wie Sie wissen, konnten Kranke sich im Heiligtum des Asklepios, des Gottes der Heilkunst, über Nacht einem Heilschlaf unterziehen. Schon die Griechen wussten, dass Träume heilen können.«

»Nun wird es auch noch metaphysisch und theologisch«, höhnte Graf.

»Metaphysisch oder nicht«, wehrte sich Schneeweiß-Rode. »Ich warne noch einmal davor, unserem Träumen ausschließlich physiologische Funktionen zuzuschreiben, wie Sie das tun, Herr Kollege Graf. Damit reduzieren wir nicht nur den Sinn des Träumens, sondern auch unsere menschliche Würde auf rein Materielles. Ich sage noch einmal: Träume sind Ausdruck unserer Individualität und unserer persönlichen Freiheit, die uns niemand nehmen kann. Sie gefährden das mit Ihren Forschungen, sodass man eines Tages auch noch unsere Träume und ihren kreativen, subversiven Charakter überwachen und kontrollieren kann. Hat man in den Psychiatrien der ehemaligen Sowjetunion Menschen nicht Drogen verabreicht, um ihre Träume zu unterdrücken? Wie Sie wissen müssten, ist das zwar für die Zeit der Medikamentierung möglich. Doch danach träumen wir dann mehr, um den Verlust an Träumen aufzuholen. Das Träumen ist also ein Grundbedürfnis des Menschen. Wir lassen uns auch nicht durch Drogen um unsere Träume betrügen. Warum haben Menschen die sowjetischen Psychiatrien überlebt? Weil sie nicht aufgehört haben zu träumen, wenn nicht in der Nacht, dann am Tag in ihren Tagträumen. Warum ist noch jede Diktatur zugrunde gegangen? Ich sage noch einmal: weil wir träumen und weil unsere Träume der Zensur entzogen sind. Das ist, nebenbei gesagt, auch der Grund, warum ich Freuds Traumtheorie, wonach der eigentliche, der latente Trauminhalt durch die Zensur des Über-Ichs entstellt wird, ablehne. Ich stehe hier C. G. Jung sehr viel näher, bei dem Träume direkte Botschaften des Unbewussten an uns sind. Botschaften, die weit über eine reine Wunscherfüllung hinausgehen. Und als letzte, völlig unwissenschaftliche Anmerkung: Es ist doch erstaunlich, dass die Katze doppelt so viel träumt wie der Mensch. Vielleicht ist sie deshalb das freieste, individuellste Säugetier, das sich in seiner Freiheit nicht einschränken lässt.«

Melanie Groß schloss an: »Die Männer hier reden so, als würden sie nie träumen und deshalb bemerken, dass Träume durchaus sinnvolle Bilder oder Geschichten hervorbringen. Die meisten Menschen erleben ihre Träume jedenfalls unmittelbar als bedeutungsvoll, auch wenn sie sie nicht deuten können. Auch die Klienten oder Patienten kommen mit diesem Verständnis und ihrem Wunsch nach Traumdeutung später zu uns als Psychologen. Für wen bilden Sie denn Psychologen aus? Für das Schlaflabor oder die praktische Arbeit mit Klienten und Patienten? Wir müssen auch die tiefenpsychologischen Traumtheorien kennen und können! Typisch männliches Denken, von sich selbst und dem Alltag zu abstrahieren. Wie wäre es, wenn Sie sich einmal Ihre eigenen Träume anschauen würden? Machen Sie doch die Probe aufs Exempel: Einer erzählt einen Traum, und wir machen ein kleines Ratespiel. Sie überprüfen dann für sich, ob unsere Deutungen für Sie persönlich zutreffen. Ich bin mir sicher, dass wir sehr viele Treffer landen.« Melanie Groß schaute provozierend in die Runde und wartete auf Reaktionen.

Roth fasste sich am schnellsten. »Das geht nun wirklich zu weit. Zurück zu unserer eigentlichen Aufgabe! Aber nur als Anmerkung: Es geht nicht gut, wenn Psychologen untereinander Träume zum Besten geben. Genau das hat Freud und Jung auf ihrer Amerikareise entzweit.«

Das große Tier lag im Wasser, schwer und ruhig, vielleicht ein wenig lauernd, als wollte es zum Sprung ansetzen. Deshalb war es an lange Stahltrosse gefesselt, die ihrerseits um schwere Eisenstümpfe geschlungen waren. Die Stahlseile waren zum Zerreißen gespannt. Sie hatten Mühe, die Kräfte des Tiers zurückzuhalten und es auf den graubläulichen Wasserspiegel zu binden. Der Moloch schien großen Hunger zu haben. Er verschlang in seinem schwarzen Stahlbauch Ströme von Ameisen, spie in gegenläufiger Richtung aber auch immer wieder einzelne Insekten aus. Der Strom der Insekten riss nur selten ab. Sie kamen mit Paketen, mit Kisten und Fässern, die dem Moloch zum Fraße vorgeworfen und von ihm ungerührt verschluckt wurden. Vorne, vor seiner in die Höhe aufsteigenden Fratze, fasste das Tier mit zwei Greifarmen große Beutestücke. Einige kleine Insekten halfen mit ihren beiden Tentakeln, die Beute in seinem nach oben geöffneten Schlund zu versenken. Andere Kleintiere standen oben auf dem Buckel des Tiers, an Zäune gelehnt, hell und leuchtend gekleidet. Mit ihren Tentakeln winkten sie nach unten, wo ebenfalls Insekten ihre Fangarme gestikulierend erhoben. Manche hielten kreisrunde Teller, andere flatternde kleine Stofffetzen, die sie kreisend oder rhythmisch auf- und abschwangen. Auch wenn es nach Hilfesignalen aussah, lag doch aufgerührte Feststimmung in der Luft.

»Ideales Reisewetter, lieber Jung«, sagte Freud und blickte über die beiden gelben Schornsteine der *George Washington* in die Bläue des 21. August 1909. Freud, Jung und Ferenczi hatten sich am Pier in die lange Schlange kleiner Insekten eingereiht, die darauf warteten, im stählernen Bauch der *George Washington* aufgenommen zu werden.

Die *George Washington* der *Norddeutschen Lloyd* war ein neuer, kombinierter Passagier- und Frachtdampfer, der erst am 12. Juni 1909 seine Jungfernfahrt nach New York zurückgelegt hatte. Genau dorthin sollte er nun auch die drei Pioniere der Psychoanalyse bringen – Freud, den inzwischen schon bekannten Entdecker des Unbewussten, Jung, den Freund und Kollegen aus der Schweiz, und Sandór Ferenczi, den ungarischen Psychiater, auch er ein Schüler und enger Vertrauter Freuds. Als Jung über den schmalen Landesteg am Ersten Offizier vorbei das Schiff bestieg, wusste er, dass er einen alten Kontinent verließ und mit Freud über die Untiefen eines großen Weltmeeres hinweg zu neuen Horizonten aufbrach. Ein kleiner Schauer lief ihm über den Rücken, als er die feste, aber doch nur über der Tiefe schwimmende stählerne Insel betrat.

Nachdem sich die drei Männer in ihren Kabinen eingerichtet hatten, trafen sie sich auf dem Oberdeck und beobachteten, wie die Landebrücken abgezogen und die Stahlseile gelöst wurden. Das Durcheinander auf dem Rücken des großen Tiers kam zur Ruhe, auch unten am Pier verlief sich das Insektengewimmel allmählich. Ein dumpfes Brüllen ließ die Luft und den

Rumpf des stählernen Kolosses erzittern und in ein feines Vibrieren auslaufen, das die Welt zu erschüttern schien. Das Tier selbst hatte diesen dunklen Schrei ausgestoßen. Dann lief ein kleiner Ruck durch seinen Rumpf. Es folgte nur widerstrebend den drei Schleppern, die wie Wasserläufer die *George Washington* im Schlepptau aus dem Hafenbecken bis zum Feuerschiff zogen. Ein Beben ging durch das Schiff. In seinem Bauch schien sich die tektonische Verschiebung der Kontinente fortzusetzen, Magmamassen brodelten im Innern des Rumpfs. Noch einmal stieß das Tier seinen klagenden Schrei in den Himmel.

Wie Vulkane warfen die beiden gelben Schlote schwarze Wolken an den blauen Himmel, der hinter der Hitze der Kamine zitterte. Dann übertrugen die zwei Vierfach-Expansionsmaschinen im Rumpf ihre Kraft von zwanzigtausend Pferdestärken auf die Doppelschrauben. Die Eruption im Bauch des Tiers war in geregelte Bahnen gelenkt. Ein gleichmäßiges Stoßen, das sich allmählich beschleunigte, löste das Beben ab, bis es von den Passagieren kaum noch wahrgenommen wurde. Die Schlote hatten sich ebenfalls beruhigt. Heller, fast weißer Rauch, den das Tier wie Fahnen hinter sich herzog, verließ die Kamine und kündigte von der Befriedung im Bauch des Tiers. Wie befreit durchpflügte die *George Washington* die Wasseroberfläche, bis sie ihre Reisegeschwindigkeit von achtzehneinhalb Knoten erreichte.

Freud, Jung und Ferenczi hielten ihre Gesichter in die kühle Meeresluft. Sie rochen den herben Duft des Meeres, der sie leicht und heiter werden ließ. Ihre Lippen schmeckten das Salz, das sich in kleinsten Kristallen niederschlug.

»Unsere Einladung nach Amerika ist das Schönste, was mir seit langer Zeit widerfahren ist«, rief Freud gegen den Fahrtwind und das Schiffsgeräusch Jung zu. »Es freut mich aus den eigensüchtigsten Gründen außerordentlich, dass Sie mitfahren. Wir werden auf dem Schiff nicht nur unsere Vorträge in

Amerika vorbereiten, sondern auch unsere Träume analysieren.«

»Ja, das mit Amerika ist eine große Sache«, stimmte Jung zu. Seine Bemerkung zur gemeinsamen Traumdeutung verwehte ein Windstoß. Das Festland war nur noch als gezackter Rand hinter dem Schiff zu erkennen, bis auch dieser vom Meer verschluckt wurde. Die mitfliegenden Möwen waren schon lang zurückgeblieben und als winzige Kleckse mit dem Blau des Himmels verschmolzen. Der Horizont begann ein kleines Stück nach unten abzurutschen. Die Erde wollte rund werden. Aus der Scheibe wurde eine Kugel, die sich gegen die Fahrtrichtung des Schiffs drehte und das rasche Dahingleiten über das Meer um Bruchteile von Sekunden verlangsamte, als wollte die Erde den Aufbruch der drei Männer in die Neue Welt noch hinauszögern.

Die ersten Tage an Bord verflogen in der gleichmäßig dahinziehenden Bewegung des Schiffs und der Zeit, die sich wie das Meer ins Unendliche ausdehnte, nach unten abkippte, sich ins Runde schloss und zugleich wie die Gischt am Schiffsbug aufstieg und im Fallen in sich verging. Die Gedanken, Träume und Assoziationen in den Gesprächen zwischen Freud und Jung glichen dem bewegungslosen Dahinfließen der Zeit. Die beiden Männer verloren sich darin und vergaßen, dass sie sich mitten im Atlantik auf einem Stück Metall befanden, das wegen seiner Schwere längst hätte sinken müssen. Sie sahen nicht mehr, wie die eleganten Damen in ihren Kostümen und die Herren in ihren hellen Leinenanzügen und breitkrempigen Hüten auf dem Deck flanierten. Die Kinder, die zwischen den Liegestühlen auf dem Oberdeck spielten, entschwanden aus ihrem Blick, der starr in die Weite des Horizonts gerichtet war und in die Tiefe des Meeres, in dem sich das Licht grünbläulich verlor. Die beiden Männer genossen ihre Freundschaft, die sich in den Gesprächen fester verflocht und im Meereslicht weiter gedieh. Ferenczi spürte die Nähe zwischen den beiden, hielt sich zunehmend zurück und ließ sie bei ihren Rundgängen immer häufiger allein.

Es kam eine leichte Westbrise auf, und während des Mittagessens im Speisesaal hatte sich der Himmel zugezogen. Noch waren einzelne Flecken hellen Blaus zu entdecken, doch die Wolken ballten sich dichter zusammen und schlossen den Himmel gegen die Sonne. Noch war das Meer ruhig und lag stählern grau da. Die Wellen schoben sich aufeinander wie Schieferplatten, die das Blau des Meers zudeckten. Schon trieb der Wind mit einzelnen Wellen ein tückisches Spiel, die Platten türmten sich auf, brachen in sich zusammen und ließen Schaum aufspritzen, der seine zerfetzten Fahnen nun nicht mehr weiß, sondern schmutzig grau in den Wind fliegen ließ.

Jung lag nach dem Fünfuhrtee in einem Liegestuhl auf dem Zwischendeck der dritten Klasse. Hier würde er kaum auf Freud oder Ferenczi treffen. Er genoss es, einmal allein zu sein, und beobachtete gedankenverloren die Wetterveränderung. Ein sonderbarer Tag. Freud hatte ihm schon gestern seine Träume erzählt, die sich immer wieder um seine Familie in Wien gedreht hatten und in deren Mittelpunkt seine Frau Martha und seine von ihm geschätzte Schwägerin standen. So gut er konnte, deutete Jung Freuds Träume vor dem Hintergrund der Informationen und Assoziationen, die dieser ihm zögerlich und spärlich zugestand. Wollte Jung mehr wissen, um seine Deutungen zu vertiefen, stieß er immer wieder gegen eine Wand. Jung bedeutete Freud vorsichtig, er könne dessen Träume viel genauer verstehen, wenn Freud ihm mehr Details aus seinem Privatleben mitteilen würde. In diesem Moment – das war am Morgen an der Reling auf dem Oberdeck achtern gewesen – hatte Freud eine Bemerkung gemacht, die noch in Jung wütete.

»Ich kann doch meine Autorität nicht riskieren!« Dieser Satz dröhnte in Jungs Schädel. Jedes einzelne Wort hämmerte in seinem Gehirn. »Ich kann doch meine Autorität nicht riskieren!« Damit, das war Jung sofort klar gewesen, hatte Freud sie verloren. Freud hatte sich und seine Lehre auf den Heiligen Stuhl gesetzt. Wahrheit war nicht mehr gefragt. Freud wollte sich nicht in die Karten schauen lassen. Seine Neurose, wie sie sich in den Träumen zeigte, ging Jung nichts an.

Jung zog an seiner Pfeife und schmeckte die Verbitterung scharf auf der Zunge. Die um ihn geschlungene Wolldecke mit der eingewobenen Aufschrift *George Washington* konnte ihn nicht mehr wärmen, denn die Kälte kam von innen. Jung sah auf das Meer hinaus.

Schon am Vortag hatte er sich von Freud in seinen eigenen Träumen nicht verstanden gefühlt – oder hatte er sich gar nicht mehr von Freud verstehen lassen wollen?

In der Nacht davor hatte ihn ein Traum von einem Haus aufgewühlt. Jung blickte auf die Reling, deren Stäbe das graue Meer wie in nebeneinander liegende Bilderrahmen fassten. Einer der Rahmen wuchs zu einem zweistöckigen Haus, das ihm unbekannt war und ihm doch zu gehören schien. Er sah sich im oberen Stock umhergehen und in ein Wohnzimmer treten, das im Rokokostil möbliert war. Dann ging er in das mittelalterlich eingerichtete Erdgeschoss, dessen Fußboden mit rotem Backstein gepflastert war.

Er dachte, er müsse das Haus ganz untersuchen, und öffnete eine schwere Türe, hinter der eine steinerne Treppe in den Keller führte. Er stieg hinunter in einen gewölbten Kellerraum, wo er die mit Mörtel gemauerten Backsteine untersuchte und feststellte, dass diese Mauern aus römischer Zeit stammten. Im Fußboden entdeckte er einen Ring, an dem er eine schwere Steinplatte hochzog. Eine schmale Steintreppe führte noch tiefer hinab in eine niedrige Felshöhle. Der Boden war mit Staub bedeckt, in dem Knochen und zerbrochene Gefäße Zeugnis von einer archaischen Kultur ablegten. Da entdeckte er zwei gebleichte Menschenschädel.

Dann war er in seiner Kabine erwacht. Nur das leise Dröhnen der Schiffsschrauben und das leichte Zittern, das die Maschine aus der Tiefe des Schiffsrumpfs hinauf in die Schlafräume sandte und das den Löffel in der Tasse auf dem Tisch leise zum Klirren brachte, erinnerten ihn daran, dass er über den Abgründen eines Weltmeeres geträumt hatte.

Sollte er Freud diesen Traum erzählen? Sollte er alle Assoziationen, die ihm einfallen würden, preisgeben? In Jung wehrte sich etwas. Unruhig schlief er wieder ein. Albtraumbilder jagten ihn.

Er rannte nackt über das Oberdeck der *George Washington*. Mit dem Arm presste er ein Paket hart an seine Flanke über dem Hüftknochen. Er wurde von einem Zöllner in Uniform verfolgt. Verzweifelt versuchte er, seinen nackten Unterleib und sein Geschlecht mit einem roten Tuch zuzudecken. Er stolperte, schlitterte auf dem nasskalten, glitschigen Boden und stürzte über das Deck hinaus. Er fiel in rasendem Sturz auf die Meeresoberfläche zu, durchschlug sie und schwebte nun im Sinkflug auf den Meeresgrund.

Jung erwachte zum zweiten Mal aus seinen Albträumen und zog aus dem neben ihm stehenden leeren Liegestuhl eine zweite Wolldecke zu sich herüber und verlor sich wieder in Erinnerungen.

Der Morgen war kühl gewesen. Er und Freud hatten raschen Schrittes ihre Runden auf dem Promenadendeck der ersten Klasse gedreht, während Jung seinen Traum erzählt hatte.

»Was fällt Ihnen zu den beiden Totenschädeln ein?« Mit dieser Aufforderung steuerte Freud ohne Umschweife auf den Punkt zu, den er für den Kern des Traums hielt. Natürlich hatte Freud Recht, dass der Traum ein genaues Ziel hatte, aber eben nicht die Totenschädel als solche, sondern den untersten Höhlenraum. Die Schädel und die Höhle symbolisierten in Jungs

Augen einen prähistorischen Bereich der Psyche. Eine andere Deutung war jetzt nicht mehr möglich: Das Haus mit seinen verschiedenen Stockwerken war das Symbol für die menschliche Seele. Sollte es in ihr eine Schicht geben, die viel tiefer im Unbewussten lag und viel weiter in die Geschichte des Menschen zurückreichte, als Freud es in seiner Auffassung vom Unbewussten verstanden hatte und je verstehen konnte?

Jung schwieg. Er konnte diesen Traum – oder alle Träume? – nicht mehr auf reine Wunscherfüllung reduzieren. In ihm regte sich Widerstand. Er zurrte seinen leichten Sommermantel fester um sich.

Die Botschaft seines Traums war verblüffend klar und einfach. Der Traum hatte ihm ein Bild der Psyche gezeichnet, mehr noch, eine architektonische Skizze, in der die Struktur der Psyche beschrieben wurde. Jung ging ein wenig schneller. Leichtigkeit ließ seine Schritte federn.

»Welcher Wunsch kommt in Ihrem Traum zum Ausdruck?«, hörte er Freud sagen, der zwei Schritte zurückgefallen war. Jung begann zu laufen, als wollte er einem schattengleichen Verfolger entfliehen. Dabei war er nackt. Noch fester drückte er das kleine Päckchen an sich. Verzweifelt versuchte er, dem uniformierten Zollbeamten zu entkommen. Er lief schneller, ohne einen Schritt vorwärts zu kommen. Er stolperte, taumelte und stürzte in rasendem Fall auf die Meeresoberfläche zu.

»Haben Sie sich wehgetan?« Freud half dem gestürzten Jung wieder auf die Beine. Nur mühsam, in den Knien noch zitternd, kam er wieder hoch. Ein wenig schwindlig, hakte er sich Halt suchend bei Freud unter. Sobald Jung sich kräftig genug fühlte, entzog er sich ihm, blieb kurz stehen und prüfte die eigene Standfestigkeit. Seine ersten Schritte waren unsicher auf einem federnden Boden, von dem er nicht wusste, ob er ihn tragen würde.

Dann gingen die beiden Männer schweigend nebeneinander her. Die Wolken schoben sich noch dichter zusammen. Die wenigen bläulichen Lücken am Himmel schlossen sich ganz.

Jung dachte daran, wie Freud am Tag vor ihrer Überfahrt ohnmächtig geworden war.

War nicht er die Ursache für Freuds Ohnmacht gewesen? Freud hatte ihn und Ferenczi in Bremen zu einem Abendessen eingeladen. Die Stimmung war beschwingt gewesen, nicht zuletzt, weil er sich von Freud nach einer neunjährigen Abstinenz zu einem Glas Wein hatte überreden lassen. Freud hatte damit einen kleinen Sieg über ihn errungen und war ausgesprochen heiter, fast ausgelassen. So hatte Jung ihn noch nie erlebt. Doch dann hatte Jung von Moorleichen in den norddeutschen Mooren erzählt. In seiner Gelöstheit hatte er die Legenden von den im Torf mumifizierten Leichen in allen Einzelheiten ausgemalt. Die Leichen waren durch den Torf braun gegerbt und platt gedrückt. Sie waren wie flache Scherenschnitte, die man zu einem Schattenspiel braucht. Sie waren keine Individuen mehr, sondern nur noch Abschattungen von Menschen, die alles Eigene verloren hatten. War dies nicht auch bei manchen Traumbildern so? Platons Höhlengleichnis fiel Jung ein und das Schattenreich in der Unterwelt der Toten. Er brach seine Einfälle und Assoziationen ab.

Für Freud waren Jungs Ausführungen über die Moorleichen eine Bedrohung, weil er in ihnen einen Wunsch sah. »Was wollen Sie denn mit diesen Leichen? Wünschen Sie sich meinen Tod?«, hatte er Jung plötzlich gereizt angefahren. Und erlitt wie zur Bestätigung seines Verdachts am Tisch einen Ohnmachtsanfall.

»Was denken Sie denn über die beiden Totenschädel? Wem gehören sie?«

Jung zuckte zusammen. Er wusste, worauf Freud hinauswollte, wieder auf einen unbewussten Todeswunsch von ihm.

Widerwillen stieg in Jung auf, doch zugleich beschlich den

Sohn auch die Angst, den Vater zu enttäuschen und seine Zuneigung zu verlieren. Mit der Lüge kam die Hitze der Beschämung. »Die Schädel gehören meiner Frau und meiner Schwägerin.« Kaum waren diese Worte über seine Lippen, war sich Jung der bösen Ironie seiner Antwort bewusst. War sie auch eine Rache dafür, dass Freud bei der Deutung seiner Träume so wenig von seiner Frau Martha und der Schwägerin Minna preisgab?

Freud bemerkte nichts. Zu sehr war er erleichtert, dass Jungs Traum seiner Vorstellung vom Traum als Wunscherfüllung entsprach. Eine unglaubliche Schwäche des Übervaters, dass er sich so leicht hinters Licht führen ließ, weil er zu sehr an seine eigene Traumtheorie glaubte. Wieder verlor Jung einen Teil seines Respekts gegenüber Freud, ein weiteres Mal hatte er ihn entthront. Jung wusste aber auch, dass er Freud schmählich verraten hatte, indem er einer offenen Auseinandersetzung um die Traumdeutung ausgewichen war.

Inzwischen hatte sich der Abend über das Meer gelegt. Die *George Washington* trieb den scharfen Keil ihres Buges in die Dämmerung. Die Positionslampen am vorderen Ladebaum durchdrangen kaum die aufsteigende Finsternis.

Sein Traum hatte weit in die dunkelsten Bereiche der Seele geleuchtet. Schon im dunklen Erdgeschoss begann das Unbewusste. Je tiefer er hinabgestiegen war, desto fremder wurde es. Die Kellerräume der Psyche waren eingebettet in tief hinabreichende Bodenschichten. Dieser unterste Bereich musste so etwas wie eine urzeitliche, eine kollektive Seele sein, der gemeinsame Mutterboden für die Psyche jedes Einzelnen.

Jung schreckte auf. Alle anderen Liegestühle standen verwaist auf dem Deck. Nur er lag einer Mumie gleich eingewickelt da und hatte seine Gedanken treiben lassen wie Vögel über den Nachthimmel.

»Da sind Sie ja! Wo bleiben Sie denn? Das Galadiner des Kapitäns hat schon begonnen!« Es war Ferenczis Stimme, die ihn aus dem Dunkeln ansprach. Bisher hatten sie sportliche Betätigungen und Tanzveranstaltungen, die verschiedensten Diners und gesellschaftlichen Ereignisse an Bord gemieden, aber heute, am letzten Abend der Überfahrt, wollten die drei Männer am gesellschaftlichen Höhepunkt der Seereise teilnehmen. Jung befreite sich mühsam aus seinen Decken, brachte seinen steif gewordenen Körper in Bewegung und suchte seine Kabine auf, um sich für den festlichen Abend umzuziehen. Mit seinen Träumereien hatte er den ersten Teil des Diners verpasst.

Am nächsten Morgen, am letzten Reisetag, zog dichter Nebel auf, der jeden Laut in sich aufnahm und ihn in seiner dichten Konsistenz wie ein mit Äther getränkter Wattebausch erstickte. Die *George Washington* schwebte wie ein großer Urzeitvogel durch die dichten Wolken, wie in einem gleichmäßigen, ruhigen Flug. Der Schwingenschlag des Urvogels war nicht zu hören, weil er sich allein von der Luft tragen ließ. Eigentlich hätte man schon die ersten Umrisse der Neuen Welt entdecken müssen. Doch alles war in einen undurchdringlichen Schleier gehüllt.

Erst das Feuerschiff weit vor dem New-Yorker Hafen drang durch den dichten Wassersud über dem Atlantik. Mit seinen rotierenden roten Scheinwerfern schnitt es Blutbahnen in den Nebel, der für einen Moment zurückschreckte und den Vorhang für kurze Augenblicke öffnete.

Die kraftvollen Maschinen im Bauch des Vogels wurden leiser und erstarben bald darauf ganz. Der Urzeitvogel glitt langsam wie nach langem, anstrengenden Flug aus und blieb erschöpft auf der Wasseroberfläche liegen. Ohne Widerstreben ließ sich das Tier von drei Wasserläufern in den Schlepptau nehmen und träge in den Hafen schleppen. Inzwischen waren die weit aufragenden weißen Himmelstürme der Großstadt aus dem Nebel aufgestiegen.

Freud, Jung und Ferenczi standen in einer langen Reihe, um alsbald über die Landebrücke das Ufer der Neuen Welt zu betreten. Freud drehte sich zu Jung um, der seine Augen über die Umrisse New Yorks schweifen ließ, und sagte freundlich lächelnd: »Das Analysieren unserer Träume war das Wichtigste an unserer Überfahrt.«

Jung nickte, doch bevor er eine Antwort geben konnte, wurde er von einem sich rücksichtslos vorbeidrängenden Fahrgast zur Seite geschoben.

»Ich halte von Traumdeutung überhaupt nichts. Schon gar nicht unter Kollegen«, fuhr Professor Graf scharf dazwischen. »Ich nehme an, Frau Groß, das war einer Ihrer studentischen Scherze. Die Studie von Thomas Schlichter, einem meiner Doktoranden, hat die theoretischen Grundlagen der Tiefenpsychologie aus wissenschaftstheoretischer und methodologischer Sicht als unhaltbar erwiesen. Dass aber die Traumdeutung nicht nur wissenschaftlich obsolet, sondern darüber hinaus auch völlig nutzlos ist, ergibt sich aus einer Studie, die ich zusammen mit Herrn Rachner im Augenblick mache und die im Übrigen eine ausgezeichnete Habilitation abgeben wird.«

Dabei blickte er wohlwollend zu Rachner hinüber, der kurz aus seinen Protokollnotizen aufschaute. Rachner war ein ernster, dunkelhaariger Habilitand. In seiner schmächtigen Gestalt, seinem schmalen Gesicht, seinen scharfen, kantigen Gesichtszügen, die von einer mächtigen Nase konturiert wurden, glich er einer eckigen Ziffer.

Rachner, dachte Roth, hat sich in seiner äußeren Erscheinung seiner wissenschaftlichen Arbeit, der Mathematik und Informatik, angeglichen.

»Herr Rachner«, fuhr Graf fort, »hat die vorhandenen Daten über die Wirksamkeit psychoanalytischer Therapien neu ausgewertet und festgestellt, dass ihre Effizienz gegenüber der Verhaltenstherapie bislang systematisch überschätzt wurde. Wir werden das demnächst veröffentlichen. Das wird nicht nur einer wissenschaftlichen Sensation gleichkommen, sondern den tiefenpsychologischen Therapien auch vollends den Garaus machen. Das Gesundheitsministerium und die Krankenkassen haben schon – streng vertraulich natürlich – entsprechende Vorabzusammenfassungen der Studie erhalten. Die zuständigen Referenten haben uns bereits signalisiert, dass das Konsequenzen für die Erstattung von Therapiekosten durch die Kassen haben wird.«

In Grafs Gesicht stieg ein süffisantes Lächeln auf, das er Roth und Frau Schneeweiß-Rode von ganzem Herzen gönnte. Roth schluckte und blätterte unruhig in seinen Sitzungsunterlagen. Er wusste nur zu gut, dass die klassische Psychotherapie, die die Bearbeitung von Kindheitstrauma, unbewussten Konflikten und Träumen in den Mittelpunkt ihrer Arbeit stellt, auf dem Psychotherapiemarkt damit keine Chance mehr hätte.

»Ich will anmerken«, führte Graf genüsslich aus und ließ seinem Lächeln ein breites Grinsen folgen, »dass damit auch die Traumdeutung ausgespielt hat, ist sie doch wesentlicher Bestandteil der Psychoanalyse – oder, wie Freud bekanntermaßen sagte, die Via regia zum Unbewussten.«

Karin Schneeweiß-Rode und Melanie Groß waren unruhig geworden. Mit leisen Worten ging die Professorin zum Gegenangriff über: »Lieber Kollege Graf, natürlich sind wir alle gespannt auf diese Studie. Wir werden sie kritisch lesen und schauen, ob sie hält, was Sie sich von ihr versprechen. Aber lassen Sie mich doch noch einmal auf den Scherz von Frau Groß zurückkommen. Wenn Träume, wie Sie sagen, völlig bedeutungslos sind, könnten Sie sich doch ruhig auf das Spiel von Frau Groß einlassen. Es wäre nichts anderes als ein kleiner Spaß, wie etwa das Lesen von Horoskopen. Ich schlage vor, jeder von uns Professoren schreibt im nächsten halben Jahr einige Träume auf. Nach Abschluss der Revision an den Prüfungsordnungen könnten wir uns doch den Spaß erlauben, die Träume bei einem guten Glas Wein anzuschauen.«

»Ich glaube, verehrte Kollegin«, wehrte Graf die Einladung

ab, »unser Thema ist zu ernst, um darüber Scherze zu machen.« Er blickte zu seinem Kollegen Zimmermann, der, anders als er selbst, den kleinen Disput mit einem Anflug von Amüsement verfolgt hatte.

»Verstehe ich Sie recht, liebe Kollegin, dass Sie uns eine Art Wette vorschlagen?«, mischte Zimmermann sich nun ein. »Ganz nach Goethes Faust, so nach dem Motto: ›Werd' ich zu unsern *Träumen* sagen, verweilet doch! Ihr seid so schön! Dann magst du mich in Fesseln schlagen, dann will ich gern zugrunde gehn! Dann mag die Totenglocke schallen‹ und so weiter. Nur dass in unserem Fall das Unbewusste die Rolle des Mephisto übernimmt. Das Unbewusste, ›der Geist, der stets verneint‹. Ich glaube, Sigmund Freud hätte Gefallen an dieser Definition des Unbewussten, C. G. Jung freilich weniger – wenn ich die beiden Herren recht verstanden habe.«

Zimmermann begann zu lachen, zurückhaltend zwar, aber für seine Verhältnisse doch herzhaft. Graf ahnte, dass Zimmermann mit fliegenden Fahnen zur gegnerischen Partei überlaufen würde.

»Genau, Herr Kollege«, stimmte Karin Schneeweiß-Rode Zimmermann lächelnd zu. »Ich hoffe nur, dass nicht – wie im Faust das Gretchen – wieder eine Frau das Opfer der Wette wird. Aber das Ganze ist ja nur ein Spiel. Und zu dem entscheidenden Treffen lade ich Sie alle zu mir nach Hause ein.«

»Und wie stellen Sie sich die Auswertung der Träume vor?« Graf versuchte, das sich anbahnende Spiel mit einem letzten Argument zu verhindern. Doch seine Worte gingen in den »Ahs« und »Ohs«, die der Einladung von Schneeweiß-Rode folgten, unter. Alle waren von dieser Idee eines geselligen Rateabends bei ihr angetan. Endlich würde man auch sehen, wie sie wohnte und was sich hinter ihrer freundlichen, aber abweisenden Fassade verbarg. Nur Roth schwieg in dem allgemeinen Durcheinander.

Als sich dieses etwas gelegt hatte, wandte sich Frau Schneeweiß-Rode an Graf: »Wir drei Wettbewerber lesen unsere Träume abwechselnd vor.« Sie fand mehr und mehr Gefallen an der Idee. »Die anderen geben zu jedem Traum fünf Deutungen ab. Der jeweilige Kandidat muss zu jeder Deutung ›Kann sein‹ oder ›Kann nicht sein‹ sagen. Ehrlichkeit setzen wir natürlich wie bei jedem Spiel voraus. Schummeln gilt nicht.« Sie musste selbst über ihre Fantasie grinsen. »Wenn zwei Drittel der Deutungen bei den Träumen aller Kandidaten ein ›Kann sein‹ erhalten, dann ist wissenschaftlich erwiesen, dass Träume eine Bedeutung haben und dass Traumdeutung eine sinnvolle Methode ist. Wir werden unsere Ergebnisse als eine gemeinschaftliche Habilitationsschrift verfassen und an unserem Institut einreichen.«

»Na ja. Bei einem guten Glas Wein kann ich bei dieser Art der Wissenschaftlichkeit schon mal mitmachen.« Damit gab Graf seinen Widerstand auf und legte noch ein Argument nach: »Und natürlich nur, weil Sie an diesem Abend unsere Gastgeberin sein werden. Das kann ich selbstredend nicht ausschlagen.« Graf versuchte verkrampft, ein paar Funken Charme zu versprühen.

»Damit es auch ganz wissenschaftlich bleibt«, nickte Schneeweiß-Rode heftig zu Graf hinüber, »schlage ich vor, Ihre beiden Herren Assistenten, Herrn Rachner und Herrn Schlichter, zur Jury zu bestimmen. Sie werden die Auswertung mathematisch und methodisch korrekt betreiben und dann auch das Ergebnis verkünden. Ich werde Herrn Schlichter von dieser Wette und seiner Aufgabe benachrichtigen.«

Auch Rachner konnte sich nicht dem Sog der allgemeinen Begeisterung entziehen. Nachdem er sich mit einem Blick bei Graf rückversichert hatte, stimmte er seiner Aufgabe zu.

»Und Frau Groß darf die Assistentin von Herrn Rachner und Herrn Schlichter sein«, fügte Zimmermann lachend an.

Melanie Groß murmelte etwas wie »frauenfeindlicher Sack!«, verbiss sich jedoch weitere Bemerkungen.

»Noch eines müssen wir festlegen.« Karin Schneeweiß-Rode riss das Gespräch wieder an sich. »Bis zu diesem Abend werden die Wettkandidaten gebeten, ihre Träume in verschlossenen Briefumschlägen monatlich bei Herrn Roth abzugeben. Als Leiter des Prüfungsamts ist er für diese Aufgabe geradezu prädestiniert. Die Umschläge bleiben natürlich verschlossen. Erst am Auswertungsabend werden sie in zeitlicher Reihenfolge geöffnet und dann vom jeweiligen Traumkandidaten verlesen. Sonst noch etwas? Ach ja, den Termin für diesen Abend bei mir könnten wir eigentlich schon festlegen.«

Nach der Terminabsprache und der abschließenden Diskussion zur Revision der Prüfungsordnung schloss Roth die Sitzung mit einem spaßig gemeinten »Dann träumen Sie schön«. Dabei nickte er den drei Wettkandidaten zu.

Er wartete, bis alle Sitzungsteilnehmer sich verabschiedet hatten und löschte dann nachdenklich das Licht.

Maurers Stimme war im Verlauf seiner Erzählung zurückhaltender und leiser geworden. Er wusste nicht mehr, ob er Susanne die Geschichte tatsächlich erzählt hatte oder ob er sie nur vor seinem inneren Auge hatte vorbeiziehen lassen. Vielleicht hatte er auch wie Susanne geschlafen, und der Ausspruch Zettels aus dem Sommernachtstraum stimmte: »Am Ende hast du nur geschlummert hier und geschaut in Nachtgesichten deines eignen Hirnes Dichten.« Er konnte die Frage nicht beantworten.

Susanne war in tiefer Trance.

Er sprach sie vorsichtig an: »Und während du und dein Unbewusstes noch der Erzählung nachhängen, meldet sich allmählich und ganz langsam dein bewusstes Ich wieder und hört ganz bewusst meine Stimme und was ich sage. Und wenn ich jetzt gleich von drei auf eins zähle, kommst du hierher zurück, ganz langsam, Schritt für Schritt … drei … zwei … eins.«

Susanne schlug die Hände vor die Augen, rieb sich das Gesicht und schüttelte den Kopf.

»Bin ich jetzt wieder in der Toskana?«

»Hier in dem Raum, in dem wir vorher gemeinsam gegessen haben. Schau dich um!«

»Ich war ziemlich weit weg. Anfangs habe ich noch genau zugehört, diese Sitzung der Prüfungskommission. Als du von der Amerikareise erzählt hast, war ich irgendwo auf dem Meer, auf einer eigenen Reise. Am Schluss habe ich etwas von einer Traumwette gehört. Stimmt das?«

»Eine faustische Wette gewissermaßen, eine Wette zwischen den Professoren des Psychologischen Instituts, die zugleich auch eine Wette zwischen den alten Traumdeutern um Freud und Jung und der modernen Psychologie ist.«

»Und wer wird siegen?«

»Einer hat schon verloren, nämlich Roth.«

»Könnte es nicht sein, dass wir die Träume verstehen und deuten müssten, um Licht in den Fall Roth zu bringen?«

»Das befürchte ich.«

»Wieso befürchten?«

»Wer soll uns die Träume deuten?«

»Konnten dir die Professoren dazu nichts sagen?«

»Könnten vielleicht schon, aber sie wollen nicht. Das erzähle ich dir nachher. Lass uns ein paar Schritte vors Haus gehen. Draußen ist ein wunderschöner Sternenhimmel zu sehen.«

Widerwillig stimmte Susanne zu und ließ sich von Maurer an beiden Händen aus dem tiefen Sessel ziehen. Im Vorraum zogen sie sich ihre Wetterjacken über, denn inzwischen war es empfindlich kühl geworden.

23.00 Uhr

Sie traten ins Freie. Wärme suchend drängte Susanne sich an Maurer.

»Nachts ist es doch noch ziemlich kalt«, bemerkte sie.

»Es ist auch spät geworden, und der Himmel ist sehr klar.«

»Und dunkel und voller Sterne.«

Der Himmel, vor dem sich zwei schmale Zypressen in die Höhe reckten, war von unendlich vielen Lichtpunkten übersät, an manchen Stellen waren sie weit zerstreut, an anderen zu einem helleren Band zusammengeschnürt. Kein Laut war zu hören.

»Mir wird schwindlig bei dem Gedanken«, unterbrach Susanne die Stille, »dass wir ins Dunkle des Himmels stürzen.«

Er legte den Arm um sie und drückte sie an sich.

»Ich stelle mir dann vor, wie der kalte Wind des Weltalls um mich weht, wie bei einer rasenden Fahrt in der Achterbahn.«

»Irgendwie auch schrecklich schön«, antwortete er, »so dahinzustürzen, wie in einem Rausch.«

»Nein, mich friert bei dieser Vorstellung, wie ein Meteorit durch die Leere zu fallen, immer nur zu fallen.«

»›Die Welt ist alles, was der Fall ist‹ – oder so ähnlich«, erinnerte sich Maurer, wusste jedoch nur noch den Anfangsbuchstaben des Philosophen, der diese Worte als ersten Satz seines bekanntesten Werkes formuliert hatte.

»Hm, seit Galilei ist es nicht mehr der Sündenfall, sondern … wie soll ich sagen? – der Weltenfall, der den Menschen frieren lässt.«

»Und der Fall ins Unbewusste«, ergänzte Maurer, »in den Freud und Jung uns gestoßen haben. Nicht umsonst heißt es Tiefenpsychologie.«

»Der Tiefenschwindel hat uns.«

»Beim Fallen und im Schwindel wissen wir nicht mehr, wo oben und unten ist, ob wir fallen oder schweben.«

»Ein schrecklicher Zustand.«

»Und der glücklichste. Das eine nicht ohne das andere.« Maurer drückte Susanne fester an sich.

»Wenn du mich hältst, falle ich Gott sei Dank nicht.«

»Und trotzdem ist es zum Schwindligwerden schön.«

Sie löste sich aus seiner Umarmung. »Komm, lass uns wieder reingehen! Dein Fall wartet auf uns.«

»Ich bin gespannt, was dein Unbewusstes von der Traumwette der Professoren hält, und vor allem, ob es uns Einsichten zur Lösung gönnt.«

Fröstelnd hängten sie ihre Jacken an die Kleiderhaken. Die Wärme des Raums und der Lampe empfingen sie freundlich.

»Ich koche uns noch Tee.« Maurer ging in die Küche, zündete die Gasflamme an und stellte den Wassertopf auf. Susanne suchte in der Küchenzeile nach Teekanne und Tassen.

»Habe ich das richtig verstanden«, begann Susanne – klirrend fiel ihr der Teelöffel auf den steinernen Fußboden –, »dass die Professoren dieses fast schon kindische Ratespiel um ihre Träume veranstalten wollten? Aber eigentlich ging es den Herren doch nur darum, an diesem ominösen Rateabend das Privatleben dieser attraktiven Professorin kennen zu lernen.«

»Genau, doch zu dem Abend ist es nicht gekommen, denn drei Monate nach der denkwürdigen Sitzung wurde Roth ermordet. Deshalb hatten die Professoren bis dahin jeweils nur drei Träume abgegeben. Was ich aber absolut nicht verstehe, ist, dass in der Träumesammlung auch ein Traum von Roth dabei war. Er hatte doch gar nicht an der Wette teilgenommen.«

»Rätselhaft. Diesen Umstand werden wir wohl nie verstehen. Mir scheinen die Träume der Professoren wichtiger zu sein. Roth hat sie wie abgesprochen in den verschlossenen Umschlägen erhalten und aufbewahrt, aber offensichtlich hat er sie geöffnet und die Träume gelesen. Vermutlich hat er dabei etwas entdeckt, das ihn das Leben gekostet hat.«

»Diese Idee habe ich bei den Vernehmungen der Professoren überprüft.«

»Du hast sie damit konfrontiert, dass Roth ihre Träume schon vorab gelesen haben muss?«

»Ja, zuerst Professor Graf. Er habe doch gleich gewusst, dass solche Spielchen wie Traumwetten nur böse enden können. Roths Vertrauensbruch sei eine Riesenschweinerei, hat er mich angefahren. Er habe schon lange geahnt, dass diesem Roth nicht über den Weg zu trauen sei. Er war entsetzt, dass sich seine Träume jetzt in den Händen der Kriminalpolizei befinden.«

»Das dürfte für Sie doch kein Problem sein, Herr Professor Graf«, Susanne ahmte Maurers Stimme nach, »sind doch Träume Ihrer Meinung nach nichts anderes als das sinnlose Ergebnis von Neuronenimpulsen aus dem Hirnstamm. Oder schwenken Sie in das Lager der Tiefenpsychologen um?«

»Das habe ich ihm auch vorgehalten.« Maurer schmunzelte. »Professor Graf ist tatsächlich darauf eingegangen. Er wisse doch nicht, ob ich nicht auch noch auf die Idee käme, die Traumprotokolle irgendeinem Psychoanalytiker zur Deutung vorzulegen. Dann könnte ich ihm daraus sehr wohl einen Strick drehen.«

»Das wäre die Ironie des Schicksals: Professor Graf baumelt am imaginären Strick der Traumdeutung.« Susanne lachte.

»Ich konnte mir dann auch nicht verkneifen, ihn zu provozieren: ›Ihre Idee mit dem Psychoanalytiker würde ich ganz gerne aufgreifen. Aber Sie wissen ja, dass man zur Analyse eines Traums die Assoziationen des Träumers braucht. Alles andere wäre Kaffeesatzleserei und entspräche nicht den Regeln der Kunst‹. Professor Graf hat ziemlich sauer reagiert. Die Traumdeutung sei alles andere als eine Kunst, und es wäre ein Witz, wenn sich auch noch die Kriminalpolizei dieser schönen Künste bedienen würde. Dann hat er kategorisch jede weitere Aussage verweigert.«

»Und so können wir seine Träume nicht deuten!« Susanne sah achselzuckend zu, wie Maurer das kochende Wasser in die Teekanne goss. »Wie hat Professor Zimmermann reagiert?«

Auch Zimmermann verweigerte jeden Kommentar zu seinen Träumen. Die Idee, die Träume einem erfahrenen Analytiker zur Deutung vorzulegen, brachte Zimmermann jedoch nicht in Verlegenheit. »Ich betone noch einmal«, stellte er fest, »dass ich mit der ganzen Sache nichts zu tun habe. Ich habe mich damals vom Charme unserer Kollegin Schneeweiß-Rode zu diesem dämlichen Spiel verführen lassen. Wenn ich mir etwas vorzuwerfen habe, dann ist es das.«

»Wer von uns Männern will sich schon vorwerfen, von so einer interessanten Frau verführt zu werden«, antwortete Maurer lächelnd.

»Und was meine Träume angeht, so können Sie sie gerne behalten. Sie sind so unverständlich, dass sich die besten Psychoanalytiker daran die Zähne ausbeißen würden. Zugeben muss ich allerdings, dass ich über meine Fähigkeit, so intensiv und bildhaft zu träumen, erstaunt war. Aber mit dem traurigen Ende des Spiels habe ich schon wieder aufgehört, so zu träumen. Man weiß eben, dass man immer so träumt, wie es von einem erwartet wird. Die Patienten in einer freudschen Analyse träumen freudianisch, die in einer jungschen Psychotherapie haben jungianische Traumbilder. Sie sehen – das muss ich Frau Schneeweiß-Rode bei Gelegenheit einmal sagen –, selbst in den Träumen ist der Mensch das angepasste, kriecherische Wesen, das er nun einmal ist.«

Zur ersten Vernehmung hatte Maurer die Professorin Schneeweiß-Rode ins Kommissariat geladen.

»Darf ich Sie bitten, Platz zu nehmen.« Maurer schob ihr einen Stahlrohrstuhl hin. »Es tut mir Leid, dass ich Ihnen heute vielleicht auch einige unangenehme Fragen stellen muss.«

»Kein leichter Job, den Sie da haben.« Die Stimme der Professorin klang überraschend tief.

»Sicher, aber auch nicht uninteressant.«

»Es wird Sie belasten, sich immer wieder mit Gewalt und Tod beschäftigen zu müssen.«

Maurer nickte und suchte fahrig nach seinem Notizbuch, fand es aber auf die Schnelle nicht.

»Ich kann mir auch gut vorstellen, dass Sie bei dieser Arbeit das Vertrauen in den Menschen verlieren. Immer wieder nur Verdächtige, die etwas verschleiern wollen oder ganz offen leugnen. Ich könnte mir solch eine Arbeit nicht vorstellen. Ich bin froh, dass ich immer noch Psychotherapien machen kann.«

»Muss angenehm sein, bei Ihnen Patient sein zu dürfen.« Maurer versuchte ein Lächeln.

»Es ist wirklich angenehm, mit motivierten Patienten zu arbeiten.«

»Nun komme ich nicht umhin, einige der bekannten Fragen zu stellen. Wie war Ihre Beziehung zu Johannes Roth?«

»Meine Beziehung zu Roth«, die Stimme der Professorin wurde kühl und distanziert, »war nichts Besonderes, eine ganz normale berufliche Beziehung. Wir hatten nicht viel miteinander zu tun.«

»Kannten Sie Roth schon aus früheren Zusammenhängen? Ich meine, vielleicht vom Studium oder von anderen beruflichen Kontakten her.«

»Nein, das heißt, vor langer Zeit haben sich unsere Wege für kurze Zeit mal gekreuzt, denn wir haben zufällig am selben Institut eine Ausbildung zum jungianischen Therapeuten begonnen.«

»Bei einer solchen Ausbildung lernt man sich nicht näher kennen?«

»Schon, aber Roth und ich hatten verschiedene Seminare belegt. Außerdem habe ich diese Geschichte bald abgebrochen.«

»Abgebrochen? Einfach so?«

»Nein, ich hatte in dieser Zeit eine schwierige Phase«, sie zögerte, »wegen einer unglücklichen Liebe. Und auch Roth hat die Ausbildung abgebrochen. Wir haben uns dann ganz aus den Augen verloren.«

»Darauf werde ich bei einer weiteren Vernehmung zurückkommen.«

»Weitere Vernehmung?«

»Lässt sich kaum umgehen. Es sei denn, wir finden den Mörder vorher. Jetzt möchte ich auf die Träume zu sprechen kommen, die Sie bei Roth abgegeben haben.« Maurer hatte sein Notizbuch gefunden, suchte nach einer leeren Seite und setzte das Datum auf das weiße Blatt. »Sie können mir vermutlich mehr zu Ihren Träumen sagen als die Herren Graf und Zimmermann. Vielleicht schon eine erste Deutung?« Maurer lächelte sie erwartungsvoll an.

»Ich verstehe Ihr Interesse an meinen Träumen sehr gut«, versicherte sie. Ihre Stimme hatte wieder den angenehm tiefen Klang gefunden. »Doch ich kann Ihnen zu meinem eigenen Erstaunen wirklich nichts, aber auch gar nichts dazu sagen. Ich habe eine sehr gute Beziehung zu meinen Träumen, und in der Regel verstehe ich sie auch recht gut. Aber die drei Träume, die ich Roth gegeben habe, sind mir ein Buch mit sieben Siegeln geblieben.«

»Vielleicht liegt es an Roth«, bemerkte Maurer wie nebenbei.

Das Gesicht von Frau Schneeweiß-Rode verschloss sich. »Kaum anzunehmen, dass mein Unbewusstes sich von diesem Wettspiel beeindrucken ließ. Schon gar nicht davon, dass Roth die Träume sammeln sollte. Wie gesagt, Träume sind der Ausdruck unserer Individualität, unserer ganzen Person, auch der ungelebten Persönlichkeitsanteile.«

»Vielleicht hat Roth Ihre Träume besser verstanden als Sie?« Maurer versuchte es mit einem Frontalangriff.

»Das ist kaum anzunehmen, denn dazu hätte er mehr Informationen über die Träumerin gebraucht«, parierte die Professorin gekonnt.

»Ich befürchte, dass Roth mehr über Sie wusste, als Ihnen lieb sein kann. Wir sind noch dabei, seine schriftlichen Unterlagen und Tagebuchaufzeichnungen durchzuarbeiten.«

Karin Schneeweiß-Rodes Gesicht machte nun dem ersten Teil ihres Doppelnamens alle Ehre. Ihre Kaumuskeln spannten sich und zeichneten einen leichten Schatten in ihr blass gewordenes Gesicht.

»Außerdem«, setzte Maurer zu einem weiteren Angriff an, »unterschätzen Sie Roths therapeutische Fähigkeiten. Er hatte trotz abgebrochener Ausbildung am Jung-Institut ein profundes Wissen von der Psychologie der Träume.«

Karin Schneeweiß-Rode nickte resigniert. Diese Runde war an Maurer gegangen.

Jetzt musste er zum entscheidenden Schlag ausholen. »Wir werden Ihre Träume mehreren erfahrenen Analytikern vorlegen und Sie dann mit deren Deutung konfrontieren.«

»Dagegen habe ich überhaupt nichts, weil dabei nichts herauskommen wird. Sie bräuchten dafür zumindest die Assoziationen von mir als Träumerin«, wehrte Karin Schneeweiß-Rode den Angriff ab. Sie richtete sich ein wenig auf. »Abgesehen davon, dass ich nichts zu befürchten habe, greift die Methode der Assoziation bei der Traumdeutung zu kurz. Ich arbeite mit den Techniken der Gestalttherapie. Dabei spielt der Träumer seinen Traum sozusagen im Rollenspiel noch einmal durch. Er unterhält sich mit dem Traum oder mit einzelnen Traumfiguren. Wie sagt Fritz Perls, der Begründer der Gestalttherapie so schön: Alle anderen Methoden sind ›mindfucking‹.« Nun war Karin Schneeweiß-Rode wieder auf dem sicheren Terrain ihres Fachwissens.

»Es war vielleicht auch nur eine verrückte Idee. Sie haben vermutlich Recht, dass keine Methode der Welt etwas gegen Ihre Blockade ausrichten kann. Ich habe heute keine weiteren Fragen mehr. Sollte ich noch etwas von Ihnen wissen wollen, werde ich wieder auf Sie zukommen.«

»Natürlich. Sehr gerne. Ich hoffe, dass Sie den Täter bald

überführen können und der Albtraum, in dem wir uns alle befinden, bald vorüber ist.«

Sie erhob sich aus dem Stahlrohrstuhl und verließ raschen Schritts das Dienstzimmer.

»Bring doch bitte noch die Zuckerdose von der Anrichte mit herüber!« Susanne weckte Maurer aus seinen Erinnerungen. Sie hatte inzwischen das Teegeschirr auf den Tisch gestellt und ein paar Kekse auf einen Teller gelegt. »Wir sind noch nicht wirklich weitergekommen. Ich glaube, dass die Sitzung, bei der die Professoren ihre Traumwette vereinbart haben, die Schlüsselszene ist.« Susanne nahm die Teetasse und blies mit spitzen Lippen über den heißen Tee.

»Ich vermute auch, dass die Lösung des Falls dort zu suchen ist. Aber ich sehe kein Durchkommen in dem Dschungel der Ermittlungsergebnisse. Ich habe aus den Vernehmungen der Professoren und der beiden Assistenten ungeheuer viel Material, das mir aber noch ziemlich chaotisch erscheint. Es würde Stunden dauern, dir alles zu erzählen.« Maurer seufzte.

»Das hat auch keinen Sinn.«

»Aber was dann ...?« Maurer zuckte die Achseln.

»Die Träume, es müssen die Träume sein. Wir müssen sie deuten. Da führt kein Weg dran vorbei.«

»Nur, wie?« In Maurers Worten schwang Enttäuschung mit.

Susanne trank einen Schluck Tee und biss energisch in einen Keks. Sie wollte sich nicht von Maurers resignierter Stimmung anstecken lassen.

»Ich habe eine verrückte Idee. Die hat meine Unbewusstes während der Trance vorhin ausgebrütet. Es war doch gut, dass du mir von Freud und Jung erzählt hast, ich meine, von ihrem Ärger wegen der Traumdeutung. Die Geschichte von der Amerikafahrt war wohl der Keim zu meiner genialen Idee.«

»Und was wäre das für eine Idee?« Maurer sah Susanne ungläubig an.

»Bitte doch die beiden Herren zu einer gemeinsamen Sitzung!« Ein Anflug von Triumph war nicht zu überhören.

»Wie bitte? Du meinst Freud und Jung? Und wohin bitte soll ich die beiden Verblichenen einladen?«

»Na, in deine Kristallkugel! Du imaginierst sie in deine Kugel, wohin denn sonst? Dann legst du ihnen die Träume der Professoren zur Deutung vor. Findest du das nicht eine tolle Idee? Ich bin fast so gut wie dein geliebter Milton Erickson.«

»Ach richtig. Erickson habe ich in den letzten Stunden ganz vergessen«, stimmte er zögernd zu und fragte dann zweifelnd: »Aber ich brauche doch die Assoziationen der Träumer, und die Informationen aus den Vernehmungen müssten doch auch irgendwie mit einfließen.«

»Ganz einfach: Du legst deine Professoren auf die Couch und setzt Jung und Freud daneben. Die beiden deuten für dich die Träume der Professoren. Oder, anders gesagt, du übergibst deinem Unbewussten die Regie über die Szenen in der Kristallkugel. Und alles Weitere wird sich zeigen.«

Maurer zweifelte noch an Susannes Vorschlag. Er verzog skeptisch den Mund.

»Probier's doch einfach aus! Dein Unbewusstes wird das dir bekannte Material ganz neu zusammenfügen und dir vielleicht bisher unbekannte Perspektiven aufzeigen. Es wird sogar Eigenes dazuerfinden, um dem ganzen Puzzle einen Sinn zu geben.«

»Das wäre ganz und gar nicht seriös.«

»Was heißt schon ›seriös‹? Du musst, wie du immer sagst, den Sinn des Verbrechens und in unserem Fall den Sinn der Träume und der Traumwette finden. Alles andere ist doch unwichtig!«

»Und du meinst, den werde ich finden?«

»Nicht du, sondern dein Unbewusstes. Wie oft hast du mir das erklärt, und jetzt glaubst du selbst nicht daran! Es könnten deine Worte sein, wenn ich dir sage, dass die Einladung von Jung und Freud zur Traumdeutung nichts anderes ist als eine

Einladung an dein Unbewusstes, dein reichlich vorhandenes psychoanalytisches Wissen mit dem Mordfall zu verknüpfen. Mehr als schiefgehen kann es nicht.«

»Ich weiß auch nicht, warum ich meiner Kristallkugel nichts mehr zutraue. Aber bisher hat sie auch nichts gebracht. Aber du hast natürlich Recht, und meinen eigenen Argumenten kann ich mich dann doch nicht verschließen. Das heißt aber, dass ich die Nacht vor der Kugel verbringen werde, während du einsam und alleine im Bett darben musst.«

»Diese Nacht werde ich opfern. Dafür wird dann die nächste umso schöner, wenn der Fall morgen früh abgeschlossen ist.«

Sie stieß ihm sanft den Ellenbogen in die Seite.

»Los geht's, verlier keine Zeit! Ich lege mich jetzt aufs Sofa und lese noch eine Weile. Wenn du ein leises Schnarchen hörst, weißt du, dass ich eingeschlafen bin. Wahrscheinlich träume ich dann gerade, wie ich deinen Fall löse und Professor Zimmermann festnehme. ›Herr Zimmermann, sie haben Roth getötet. Roth hat Ihre Träume gelesen und dabei entdeckt, dass Sie homosexuell sind. Ein paar dezente Hinweise in der Öffentlichkeit, und Ihre Uni-Karriere wäre dahin gewesen. Dem wollten Sie durch den Mord zuvorkommen.‹ Oder vielleicht ist es auch Rachner. ›Herr Rachner, darf ich um Ihre Handgelenke bitten, für die Handschellen, meine ich. Sie hatten noch eine alte Rachnung, entschuldigen Sie, Rechnung natürlich, mit Roth zu begleichen. Darf ich Sie bitten mitzukommen?‹« Sie lachte und zog sich unter die Wolldecke auf der Couch zurück, während Maurer das Teegeschirr abräumte. Dann machte er es sich in dem großen Sessel bequem, legte die Kristallkugel auf den kleinen Beistelltisch und fixierte sie.

Das Zimmer um ihn herum versank. In der Kristallkugel erschien vor seinen Augen wie auf einem Bildschirm ein Therapieraum, dessen Boden mit einem alten Perserteppich bedeckt war. Am Kopfende einer Couch, die in den Raum ragte, hing ein

Wandteppich. Links und rechts neben der Couch standen zwei große, bequeme Sessel. In einer Zimmerecke befanden sich ein schmaler, brauner Kachelofen und ein gefüllter Kohlenkasten. Neben dem Ofen zeigten sich in einer mannshohen Glasvitrine verschiedenste Figuren – Sphinxe, Buddhas und Löwen aus Stein und einige Terrakottafiguren. Auch auf dem kleinen, runden Tisch in der Zimmermitte waren solche Gestalten aufgereiht, die die Fantasien des Besuchers ebenso anregten wie die zahlreichen Bilder, gerahmten Zeichnungen und Fotografien. Die dunklen Wände, die zum Teil von einer wuchtigen Eichenregalwand zugestellt waren, gaben dem Zimmer eine ruhige Atmosphäre, die dem Besucher Respekt einflößte.

Maurer wunderte sich, wie leicht sich dieses Zimmer in seiner Kristallkugel abbildete. Er rief sich noch einmal die Bilder von Freud und Jung in Roths Zimmer in Erinnerung. Auf diesen Fotos waren sie schon alte Herren: Freud war im Sommer 1938 zweiundachtzig Jahre alt, das Bild von C. G. Jung war an seinem achtzigsten Geburtstag entstanden. Dennoch war ihr Blick ungeheuer wach, konzentriert und energisch.

Maurer sprach sie in den gerahmten Bildern an: »Meine Herrn, darf ich Sie um Ihre geschätzte Mitarbeit bitten? Ich brauche Ihre Unterstützung bei der Aufklärung eines Mordfalls.«

Von Freud wusste Maurer, dass ihn so etwas reizen würde. Er hatte gerne Krimis gelesen und dabei englische Autoren wie G. K. Chesterton, Agatha Christie und Dorothy Sayers bevorzugt. Ein Krimi, für den er selten länger brauchte als einen Abend, lag immer auf seinem Nachttisch. Und meist hatte Freud den Mörder frühzeitig richtig erraten. Lag er mit seinem Verdacht einmal daneben, konnte er sich ernsthaft ärgern.

Freud legte seinen Füller und den Bogen weißen Papiers beiseite und erhob sich langsam und ein wenig mühsam vom Schreibtisch. Er war alt und gebrechlich geworden; die Schmerzen seiner häufigen Kiefer- und Gaumenoperationen hatten ihn gebeugt. So wirkte er noch kleiner und schmächtiger, als er es mit seinen ein Meter achtundsechzig ohnehin war.

Auch Jung erhob sich ohne ein Zögern aus seinem großen Samtsessel. Noch immer war er groß und breitschultrig. In seiner aufrechten, fast strengen Haltung war noch die ganze Energie und Lebendigkeit, mit der er Zeit seines Lebens viele Menschen, insbesondere Frauen, beeindruckt hatte.

Beide Herren folgten Maurer, ohne dass sie sich angesehen oder gar begrüßt hätten. Er öffnete die Tür zu dem Therapiezimmer und zeigte auf die beiden Sessel am Kopfende der Couch.

»Meine Herrn, geehrter Herr Freud, geschätzter Herr Jung, darf ich Sie bitten, Ihre Plätze einzunehmen? Sie kennen ja den Platz an der Couch, Sie haben etliche Jahre Ihres Lebens hier verbracht.«

Freud ging auf den Sessel ohne Rückenlehne zu. Jung dagegen zögerte, sich auf dem großen Samtsessel niederzulassen.

»Sie irren sich, mein Herr.« Die schweizerische Färbung seiner Worte war unüberhörbar. »In der Regel habe ich die Patienten nicht im Liegen behandelt. Mir war es immer lieber, wenn meine Patienten ebenfalls saßen. Aber ich will mich hier nicht quer legen.« Mit diesen Worten nahm er Platz, ohne seitlich über die Couch zu Freud zu blicken, der ihn ebenfalls keines Blickes würdigte.

Freuds Blick war auf die zahlreichen Antiquitäten auf dem kleinen, runden Tischchen in der Zimmermitte gerichtet. Mit einem Schmunzeln des Wiedererkennens rückte er seinen Körper auf dem Sessel in eine bequeme Lage.

Das Schweigen dauerte lange. Maurer hatte nichts anderes erwartet als eine feindliche Stille zwischen dem enttäuschten Übervater und dem abtrünnigen Ziehsohn.

Auf den kleinen, runden Tisch hatte Maurer Freuds Lieblingszigarren und für Jung Pfeife und Tabak bereitgestellt.

Ich bin gespannt, dachte Maurer, wer von den beiden zuerst zu seinem Suchtmittel greift.

Freud war es, der nach einigem Zögern nach einer Zigarre griff, sie liebevoll zwischen den Fingern drehte und Maurer anerkennend zunickte. »Welch angenehme Überraschung, mein Herr. Rauchen war mir bis zu meinem vierundsiebzigsten Geburtstag eine der größten und billigsten Vergnügungen meines Lebens. Ich werde mir heute eine dieser köstlichen Zigarren, meine geliebte Havanna, erlauben.« Er schnitt die Zigarre an, flammte sie über dem zittrig entzündeten Streichholz ab und zündete sie unter gierigen Zügen an. Wie ein Verdurstender sog er an der Zigarre und schloss die Augen. Dann blies er den Rauch mit einem kräftigem Stoß aus seinem zusammengefallenen Brustkorb. Früher hatte sein Hausmädchen, Paula Fichtl, ihm jeden Tag die Ration von zwanzig Havannas besorgt.

Jung sah Freud aus den Augenwinkeln zu, beugte sich mühsam zum Tisch und nahm die Pfeife zwischen seine langgliedrigen Finger, als wollte er sie streicheln. Umständlich griff er zum Tabak, zerkrümelte ihn in der Hand, führte ihn in Richtung Nase und roch daran, als nähme er die Witterung eines längst entflohenen Tiers auf. Nachdem er die Pfeife gestopft hatte, nahm er sie in den Mund und zog daran, ohne sie anzuzünden.

»Herr Professor, Sie rauchen immer noch?«, begann er nach langen Minuten den Schweigens das Gespräch mit Freud.

»Herr Professor« war die Anrede, die Jung für Freud gewählt und beibehalten hatte, auch in den guten Zeiten ihrer Freundschaft. Beide waren nie über das formelle Sie hinausgekommen, auch wenn Freud Jung mit »Lieber Freund« anredete.

»Nein, nur heute. Ich habe das Rauchen nach genau fünfzig Jahren aufgeben müssen«, gab Freud reserviert zur Antwort.

Schon 1923, als eine bösartige Geschwulst – Freud nannte sie eine Rebellion des Gewebes – an Kiefer und Gaumen entdeckt wurde, riet ihm sein damaliger Arzt, das Rauchen aufzugeben. Freud wusste, dass die Ursache für den Gaumenkrebs das Rauchen war. Viele Operationen folgten, später wurde ihm zwischen Mundraum und Nasenhöhle eine Prothese eingesetzt, und er musste schmerzhafte Röntgen- und Radiumbehandlungen über sich ergehen lassen. Doch konnte er das Rauchen nicht aufgeben, obwohl jede weitere Zigarre wieder ein Schritt zur nächsten Operation war. Er wusste, dass er süchtig war; Zigarren waren für ihn ein Arbeitsmittel, das ihm bei der Konzentration half. Auch sein späterer Leibarzt Max Schur drängte Freud, die Raucherei zu beenden. Freud versuchte es immer wieder, doch nach kurzer Abstinenz frönte er stets wieder seiner Sucht.

»Ich bemerke, dass auch Sie rauchen«, flocht Freud den mühsam aufgenommenen Gesprächsfaden weiter. Ein ärgerlicher Unterton schwang dabei mit, als hätte er Jungs Bemerkung als Vorwurf aufgefasst, den er seinem ehemaligen Schüler und späteren Kontrahenten nun seinerseits zurückgab.

»Die Pfeife ist, wie Sie bemerkt haben werden, nicht angezündet, Herr Professor Freud. Mit dem Rauchen ist Schluss.«

Mit knapp siebzig hatte Jung bereits mehrere Herzinfarkte erlitten. Für seinen Hausarzt Dr. Jakob Stahel Grund genug, Jung das Rauchen strikt zu untersagen. Doch Jung wollte es nicht aufgeben und verstieß heimlich gegen die ärztlichen Anweisungen. Wenigstens drei Pfeifen pro Tag und ein oder zwei Zigarren sollten doch erlaubt sein. »Was sind die Götter schon ohne meinen Opferrauch«, pflegte er seinem Arzt vorzuhalten. Ohne den Rauch war er unausstehlich und schlecht gelaunt. Am Ende blieb ihm nur noch das Saugen an der kalten Pfeife.

»Ein Ersatzobjekt für Ihre oralen Wünsche«, warf Freud verärgert ein. Hatte sich Jung nicht immer schon vor ihm besser dargestellt, als er war? Jung konnte ihm gegenüber einfach nicht ehrlich sein. Freud fühlte den Zorn, der noch einmal in ihm aufstieg, und er dachte an den wütenden Satz, den er Jung am Ende ihrer Freundschaft nachgeschleudert hatte: »To hell with him, ich brauche ihn, diesen heiligen Jung, so wenig wie seine Falschheiten!«

Auch Jung war am Sinnieren. Hatte Freud ihm schon jemals

einen einzigen Triumph gegönnt, musste er immer die väterliche Autorität herauskehren? Es war ein nachträglicher Sieg, dass Freud nun vor ihm rückfällig wurde. Jung zog an seiner Pfeife und kostete diesen späten Triumph aus.

»Wie ist es Ihnen gelungen, mit dem Rauchen aufzuhören?« Freud erinnerte sich, wie oft er seinen Hausarzt hintergangen hatte, wie oft er ihn kühl abgewiesen hatte.

»Wie könnte es anders sein: Ein Traum war es, der mich dazu bewegte, das Rauchen zu lassen. Im Übrigen ein Warntraum, kein Wunschtraum«, erwiderte Jung süffisant, noch getragen von seinem Sieg über Freud.

Maurer nutzte die Gelegenheit, um die beiden Herren zu unterbrechen und ihnen den eigentlichen Zweck ihres Zusammenseins zu erklären: »Meine verehrten Herrn, lassen Sie mich Ihr Interesse jetzt auf unseren Fall lenken. Die Träume im Mordfall Roth sind der Grund, warum ich Sie beide hierher zu dieser ungewöhnlichen Sitzung eingeladen habe.« Mit dieser vorsichtigen Formulierung hoffte er, die beiden für sich zu gewinnen. Er erläuterte die wichtigsten Fakten und Ergebnisse seiner Ermittlungen und stellte dabei die Professoren sowie die Assistenten Schlichter und Rachner als den Kreis möglicher Täter vor.

Freud und Jung nahmen begierig auf, was Maurer über die Sitzung zur Revision der Prüfungsordnung erzählte. Beide waren sehr zufrieden, dass ihre Ansätze zur Traumdeutung noch immer in der Diskussion waren. Während Freud durchaus auch Wohlwollen gegenüber den neueren Ergebnissen der Schlafforschung zeigte, tat Jung diese als oberflächliches Wissen ab. Beide waren amüsiert über die Traumwette. Sie hätten gerne gewusst, wie sie ohne den bedauerlichen Tod von Roth ausgegangen wäre. Die Lust an der Traumdeutung und an der Aufklärung eines Mordes war bei beiden rasch geweckt, und die anfängliche Missstimmung war einer Spannung gewichen, die die beiden Kontrahenten verband.

Maurer erhob sich und holte Professor Zimmermann in das

Therapiezimmer. »Meine Herrn, darf ich Ihnen Herrn Professor Zimmermann vorstellen? Er war so freundlich, den Anfang zu machen. Herr Professor Zimmermann, darf ich Sie bitten, sich auf die Couch zu legen?«

Maurer stellte befriedigt fest, wie auch Zimmermann widerstandslos seinen Regieanweisungen folgte und sich nach einer kurzen Begrüßung auf der Couch niederließ, auf der es sich mit ihren dunkelroten Plüschkissen, der frisch mit weißem Leinen bezogenen Nackenrolle und dem Kopfkissen angenehm und weich lag.

Freud eröffnete die Sitzung mit der Aufforderung zur freien Assoziation. Jung hörte zu, zog jedoch immer wieder die Stirn in kleine Falten.

»Sagen Sie also alles, was Ihnen in den Sinn kommt, auch störende Einfälle und Nebengedanken. Benehmen Sie sich wie ein Reisender, der am Fenster eines Bahnwagens sitzt und den im Zugabteil Mitreisenden alles beschreibt, was vor seinen Blicken draußen vorüberzieht.« Mit diesen Worten schloss Freud seine einleitende Einführung.

»Lassen Sie mich wenigstens ergänzen«, fügte Jung mit leichtem Ärger in der Stimme an, »dass zur Deutung Ihrer Träume über Ihre persönlichen Einfälle hinaus auch die Symbole und Bilder aus Märchen, Mythen und Kunst herangezogen werden müssen. Ich nenne das ›Amplifikation‹, also eine Anreicherung und Vergleichung des Traums mit Symbolen verschiedenster Überlieferungen. Erst hieraus entsteht ein vertieftes, will sagen: universelles Verständnis des Traums. Ist doch der Traum nicht nur als Wunscherfüllung zu verstehen, sondern immer auch als Ausdruck unserer ganzen Psyche, auch unseres kollektiven Unbewussten.« Zur Bestätigung seiner Ausführungen klopfte er mit der Pfeife in seine offene Handfläche.

Professor Zimmermann wurde unruhig auf der Couch. Die

feindliche Spannung zwischen den beiden alten Herren war wieder da und drohte zu einem handfesten Streit auszuufern.

Genau das hatte Maurer befürchtet. War es nicht doch eine verrückte Idee gewesen, beide gleichzeitig einzuladen? »Darf ich Sie bitte an Ihre eigentliche Aufgabe erinnern? Es geht hier nicht darum zu entscheiden, welche Traumdeutungsmethode die bessere ist, sondern nur darum, aus den Träumen Hinweise zur Schuld oder Unschuld der Träumer zu erhalten. Ich bitte Sie inständig, Ihre Theoriediskussionen zurückzustellen und mir mit jeweils Ihrer eigenen Methode behilflich zu sein. Ich habe die Hoffnung, dass sich beide ideal ergänzen werden. Ich bitte nun Herrn Zimmermann, mit seinem ersten Traum zu beginnen.« Maurer presste seine gefalteten Hände stärker ineinander.

Zimmermann ließ seine Augen auf einem Fleck an der Decke ruhen und begann, den ersten Traum zu erzählen, den er schon eine Woche nach der Sitzung des Prüfungsausschusses bei Roth in einem verschlossenen Umschlag abgegeben hatte. »Ich sitze in einem Wiener Rokokotheater in der ersten Reihe des Parketts.«

Bei diesen Worten blickte Jung neugierig zu Freud hinüber, der bei dem Stichwort Wien jedoch keine Regung zeigte.

»Auf der Bühne ist ein Arbeitszimmer aufgebaut. An einem großen, eichenen Schreibtisch sitzt ein älterer, weißbärtiger Mann mit Brille. In der Mitte des Raums dreht sich eine Bauchtänzerin, nur mit Schleiern bekleidet, tanzend im Kreis. Jedes Mal, wenn sie sich zum Publikum wendet, lächelt sie mich durchdringend an. Schweiß rinnt mir den Rücken hinab. Dann sagt der Mann am Schreibtisch zu der Tänzerin: ›Sie haben einen Wunsch frei.‹ Sie hört schlagartig auf zu tanzen und schaut mich kalt an. ›Ich will den Kopf von T.‹ Der Mann auf der Bühne bricht in ein dröhnendes Lachen aus. ›Hier liegt er schon bereit.‹ Er gibt der Tänzerin ein silbernes Tablett, auf dem ein abgeschlagener Kopf liegt. Die Tänzerin dreht sich zu mir, schaut mich an und zeigt mir das blutige Haupt. Ich kenne den Mann nicht. ›Das ist T.!‹, ruft sie gellend und fällt in das Gelächter des Mannes ein. Das Lachen schwillt zu einem tosenden Gebrüll an, das den ganzen Theatersaal erbeben lässt. Dann fällt der schwarze Vorhang, das Lachen bricht in sich zusammen und verhallt in den Logen. Schwitzend und zitternd wache ich auf.«

Nach längerem Schweigen stellte Freud seine erste Frage: »Was fällt Ihnen zu Wien ein?« Dabei ging er in Gedanken, von der Votivkirche her kommend, die vertraute abschüssige, gepflasterte Berggasse hinab. Vor dem hohen Steinbogen mit den zwei hölzernen Türflügeln blieb er stehen. Auf dem Schlussstein des Bogens war das ovale, weiße Emailschild mit der großen, schwarzen »19« angebracht, darunter war am inneren Rand »Berggasse« zu lesen. Der Bogen wurden am Abschlusssims des Parterregeschosses von einem Tympanon geschützt. Darüber stieg die klassizistische Fassade der Berggasse 19 auf, die mit dem vierten Stock endete. Freud öffnete die schwere Eichentür und trat in den hohen Flur. Er nahm den leicht säuerlichen Geruch wahr, der diesem Haus auch lange nach seiner Flucht 1939 nach London ins Exil noch anhaftete.

Professor Zimmermann griff Freuds Frage auf und begann mit veränderter, fast monotoner Stimme zu berichten: »Meine Familie stammt aus Wien. Mein Vater wurde im März 1913 als unehelicher Sohn von Dr. Ilse Zimmermann geboren. Von meinem Großvater ist mir nichts bekannt. Ich erinnere mich noch an einen Besuch bei meiner Großmutter, ich war damals gerade mal vierzehn Jahre alt. Sie war sechsundsiebzig. Trotz ihrer vom Rheumatismus gebeugten Gestalt konnte man noch etwas vom Stolz der jungen Ärztin ahnen, die sie vor der Geburt ihres Sohnes, also meines Vaters, gewesen war.

Sie wohnte im dritten Bezirk in einer kleinen Wohnung mit einem Zimmer, Küche und Kabinett. Im Kabinett, das nicht mehr war als ein enger, muffiger Abstellraum, dessen einziges Fenster sich nach innen zum Flur öffnete, stand eine wuchtige Bettlade. Daneben ein winziger Nachttisch, auf dem sich eine angebrochene Packung Aspirintabletten und eine halb leere Flasche Hustensaft befand. Die Feuchtigkeit der Wohnung, die nur in der Küche mit einem schmächtigen Kohlenofen zu heizen war, machte der alten Frau schwer zu schaffen. Sie litt an schweren Husten- und Fieberschüben, die von heftigen Rheumaschmerzen begleitet wurden.

Die Küche war trotz ihrer dunklen Enge gemütlich, vor allem dann, wenn das Feuer im Ofen seine Glutwärme abgab. Ich saß mit meiner Großmutter in einträchtiger Stille im schützenden Halbdunkel der Küche. Wir nahmen ab und zu einen Schluck heißen Tee, als ich unvermittelt mit einer Frage hervorbrach: ›Wer war mein Großvater? Erzähl mir etwas von ihm!‹

Der Tee wurde kalt, und seine Gerbsäure brannte mir auf der Zunge. Nach einer Weile flüsterte die Großmutter mit tonloser Stimme: ›Lass ihn in Ruhe. Ich habe ihn verloren. Er ist auch für dich verloren.‹

Ich wusste, dass ich nicht weiterfragen durfte. Reglos saß ich da. Dann erhob ich mich und suchte an der Wand neben der Türe tastend den Lichtschalter. Die mit feinem Ruß überzogene Lampe erhellte trüb den Raum. Während meine Großmutter sich langsam aufrichtete, räumte ich das Geschirr vom Tisch und stellte es in die Spülschüssel. Ich nahm den Wasserkessel vom Ofen und goss Wasser in die Spülschüssel.

›Ich habe Fieber und muss ins Bett‹, hörte ich die Stimme meiner Großmutter. Ich tauchte die Spülbürste ins Wasser und führte sie kreisend über einen Teller. Meine Gedanken hingen dem nach, was mein Vater mir erzählt hatte. Seine Mutter war von jenem unbekannten Mann gleich zu Beginn der Schwangerschaft verlassen worden. Sie hatte ihren Sohn in der Küche auf die Welt gebracht, in der ich, der Enkel, nun stand und die Frage gestellt hatte, die zu stellen mein Vater mir strengstens verboten hatte.

Meine Großmutter war eine begabte junge Ärztin mit großen Hoffnungen gewesen. Sie hatte eine Stelle an Wiens wichtigster psychiatrischer Klinik in Aussicht. Der leitende Arzt, Professor Wagner-Jauregg, war ein außergewöhnlich feinfühliger Psychiater, der sich, anders als zu seiner Zeit üblich, seinen Patienten auch menschlich zuwandte. Gegenüber der in Wien gerade entstehenden Psychoanalyse war er zwar tolerant – Freud hielt seine ersten Vorlesungen über die Psychoanalyse im Hörsaal von Wagner-Jauregg –, doch im Grunde ablehnend und skeptisch eingestellt.

Meine Großmutter konnte die Stelle bei Wagner-Jauregg nach der Geburt ihres unehelichen Sohns nicht antreten. Sie wurde zunächst von ihrer Verwandtschaft unterstützt, bis sie eine schlecht bezahlte und wenig angesehene Arbeit als Ärztin beim Wiener Gesundheitsdienst erhielt, wo sie für die Untersuchung und medizinische Versorgung der Wiener Prostituierten zuständig war. Mit ihrem nicht gerade üppigen Gehalt zog sie ihren Sohn groß und finanzierte ihm unter größtem Verzicht ein Jurastudium an der Rudolphina, der Wiener Universität.« Zimmermann schwieg.

Freud und Jung warteten auf neue Einfälle, bis Freud die Stille dann doch unterbrach: »Fällt Ihnen etwas zu dieser Bauchtänzerin ein?«

Jung wurde unruhig. Jetzt würde Freud auf das Thema Sexualität zusteuern.

»Nicht sehr viel. Sie erregte mich im Traum zunächst zwar, aber bei den Blicken, die sie auf mich richtete, erschrak ich bis ins Mark. Jedes erotische Gefühl in mir erstarb. Mir fiel auch auf, dass ihr Gesicht einmal das einer älteren, etwa fünfzigjährigen Frau, dann wieder das einer jungen, fast mädchenhaften Frau war. Das Gesicht der älteren Frau passte nicht zu ihrem aufreizenden Tanz.«

»War es das Gesicht Ihrer Mutter? Einer Mutter, die den Jungen sexuell anzieht und ihn ob seiner sexuellen Wünsche gleichzeitig bedroht?«

Wie Jung zufrieden feststellte, verneinte Zimmermann mit einem kaum merklichen Kopfschütteln.

»Welche Einfälle kommen Ihnen zu dem abgeschlagenen Haupt?«

Jung seufzte und erinnerte sich an seinen Traum auf der Amerika-Reise. Freud hatte damals auf seine Deutung zweier Totenschädel beharrt und Jung einen Todeswunsch unterstellt.

»Ich erinnere mich nur noch, dass es der Kopf eines jüngeren Mannes war, während der am Schreibtisch sitzende Mann deutlich älter war.«

Freud setzte zu einer Erklärung an, die mehr an die eigene Adresse als an den Patienten oder die anderen Anwesenden gerichtet war: »Exzellent! Wir haben hier eine exakte Darstellung des Ödipus-Dramas, wie es sich in einer normalen Familie entwickelt. Die Traumzensur verschiebt den latenten Traumgedanken direkt auf die Bühne des Theaters. Der Patient, eigentlich Mitspieler das Dramas, wird so zum entfernten Zuschauer, und doch ist es das Drama des Jungen, der mit seiner Mutter sexuell verkehren will. Dieser ödipale Wunsch ist hier verhüllt und doch im Traum klar aufgezeigt. Die Kastrationsdrohung der Mutter, dargestellt durch die Enthauptung des jungen Mannes, bringt den Träumer von seinen sexuellen Wünschen ab. Der Vater, der arbeitend am Schreibtisch sitzt, unterstützt die Mutter in der Abwehr der sexuellen Wünsche seines Sohnes.« Freud lächelte zufrieden in seinen weißen Bart.

Jung konnte sich nicht länger zurückhalten. »Wir haben es hier weder mit einer griechischen Sage noch mit dem Thema Inzest zu tun. Der Traum von Herrn Zimmermann greift die Geschichte vom Tode Johannes des Täufers auf.«

»Meine Herrn«, unterbrach Maurer Jung streng. »Ich bitte Sie noch einmal, hier nicht Ihre alten Kämpfe auszutragen. Ich stelle hier und jetzt energisch und entschieden fest: Es geht um die Aufklärung eines Verbrechens!«

»Nun, ich muss meinen Gedanken doch kurz ausführen«, nahm Jung den unterbrochenen Gesprächsfaden ungerührt wieder auf. »König Herodes hatte Herodias, die Frau seines

Bruders Philippus, widerrechtlich geheiratet, was von Johannes dem Täufer öffentlich angeprangert wurde. Auf Verlangen seiner Frau hatte Herodes Johannes in den Kerker werfen lassen. Sie hatte den Tod des Täufers gewünscht. Herodes schreckte noch davor zurück. Auf der Geburtstagsfeier des Königs tanzte die mit in die Ehe gebrachte Tochter der Herodias vor allen Gästen. Dies gefiel Herodes so gut, dass er ihr einen Wunsch freigab. Auf Drängen ihrer Mutter verlangte die Tochter das Haupt des Täufers. Das ist die alte Geschichte, die in diesem Traum wieder auftaucht. Im Übrigen wurde die Tochter in der späteren Überlieferung ›Salome‹ genannt. Man könnte hier von einem Salome-Komplex reden: Der alte Vater ist einem jungen Mädchen hörig und erfüllt ihr alle Wünsche, auch den Wunsch, den jüngeren Mann und Rivalen zu töten.«

»Salome-Komplex? Nie etwas davon gehört. Diesen von Ihnen geprägten Begriff ›Komplex‹ habe ich schon früh abgelehnt. Es geht im Psychischen immer um Konflikte, um Konflikte zwischen den Triebwünschen des Es und den moralischen Ansprüchen des Über-Ichs. Daraus erklärt sich das ganze Seelenleben!«

»Meine Herrn!«, rief Maurer mit gepresster Stimme.

»Was ist los?« Susanne war aufgewacht, ihr Buch lag auf dem Boden.

»Habe ich gerufen?«, fragte Maurer ebenso verwirrt.

»Irgendetwas von Herrn.«

»Stimmt. Ich habe Freud und Jung angebrüllt, weil sie ihre Hahnenkämpfe nicht lassen konnten.«

»Freud und Jung? Sind die hier?« Susanne rieb sich verschlafen die Augen.

»Ja und nein, ich meine, nein und ja. Es war doch dein Vorschlag, sie in meine Kristallkugel zu fantasieren. Alles ging so weit ganz gut. Aber jetzt liegen sie sich in den Haaren.«

»Mach dir noch einmal klar, dass Freud und Jung nur Symbole deiner eigenen kreativen Fähigkeiten sind.«

»Du hast wie immer Recht«, meinte Maurer seufzend. »Ich will es noch mal versuchen.«

»Ich wäre gerne dabei. Ich würde die alten Patriarchen schon zurechtstutzen und sie ganz eng am Zügel führen.«

»Das glaube ich dir sofort.« Maurer lachte.

»Ich drück dir die Daumen und mache mich langsam auf den Weg ins Bett.« Mit einem flüchtigen Kuss auf Maurers Wange entschwand Susanne ins Badezimmer.

Freud war nach seinem heftigen Ausbruch zusammengesunken. Auf seinen Lippen formte sich lautlos der Name »Salome«.

Angespannt sah Jung zu Freud hinüber. »Gab es nicht um 1912 eine Russin, die in Wien zu Ihrem Kreis stieß? Eine beeindruckende Frau, von der auch Sie, lieber Herr Professor, sehr angetan waren? Wenn ich mich recht entsinne, war ihr Name Lou Andreas-Salomé.«

»Natürlich«, fuhr Freud auf. »Natürlich, eine außergewöhnliche Frau, die die Männer anzog und der viele zum Opfer fielen, nicht zuletzt Nietzsche und Rilke.«

Zimmermann, der dem Disput der beiden bis jetzt aufmerksam gefolgt war, hatte sich bei den letzten Worten Freuds auf der Couch aufgerichtet.

»Hat Lou Andreas-Salomé nicht sehr rasch auch Ihr Herz gewonnen, Herr Professor Freud?«, fragte Jung, und um seine Mundwinkel zuckte es leicht.

»Sie hatte alle meine Schriften gelesen, die bis zu diesem Zeitpunkt erschienen waren, und war im Alter von einundfünfzig Jahren nach Wien gekommen, um meine Psychoanalyse kennen zu lernen«, gestand Freud.

»Und um Sie persönlich kennen zu lernen, so wie sie sich auch mit anderen berühmten Männern schmückte.«

»Ich habe sie gemocht, ich habe sie verehrt – kann man sagen, geliebt?«, murmelte Freud verlegen. »Wenn ihr Platz in der Vorlesung leer war, habe ich wie gebannt auf diese Lücke gestarrt, die sie im Hörerkreis hinterließ. Ich brauchte sie, die mir mehr war als eine Muse.«

»Sie war Ihnen Ihre Anima«, ergänzte Jung behutsam.

»Was bitte, verehrter Kollege?« Freuds Frage war zu Jungs Verblüffung nicht aggressiv.

»Das ist ein Begriff, den ich in die Tiefenpsychologie eingeführt habe. Die Anima ist das uralte Bild der Frau oder, besser gesagt, der Weiblichkeit, die auch wir Männer unbewusst in uns tragen. Mir scheint, wenn ich das sagen darf, dass Frau Andreas-Salomé in Ihnen diesen Seelenaspekt geweckt hat.«

Freud nickte. »Lou Andreas-Salomé hat mich in meiner Arbeit tatsächlich immer wieder herausgefordert und inspiriert.«

»Die Muse«, sagte Jung leise, »ist die neunfache Göttin der Inspiration. Eine davon, Terpsichore, ist die Muse des Tanzes. Als diese stellt Zimmermanns Traum Ihre Muse vor und zeigt dem Träumer mit der Anspielung auf die biblische Salome, welche Person damit gemeint war. Lou Andreas-Salomé war Ihre Göttin.«

Inzwischen hatte Professor Zimmermann sich auf der Couch aufgerichtet und Freud zugewandt. »Dann ist die Tänzerin Ihre Muse, Ihre – wenn ich so sagen darf – Lou Andreas-Salomé! Der ältere Mann auf der Bühne ist kein anderer als Sie selbst.« Zimmermanns Stimme vibrierte. »Wenn ich Sie genauer mit der bärtigen Person in meinem Traum vergleiche, dann sind Sie tatsächlich diese Person. Die Kulisse auf der Bühne sollte Ihr Behandlungszimmer darstellen.« Zimmermann blickte Freud scharf an. »Den Traum könnten Sie geträumt haben, Herr Freud. Aber warum habe ich ihn geträumt? Was hat er mit mir zu tun?«

Freud zuckte ratlos die Schultern.

»Wer aber ist T., dessen geköpftes Haupt Sie der Tänzerin geben und das sie mir so ausdrücklich auf dem Tablett zeigt? Der Täufer Johannes wird wohl nicht gemeint sein, sonst würde der arme Geköpfte nicht ausdrücklich als T. benannt?«

Freud schwieg und senkte den Kopf.

»Ich stelle fest«, fuhr Zimmermann fort, »dass Lou Andreas-Salomé kurz nach der Geburt meines Vaters in Wien auftauchte. Ich frage mich, welches Verhältnis sie zu T. hatte, und natürlich auch, was T. für mich bedeutet, denn offensichtlich stellt die Tänzerin im Traum mit ihren eindringlichen Blicken auch eine Beziehung von T. zu mir her.«

Freud scharrte mit den Füßen. Dann erhob er sich, murmelte etwas von »Toilette« und verließ das Behandlungszimmer. War es sein altes Prostataleiden, das ihn auch in anderen Analysestunden häufig zu Unterbrechungen zwang, oder hatten Zimmermanns Fragen ihn in Verlegenheit gebracht? Wusste Freud mehr über die Bedeutung des Traums, als er eingestand? Jung und Zimmermann warteten schweigend auf seine Rückkehr.

Das Bild in der Kristallkugel wurde blasser und löste sich im Nichts auf. Zurück blieb das Glas, in dem sich wieder das Zimmer eines toskanischen Gutshofs spiegelte.

Sehr viel weiter bin ich nicht gekommen, grübelte Maurer. Aber eines scheint klar: Professor Zimmermann hat von Sigmund Freud und Lou Andreas-Salomé geträumt. Und es muss einen Herrn T. geben. Dieser hat etwas mit den beiden, aber auch mit Ilse Zimmermann, der Großmutter des Professors, zu tun. Irgendwie unwahrscheinlich, aber auch faszinierend, wie dieser Traum vergangene Zeiten und Geschichten verbindet.

Maurer erhob sich aus seinem Sessel, räkelte sich ein wenig und entschloss sich, nun Karin Schneeweiß-Rode auf seine imaginäre Couch zu legen.

Schon beim ersten Blick in die Kristallkugel sah er sich und die Professorin in dem Therapieraum, in dem kurz zuvor noch Professor Zimmermann auf der Couch gelegen hatte. Schneeweiß-Rode schob Jungs Sessel zum Fußende der Couch, ließ sich nieder und schaute Maurer herausfordernd an. »Lieber Maurer, Sie können lange warten, bis ich meine Träume von den Patriarchen Freud und Jung analysieren lasse.«

Maurer zog sich einen Schemel heran, setzte sich und wandte sich ihr fragend zu.

»Wenn ich an Freuds Frauenbild denke, wird mir ganz schlecht. Das beginnt schon damit, dass ein Mädchen für ihn als penisloses Wesen nichts anderes war als ein unvollständiger, kastrierter Junge. Deshalb soll später die Frau unter dem Penisneid leiden. Wenigstens hat Freud zugegeben, dass ihm die Frau für immer ein Rätsel bleiben wird, ein ›dark continent‹, wie er wörtlich sagte.«

Maurer schwieg. Er hörte den Zorn der Professorin.

»Wie viele Frauen haben seit Freud auf einen Orgasmus verzichtet, nur weil der den vaginalen Orgasmus als den einzig richtigen definierte. Es wäre für Freud und seine Männergenossen eine zu große Kränkung gewesen, hätten sie eingestehen müssen, dass Frauen auch ohne ihren Penis einen Orgasmus haben können.« Nach einer Weile fuhr sie leise fort: »Ich hoffe, Sie verstehen mich.«

Maurer nickte und machte erst gar nicht den Versuch, die Professorin zu überreden, sich auf die Couch zu legen. »Und was ist mit Jung?«, fragte er zaghaft nach.

»Seit ich die traurige Geschichte von Sabina Spielrein kenne, habe ich auch vor diesem Herrn die Achtung verloren. Sie wissen ja, dass ich seinen Ansatz, Träume zu verstehen, eigentlich sehr schätze. Aber auch darauf fällt für mich ein Schatten.«

»Welche Geschichte von Sabina Spielrein?« Maurer hatte diesen Namen zwar schon gehört, aber bei seiner Lektüre der Biografien Jungs war er nur auf einige wenige, meist unklare Andeutungen gestoßen.

»Ich weiß nicht, warum mich diese Geschichte jedes Mal, wenn ich daran denke, ziemlich mitnimmt. Hat wohl was mit mir zu tun.« Sie schluckte und sah sich ausweichend im Therapieraum um. »Lassen wir das doch. Wie komme ich auf diese längst vergessene Geschichte?« Sie versuchte, sachlich zu klingen.

»Es gibt keine Zufälle.«

»Stimmt«, lachte sie. »Eigentlich sollte ich doch herkommen, damit Sie mehr über mich und meine Träume erfahren.«

»Richtig. Aber Sie haben mir ja nun die Unterstützung durch die beiden alten Herren untersagt. Wir müssen mit Ihren Träumen also alleine zurechtkommen.« Maurer fuhr sich mit der rechten Hand durchs Haar.

»Ich denke, dass wir das schaffen. Vielleicht ist auch ein Kommissar ganz gut geeignet, Träume zu entschlüsseln«, entgegnete sie.

»Darf ich Ihnen Ihren ersten Traum vorlesen, so wie Sie ihn damals bei Roth abgegeben haben?«

Die Professorin nickte und sah die Traumbilder noch einmal vor ihrem inneren Auge vorüberziehen.

Maurer begann, leise zu lesen: »Ich sitze unter einem Kirschbaum draußen vor unserem Dorf. Es ist ein lauer Abend. Die Luft ist noch warm von der Frühlingssonne, der Himmel leuchtet in einem dunklen Abendblau. Einzelne Blütenblätter sinken in luftigem Tanz auf mich nieder, auf meine Arme und Haare. Sanft berühren sie mich. Ein kühler Windhauch läuft über mich hinweg. Da spüre ich, wie die Blätter allmählich zu Schneekristallen, zu kleinen Eisnadeln werden. Eisig stechen sie in meine Haut, bohren sich in mich hinein. Sie dringen bis ins Herz vor. Es schneit Blütenschneekristalle – sanft, aber kalt. Unablässig und immer dichter wirbelt der Schnee auf mich und bedeckt mich wie mit einem weißen Tuch. Ich friere. Dann erstarre ich in meiner Schneehaut. Ich habe Angst zu erfrieren. Ganz unterkühlt wache ich auf.«

Die Professorin hatte sich inzwischen von der Couch eine Decke herübergezogen. »Ich friere schon wieder, allein vom Hören meines Traums.« Sie schlang sich die Decke eng um den Oberkörper.

»Erinnert Sie dieses Frieren an eine andere Erfahrung?«

»Nein, an überhaupt nichts. Es ist nur Erstarrung, die jedes Denken oder Fühlen in mir vereist.«

Maurer blieb stumm. Er fühlte sich hilflos und bereute, dass er sich auf dieses Gespräch mit der Professorin eingelassen hatte.

Maurer bemerkte, wie er zitterte. Auch er fror. Er wollte sich die Decke vom Beistelltisch über die Beine ziehen und sah gerade noch, wie die Kristallkugel ins Rollen geriet. Rechtzeitig konnte er sie vor dem Sturz auf die Steinfliesen noch mit der rechten Hand auffangen. Er hatte im Halbschlaf an der Tischdecke gezogen, auf der die Kristallkugel gelegen hatte. Er schob alles wieder zurecht, rieb sich die Hände aneinander, um sich zu wärmen, und fixierte wieder die Kugel. Im Raum war es empfindlich kühl geworden.

»Es ist die gleiche eisige Kälte, die mich bei der Geschichte von Sabina Spielrein erfasst«, fuhr Schneeweiß-Rode fort.

Maurer war froh, dass es irgendwie weiterzugehen schien. »Erzählen Sie mehr davon. Vielleicht führt es auf irgendeine Spur.«

Die Professorin verschränkte die Arme und begann stockend zu erzählen: »Ich sehe ein jüdisches Mädchen vor mir, überschäumend in ihren Fantasien, ein zierliches, aber willensstarkes Mädchen, das davon träumt, eine Göttin zu sein und das Oberhaupt eines mächtigen Reichs zu werden. Und ich sehe ein ängstliches, zerbrechliches Mädchen. Zerbrechlich scheint sie als junge Frau, die an Jung fast zugrunde geht. Zugleich sehe ich eine Frau, die auch kämpfen kann und die sich gegen Freud behauptet, der sie, um Jung zu schützen, verrät. Eine Frau, die bis in die letzten Fasern ihres Körpers liebt und sich diese Liebe aus dem Kopf und aus dem Leib schlagen muss und die darüber nicht verbittert. Ich bewundere ihre Stärke und sehe ihr Leiden als Mädchen, aber vielleicht gebiert das Leiden die größten Kräfte und die Kraft, wirklich zu lieben, auch dann, wenn der Geliebte die Liebe verrät.

Dieses Mädchen kämpft mit sich, gegen sich und doch auch um das eigene Überleben. Was macht sie mit sich, wenn sie als Vierjährige ihren Kot ein oder zwei Wochen im immer härter werdenden Leib zurückhält? Sie hockt auf ihrer Ferse, damit ihr Anus verschlossen bleibt und dem Drang von innen nicht nachgeben kann. Zur Salzsäule erstarrt hockt sie da und verschließt sich, drückt in sich hinein, was an Verdautem, an Schmutz herauswill, hält zurück, was sie nicht geben kann und will, und stellt sich dabei vor, wie sie auf der weißen, kalten Toilettenschüssel sitzt, wie es aus ihr herausdrängt, wie es sich entleert, heiß und explosionsartig, ein riesiger Haufen, eine braune Dreckflut, breiig und fett, die alles überschwemmen, ersticken und auf ewig unter sich begraben wird.

Was ist mit diesem Mädchen geschehen, dass es sich als Siebenjährige zwischen den Beinen reibt, ihre Spalte mit dem Finger durchpflügt, schnell und hart hin- und herfahrend? Was ist geschehen, dass sich Sabina da unten wund scheuert, bis das beißende Tier der Lust sie überfällt, verschlingt und doch alleine zurücklässt mit der brennenden, juckenden Haut ihres Geschlechts?

Was ist diesem Mädchen angetan worden, dass es beim Anblick der Hände ihres Vaters diese ungeheuerliche Bestie der Lust in sich spürt? Sie wehrt sich und wird doch von der Erregung überwältigt und verschlungen. Sie möchte sich dafür auslöschen, sich auflösen. Ihre Scham ist das andere Tier, das sie besetzt, sie feurig auffrisst und in ihrer Hitze zusammenschmelzen und dann erstarren lässt. Mit achtzehn Jahren kann sie niemandem mehr ins Gesicht schauen. Sie fällt in Weinkrämpfe und in laute, schreiende Lachanfälle. Sie weint über sich. Aber über wen lacht sie? Was lacht sie da zum Himmel? Was lacht sie in sich hinein, was lacht sie weg? Lacht sie sich selbst aus?

Und was machen Jung und Freud mit ihr? Für Freud ist sie – wie er an Jung schreibt – nichts anderes als ein hübscher Beweis seiner Sexualtheorie. Für Jung ist sie der erste Fall, an dem er die freudsche Methode, die er bis dahin nur aus der Lektüre Freuds kennt, erproben kann. Er ist in der analytischen Behandlung von Patienten völlig unerfahren und doch erfüllt von wissenschaftlichem Ehrgeiz und therapeutischen Ambitionen. Mit der Darstellung ihres Falls, des Falls einer psychotischen Hysterie, kann er auf dem Internationalen Kongress für Psychiatrie und Neurologie glänzen und die Psychoanalyse öffentlich bekannt machen.

Die Eltern hatten die Achtzehnjährige nach Zürich gebracht. Dort sollte sie Medizin studieren und wegen ihrer schweren psychischen Erkrankung behandelt werden. Sie kommt 1904 als Patientin an die psychiatrische Klinik am *Burghölzli* und wird dort stationär behandelt. Sie ist ein schüchternes Wesen mit einem Zopf auf der Schulter, der ihr Gesicht mädchenhaft, aber streng und ernst macht. Finster schreitet sie durch die langen, spiegelglatt gebohnerten Gänge im *Burghölzli* auf und ab, manchmal trippelt sie in kleinen Stakkatoschritten. Dann wieder bleibt sie verloren stehen und senkt den Kopf, als wollte sie in dem blank gewachsten Linoleum des Gangs ihr Spiegelbild entdecken. Nur wenn es von den vorübereilenden Pflegern und Ärzten einmal angerufen wird, blickt das Mädchen, wie aus einer fremden Welt kommend, den Rufer mit dunklen, klugen Augen an, als erwarte es einen Zauberspruch, der das Finstere aus seinem Leib vertreibt.

Einer dieser Ärzte, der immer wieder bei ihr stehen bleibt und sie sachte anspricht, ist der dreißigjährige Jung, der ihr Arzt wird. Er sieht in ihr mehr als das melancholische Mädchen. Er ist bald von ihrer Intelligenz und Intuition fasziniert und beteiligt sie als Assistentin an der Durchführung seiner Assoziationsexperimente. Überschwänglich verheißt Jung ihr, dass sie wichtige wissenschaftliche Entdeckungen machen wird, und empfiehlt ihr mit großem Nachdruck, Psychiaterin zu werden. Sabina lässt sich von Jungs Fantasie mitreißen. Endlich weiß sie wieder, warum sie gegen ihre Krankheit kämpfen muss. Schon nach zehn Monaten hat sich ihr Zustand so weit gebessert, dass sie entlassen wird und die Therapie bei Jung ambulant weiterführen kann.

In dieser Zeit erwacht in Sabina die verdrängte Liebe, die Liebe, die nicht erlaubt war, die sie nicht leben konnte, die sie als Kind vielleicht nicht erhalten hatte.«

»Oder die missbraucht wurde.« Maurer wusste nicht, warum er die Professorin an dieser Stelle fast brutal unterbrach.

Karin Schneeweiß-Rode blickte überrascht auf. »Natürlich. Ich bin mir sicher, dass sie in ihrer Kindheit sexuell missbraucht wurde, obwohl das in der bisherigen wissenschaftlichen Literatur über Sabina Spielrein nur selten vermutet wurde. Das ändert sich Gott sei Dank nun. Ihre massiven Symptome lassen auch eigentlich keine andere Schlussfolgerung zu. Aber Freud oder Jung wären natürlich nie auf diesen Gedanken gekommen.«

»Wie ging es dann weiter?«

»Es kam, wie es kommen musste: Die Liebe der jungen Frau wandte sich dem zu, der ihr geholfen hatte, die Liebe in sich zu entdecken. Und es war die Liebe des fantasievollen, starken Mädchens, eine kindliche Liebe von schmerzender Intensität.«

»Aus Ihrer Sicht also eine Jugendliebe?«

»Eine Jugendliebe? Was verstehen Sie darunter?« Die Professorin blickte verunsichert zu Maurer.

»Die erste, größte, vielleicht auch schönste Liebe, die es nur einmal gibt. Vielleicht ist sie deshalb so wichtig, vielleicht so gefährdet, aber auch so gefährlich, weil sie so blind macht. Und sie ist immer auch ein bisschen traurig, weil wir wissen, dass es das erste und unwiderruflich letzte Mal so ist.«

»Sie haben Recht«, sagte sie nach einer Weile. »Und es erinnert mich an meinen Traum vom Kirschblütenschnee.« Sie schien dem Klang dieses Wortes nachzulauschen. »Klingt das nicht poetisch? Dazu fällt mir ein, dass Sabina ihre Liebe zu Jung als Poesie bezeichnete, und Jung war ihr Dichter – wie sie ihn nannte –, also ihr Geliebter geworden.«

»Ist Ihr Traum in diesem Sinne poetisch?«

»Nicht, dass ich wüsste.«

»War ein blühender Kirschbaum irgendwann wichtig für Sie?«

»Ein bestimmter Kirschbaum? Ich glaube kaum, aber unser Ort war ein Kirschendorf. Die Hänge um das Dorf waren im Frühsommer weiß wie Schneefelder. Ausflügler kamen aus der Stadt, um die Kirschblüte zu sehen. Und im Sommer standen die Frauen am Straßenrand, um die Kirschen zu verkaufen. Große Herzkirschen waren am begehrtesten.«

Während der Kirschenernte gab es Wettbewerbe im Kirschkernweitspucken. Mädchen und Jungen standen dann draußen in den Kirschenwiesen, um gegeneinander anzutreten.

Auch zu anderen Zeiten waren die Kirschbäume am Bach ein beliebter Treffpunkt der Dorfjugend. Die Jungen lehnten am Geländer des schmalen Stegs über dem Bach, die Mädchen, darunter auch die fünfzehnjährige Karin, standen unter den blühenden Bäumen. Die Jungen warfen gelangweilt Steine in den Bach. Ab und zu flog ein Stein in Richtung der Mädchen. Die Mädchen gingen ein paar Schritte zurück und rückten näher zusammen.

»Wer ist denn der Kleine da hinten?«, fragte Brigitte.

»Den kenne ich gar nicht.« Brigitte ließ nicht locker. »Sieht süß aus mit seinen rotblonden Haaren. Hat 'ne witzige Stupsnase und obendrein noch dicke Sommersprossen.«

»Ich kenne ihn nur von der Ferne. Er kommt vom Weiler drüben«, antwortete Karin. Der Weiler war ein kleiner Nachbarort, der nur aus einigen Höfen bestand.

»Du interessierst dich wohl für ihn?«, versuchte Brigitte das Spiel weiterzutreiben.

Der Rotblonde hatte keinen bequemen Platz am Geländer erwischt. Er stand den anderen Jungen gegenüber und musste sich Witze über sein Aussehen anhören.

»He, geht ihr mit an die Molke?«, rief Martin zu den Mädchen herüber. Seine Idee wurde vom Gejohle der Jungen unterstützt. Die Molke war ein Treffpunkt im Ort, nahe am Rathaus. Hier waren die etwas älteren Jugendlichen zu finden.

»Kommt doch mit. Mal sehen, wer sonst noch da ist.«

Die Mädchen wandten sich den Jungen zu.

»Komm, wir gehen mit. Hier rumzustehen bringt nichts.«

»Ich hab keine Lust«, warf Karin ein.

Das Blau des Abendhimmels war dunkler geworden. Ein leichter Luftzug wirbelte weiße Blütenblätter von den Kirschbäumen. Auch der Rotblonde war da geblieben, alle anderen waren in einer Gruppe ins Dorf gezogen.

»Bist du vom Weiler drüben?«, begann sie.

»Hm.« Er nickte. »Und du?« Er blickte verlegen auf die Steinplatten des Stegs.

Sie sah in die Wirbel des Wassers, die die weißen Blütenblätter der Kirschbäume mit sich führten. »Ich bin von hier. Kommst du öfter rüber?«

»Ab und zu.«

»Es wäre schön, dich öfter zu sehen.« Sie grinste ihn an.

Er schluckte ein paar Mal.

»Irgendwie find ich dich nett, mit deinem roten Schopf.«

Er fuhr sich mit der gespreizten Rechten durchs Haar. »Du hast auch schöne rote Haare.« Er stotterte bei diesem Satz.

»Da passen wir zusammen. Aber manchmal hasse ich diese Haare und würde sie mir am liebsten ausreißen.«

»Das wäre aber sehr schade«, versuchte er nun ein Kompliment.

»Ja, aber was ich schon alles hören musste, geht auf keine Kuhhaut. Rote Hexe war noch das Netteste, von den anderen Beschimpfungen will ich dir lieber gar nicht erzählen.«

»Hexen finde ich schön!« Er war freier geworden.

Sie lachte. »Was findest du an Hexen?«

»Ich stelle sie mir wild und frei vor. Und stark.«

»Glaubst du, dass ich das bin?«

»Ich weiß nicht. Ich kenne dich doch noch gar nicht.«

»Ich wäre es gerne. Ich wäre gerne mutiger. Im Augenblick

sind wir beide mutig.« Sie zögerte und schlug die Augen nieder. »Wenn ich die Hexe wäre, was wärst dann du?«

»Ein Feuerkopf, ein Hitzkopf.«

»Ist dir heiß?« Ihr war heiß geworden, aber sie wusste bei dieser Frage, dass sie zu weit gegangen war.

Er blickte nach oben in den Kirschbaum und verfolgte stumm die Flugbahnen einzelner Blütenblätter. Eines fing er auf. Dann streckte er ihr die flache Hand hin, auf der das Blütenblatt lag.

»Wie eine Schneeflocke. Ganz leicht«, sagte er.

»Und ein bisschen kühl?«

Er nickte.

»Haben Sie hier noch eine Decke?«

Maurer schrak auf. »Nein, leider nein. Frieren Sie?«

»Ja, wie von einem plötzlichen Kälteeinfall.«

»Sie zittern, Frau Schneeweiß-Rode?«

»Hm. Eigentlich gibt es an dieser Stelle meiner Erinnerungen keinen Grund zu zittern. Ich verstehe es einfach nicht.« Beim letzten Satz war ihre Stimme fast ärgerlich.

»Vielleicht war unser Gespräch nur ›mind-fucking‹, wie Sie das in der Gestalttherapie nennen würden. Wahrscheinlich haben wir nur über Ihren Traum geredet, und Sie haben ihn jetzt nicht erneut durchlebt.« Maurer versuchte, eine Erklärung zu finden und – er wusste nicht, woher dieser Impuls kam – sie damit ein wenig zu trösten.

»Nein, den Eindruck hatte ich ganz und gar nicht. Ich war so intensiv in meinem Traum, wie ich es selten erlebt habe. Nein, machen Sie sich keine Gedanken, das kann es nicht gewesen sein.« Sie seufzte. »Es muss in der Geschichte selbst liegen. Aber schließlich sind Sie nicht Therapeut, sondern Kommissar, und müssen mich als Verdächtige überführen. Das hatte ich ganz vergessen.«

»Ich auch«, gestand Maurer. Dennoch war er mit dem Verlauf des Gesprächs ganz zufrieden, auch wenn es keine übliche

Vernehmung war. »Am besten machen wir für heute Schluss. Die fünfzig Minuten einer analytischen Sitzung haben wir schon lange überschritten.«

Die Professorin nickte zustimmend, und sie verabschiedeten sich voneinander.

Das Bild in der Kristallkugel verschwand. Der Gedanke an Karin Schneeweiß-Rode ließ in Maurer etwas Angenehmes zurück. Maurer war überhaupt nicht mehr müde. Er rieb sich die Augen und blickte zu dem großen Esstisch hinüber. Warum nicht gleich mit Professor Graf weitermachen?

Maurer schloss die Lider. Er brauchte nicht einmal in seine Kugel zu blicken, so schnell tauchte die Szene des Therapiezimmers in ihm auf. Die beiden Sessel standen wieder an ihrem angestammten Platz rechts und links vom Kopfende der Couch. Freud griff – mit einem entschuldigenden Blick um Verständnis bittend – nach einer Havanna; auch Jung zog an seiner Pfeife.

»Meine Herrn, als Nächsten werde ich Herrn Professor Gerd Graf hereinbitten. Er ist ein Kollege aus der jüngeren Professorengeneration um die vierzig. Es wird Sie erstaunen, dass er ursprünglich Mathematik und Computerwissenschaft studiert hat. Computer sind, um es mit einem Wort zu sagen, ungeheuer schnelle Rechenmaschinen. Er ist Vertreter einer psychotherapeutischen Richtung, die erst nach Ihrem Tod bedeutsam wurde, der so genannten Verhaltenstherapie, deren Gründungsväter Wolpe und Skinner waren. Sie waren heftige Kritiker der Tiefenpsychologie, die sie als unwissenschaftliche, spekulative Schaukelstuhlpsychologie bezeichneten.«

Freud setzte sich auf seinem Stuhl zurecht und blickte verbindlich zu Jung hinüber, der die beiden Armlehnen seines großen Sessels fester gepackt hatte.

Auch nicht schlecht, dachte Maurer. Die Verhaltenstherapie als neuer Gegner wird die beiden näher zusammenbringen.

Vielleicht können sie dann ihre Kontroversen unterlassen und sich auf die eigentliche kriminalistische Arbeit konzentrieren.

Er fuhr fort, Professor Graf vorzustellen: »Die Verhaltenstherapie geht davon aus, dass alles Verhalten des Menschen – dazu gehören auch sein Denken und sein Fühlen ebenso wie seine Neurosen – gelernt wird und deshalb mit bestimmten Techniken auch wieder verlernt werden kann. Man braucht also für die Psychotherapie nicht langwierige Assoziationen des Unbewussten und hunderte von Sitzungen. Die Traumdeutung ist natürlich ebenfalls nicht mehr nötig.«

Jung konnte seine Erregung nicht mehr zurückhalten. »Welch ein oberflächliches, mechanistisches Menschenbild! Der Mensch soll nichts als ein Schüler sein, der lernt und verlernt?«

»Noch schlimmer, Herr Jung«, warf Maurer ein. »Die Erkenntnisse der Verhaltenstherapie wurden an Ratten und Tauben entdeckt und entwickelt.«

»Der Mensch eine Ratte! Es lohnt nicht, weiter darüber zu reden«, warf Freud verächtlich ein.

»Das sehe ich auch so.« Maurer nahm Freuds Angebot dankbar an. »Jetzt geht es um die Träume von Herrn Graf, die natürlich nicht ohne seine Person zu verstehen sind. Deshalb meine einleitenden Bemerkungen. Ich bitte Herrn Graf nun herein.«

Professor Graf erschien im Türrahmen des Therapiezimmers und blickte sich suchend nach Maurer um.

»Sie sind ganz richtig, Herr Professor Graf. Herzlichen Dank, dass Sie meiner Einladung gefolgt sind!« Maurer führte ihn an die Couch, auf die sich Graf ohne Zögern legte, ohne Jung und Freud auch nur eines Blickes zu würdigen.

»Wie Sie wissen, gehören die an der Traumwette Beteiligten zum engsten Kreis der Verdächtigen. Es geht nicht darum, Sie der Tat zu überführen. Das ist über die Träume wohl kaum möglich, aber vielleicht können wir durch diese ungewöhnliche kriminalistische Arbeit wenigstens die Unschuldigen aus ihrer misslichen Lage befreien. Ich bitte Sie, unsere Arbeit mit den beiden alten Herrn hier in diesem Sinne zu verstehen.«

Graf nickte, so gut das im Liegen und mit der Rolle im Nacken möglich war.

»Darf ich dieses Mal Herrn Jung bitten, die Sitzung zu eröffnen?«, wandte sich Maurer an Jung. Er freute sich schon auf dessen gutturalen Dialekt; außerdem hatte Maurer einen ausgeprägten Sinn für Gerechtigkeit, der es nicht zuließ, Freud ein zweites Mal den Vortritt zu lassen.

»Ich möchte es kurz machen, aber doch erläutern, dass ich den Traum als spontane und oft unverstellte Selbstdarstellung unseres Unbewussten verstehe, und dies in einer symbolischen Ausdrucksform. Daher deuten wir den Traum auch auf der Subjektstufe – ein Begriff, den ich eingeführt habe.« Er blickte kurz zu Freud hinüber. »Wir verstehen alle Figuren des Traums als Teile der Persönlichkeit des Träumers. Sie träumen zum Beispiel von einer jungen Frau, die stirbt. Dann könnte der Traum bedeuten, dass Ihre eigene weibliche Seite, Ihre Anima – das hatten wir schon bei Herrn Professor Zimmermann –«, er blickte wieder zu Freud hinüber, der stirnrunzelnd dasaß, »in Ihnen nicht lebendig ist. Natürlich könnte die junge Frau im Traum auch eine konkrete Person darstellen, zu der Sie eine Beziehung haben. In der Deutung auf der von mir so bezeichneten Objektstufe könnte man vermuten, dass Ihre Beziehung zu ihr unbewusst schon beendet, gewissermaßen schon gestorben ist. An diesen Beispielen sehen Sie auch, dass ich den Trauminhalt relativ direkt übersetze und mit dem Unbewussten des Träumers in Verbindung bringe. Deshalb bin ich ganz auf Ihre Mitarbeit angewiesen, Herr Professor Graf. Ich bitte zu entschuldigen, dass meine Ausführungen nun doch länger wurden. Aber ich dachte, einem Verhaltenstherapeuten muss ich das näher erklären.«

Bei dem Stichwort »Verhaltenstherapeut« wand sich Professor Graf in kleinen, fast unmerklichen Drehungen auf der Couch. Wie ein Wurm, dachte Maurer. Auch Freud war sichtlich unruhig geworden und hatte die Stirn in Falten gelegt.

»Ich bitte nun Herrn Professor Graf, seinen ersten Traum zu erzählen.« Maurer wollte endlich mit der Arbeit beginnen.

Graf begann emotionslos und mit kühler Stimme, seinen Traum vorzubringen.

»Ich liege auf einem rohen Holztisch in einem kühlen, grün gekachelten Raum. Mehrere Scheinwerfer – sie sehen aus wie Lampen in einem OP-Saal – blenden mich und tauchen den Raum in ein fahles Licht. Ich liege nackt da; nur mein Unterleib ist mit einem sterilen grünen Tuch abgedeckt. Nicht ahnend, dass sich jemand im Raum aufhält, erschrecke ich, als sich ein Gesicht über mich schiebt, dessen Mund und Nase mit einem Mundschutz bedeckt sind. Zwei Augen starren mich an. Es sind Glasaugen. Das Gesicht, das über mir schwebt und mich kalt anblickt, scheint einem Operateur zu gehören. Dieser nimmt einen stählernen Stift in die Hand, setzt ihn an meinem Oberarm an und treibt ihn mit einem Hammer in mein Fleisch und meine Muskeln hinein. Merkwürdig, denke ich, es tut überhaupt nicht weh. Aber ich spüre, wie das Ding aus meinem Arm austritt und in das Holz des Schragens eindringt. Der Operateur nimmt Stahlstift um Stahlstift und treibt sie durch meinen Körper. Bald bin ich überall von Stiften durchbohrt. Nun nimmt er einen noch größeren Stahlstift. Er sieht aus wie ein riesiger Nagel mit einem Widerhaken. Ein Harpunenpfeil, denke ich und weiß nun, dass auch die anderen Nägel so aussahen. Der Operateur setzt den mächtigen Pfeil an meiner linken Brustseite an und will ihn mit gewaltigen Schlägen in mein Herz treiben. Verzweifelt will ich aufspringen und merke, dass ich gänzlich festgenagelt bin. Wie gelähmt wache ich auf und will meine Arme und Beine bewegen, was mir aber nicht gelingt.«

Jung und Freud saßen schweigend in ihren Sesseln und schienen dem Traum nachzulauschen.

»So weit mein Traum«, ergriff Graf die Initiative, »jedoch sehe ich den Sinn dieser Veranstaltung nicht ganz ein. Bevor Sie mir, Herr Professor Freud und Herr Dr. Jung, mit Ihren antiquierten Traumtheorien kommen, möchte ich Ihnen aufgrund der neuesten Schlaf- und Traumforschung sagen, was in diesem Traum geschieht. Wenn er überhaupt eine Bedeutung hat, dann nur die, dass er darstellt, was im REM-, also Traumschlaf, geschieht, nämlich eine vollkommene Blockierung und Lähmung der Muskulatur. Genau diese Erfahrung beschreibt der Traum.«

Maurer hob beide Hände, als würde er mit einem Gewehr bedroht. Er musste eingreifen. »Herr Professor Graf, ich darf Sie bitten, wenigstens probehalber von Ihrem Standpunkt abzugehen und sich auf die beiden Herrn einzulassen. Sie – und ich muss Ihnen sagen, vor allem ich – werden danach beurteilen, was diese Art der Traumdeutung erbracht hat. Wenn Sie so wollen, geht die Wette, die Sie damals geschlossen haben, noch ein bisschen weiter.« Maurers Stimme wurde hart. »Nach dem Mord an Herrn Roth leider unter anderen Umständen.«

Bei dem Hinweis auf den Mord an Roth zuckte Graf wieder fast unmerklich zusammen.

Wie ein aufgespießtes Insekt, dachte Maurer. »Und außerdem«, fuhr er unbarmherzig fort, »haben Sie mit der Deutung Ihres Traums zugestanden, dass er immerhin einen Sinn und eine Bedeutung hat, auch wenn er nur die Muskellähmung des REM-Schlafs symbolisiert. Immerhin.«

Professor Graf nickte geschlagen. Er hatte mit seiner unbedachten Äußerung ungewollt das Tor zur Traumdeutung aufgestoßen.

»Wenn ich Sie recht verstanden habe«, griff nun Freud ein, »sind wir während des Traums gelähmt. Nun verstehe ich auch besser, warum wir in Angstträumen weglaufen, ohne von der Stelle zu kommen. Es erklärt natürlich nicht, dass sich auch im Angsttraum ein verdrängter Wunsch zeigt. Ein verdrängter Wunsch wird von der Zensur nur ungenügend entstellt, sodass er beim Träumer Angst auslöst, die ihn weckt. Der Traum kann seiner Funktion als Hüter des Schlafes nicht mehr gerecht werden.«

»Und Sie vermuten nun, dass mein Traum ein solcher Angsttraum ist?«

»Richtig, verehrter Kollege.« Um Freuds Mund stellte sich ein feinsinniges Lächeln ein. »Welcher Wunsch hat hier Ihre Zensur so weit umgangen, dass er in Ihnen Angst auslöst? Oder, präziser gefragt: Von was und wem möchten Sie penetriert werden, und was bereitet Ihnen an diesem Wunsch Angst? Vermutlich die drohende Strafe des Über-Ichs.«

»Sie vermuten einen sexuellen Wunsch, der mir Angst machen soll?«, fuhr Professor Graf auf.

»Nicht immer, doch sehr häufig wollen in die Länge reichende Gegenstände wie Stöcke oder Baumstämme und alle länglichen und scharfen Waffen wie zum Beispiel Dolche das männliche Glied darstellen.«

Jung umklammerte nervös seine Pfeife. »Aber Herr Professor«, dabei blickte er zu Freud, »drängen Sie unserem Patienten nicht eine einseitig sexuelle Deutung seines Traums auf? Ich darf doch bitten, den Traum in einem weiteren Horizont zu sehen.«

Freud schüttelte unwillig den Kopf und zog an seiner Havanna.

»Wie mir scheint«, fuhr Jung fort, »ist in diesem Traum eine Folterszene abgebildet. Der Träumer liegt auf einer Folterbank und wird mit Nägeln traktiert. Aus dem Mittelalter sind entsprechende Abbildungen bekannt. Auch die Verbindung zu einer Kreuzigungsszene liegt nicht fern. Auf der Subjektstufe gedeutet, hieße das, dass der Träumer sich in der Gestalt des Folterers selbst malträtiert. Man könnte aber auch auf der Objektstufe fragen, wer Sie, Herr Graf, immer wieder gequält hat? Gibt es in Ihrem Leben Menschen, unter denen Sie gelitten haben?«

Graf zuckte mit den Schultern, dann schloss er die Augen.

»Als achtjähriger, schmächtiger Junge saß ich im Garten hinter dem Haus meiner Eltern. Endlich durfte ich wieder nach draußen zum Spielen. Ich war lange krank gewesen, wie so oft.

Niemand wusste, woher dieser schmale Kerl die Kraft hatte, die vielen Krankheiten seit seiner Geburt zu überleben. Mein älterer Bruder war im Alter von vier Jahren an einer Hirnhautentzündung gestorben. Ich habe ihn nicht gekannt.« Graf schlug die Hände vors Gesicht. »Ich weiß von meiner Mutter, dass sie immer in Sorge um mich, ihren zweiten Sohn, gelebt hat. Sie glaubte, ich wollte ihrem ersten Sohn im Sterben nachfolgen. Was war mit ihrem dürren, eingezogenen Bauch los, der nur kränkliche Knaben zur Welt brachte? Oder war es das Erbgut meines Vaters? Seine kräftige Gestalt verbot es, die Ursachen auch nur im Entferntesten bei ihm zu suchen. Mit seiner Energie und Lebenslust war er der schlagende Beweis der darwinschen Evolutionslehre. Nur die träge Weichheit mütterlicher Herzen ermöglichte es, dass kranke Kinder überleben konnten.

Mein Vater Georg Graf war Biologie- und Mathematiklehrer am Gymnasium, er schätzte Darwin und hasste seine schwächlichen Söhne – und mit ihnen seine Frau, die diese kränkelnden Wesen zur Welt gebracht hatte. Er war erleichtert, als sein erster, zu schwach geratener Sohn starb. Man konnte hoffen, dass das zweite Kind für die Härten des Lebens besser ausgerüstet war. Doch aus dieser Hoffnung war nichts geworden. Er schämte sich für mich, seinen zweiten Sohn, der ihm ebenso untauglich fürs Leben schien wie seine Frau, die sich nach dem Tod des ersten Sohns in ihren Depressionen gehen ließ.«

Graf dreht sich auf der Couch ein wenig zur Seite und schob den angewinkelten Arm unter den Kopf.

»Wenn mein Vater etwas hasste, dann dieses Jammern, dieses Mit-der-Welt-beleidigt-Sein, dieses Dem-Kind-Nachweinen. Seitdem ekelte ihn vor seiner Frau. Der Körper meiner Mutter war knochig und dürr geworden unter der auszehrenden Trauer; nichts an diesem Körper verriet etwas Lustvolles. Mein Vater, so hat er es mir später einmal erzählt, schlief nach dem Tod des ersten Sohns nur noch ein einziges Mal mit meiner Mutter. Er schlief voller Hass mit ihr. Er trieb seinen fleischernen Nagel durch ihren Unterleib und nagelte sie auf den Küchentisch, auf den er sie gepresst hatte. Er stellte sich vor, dass sie wie ein aufgespießtes Insekt langsam vertrocknete und grau wurde. Mein Vater glaubte, bei einem solchen Akt könne nichts anderes entstehen als ein kränklicher, zum Leben unfähiger Säugling. Zu seiner Überraschung überlebte der Junge mit zäher Energie.

Später gestand er mir, dass er gegen seinen Willen irgendwie doch stolz auf mich war. Aber bei jedem Hustenanfall, bei jedem Erbrechen, bei jedem jämmerlichen Schreien beobachtete er zufrieden, wie seine Frau mitlitt, wie sie mit mir krank wurde und sich zu mir ins Krankenbett legte. Für meinen Vater war sie das wandelnde Leiden, die bleiche Leichengestalt, die leise, unhörbar durch das Haus schwebte. Aus seiner Sicht hing ich als Junge an ihren Augen und Lippen wie damals als Säugling an ihren schlaffen Brüsten, schlich ich hinter ihr her wie ein Hündchen, wurde immer wieder krank und ließ mich wie ein aus dem Nest gefallener Vogel aufpäppeln.«

Professor Graf schien sich auf der Couch klein zu machen und sich in winzigsten Bewegungen wie zu einem Embryo zusammenzuziehen.

»Damals im Garten nach meiner langen Erkrankung ging ich auf Wurmjagd. Ich hob einen Stein an und packte das nasse, feuchte Kopfende eines schlangenartigen Tiers und versuchte, das zappelnde Ding aus seinem Loch zu ziehen, dabei wurde das Band länger und dehnte sich an den Ringen. Zunächst entglitt mir das feuchte Ding und schnurrte schrumpfend wie ein losgelassenes Gummiband in das braune Erdloch zurück. Dann packte ich fester zu, zog den zum Zerreißen gespannten Wurm aus seiner Erdröhre und hielt ihn in die Höhe. Er ringelte sich nach oben um meine Finger und versuchte, sich dem Griff zu entwinden. Dann packte ich ihn am anderen Ende und zog ihn bis zum Äußersten auseinander. Stolz schätzte ich die gedehnte Länge meiner Beute ab. Dann drückte ich den Wurm auf ein Stück raues Holz und hielt ihn an einem Ende fest. Das

Tier schlug in immer schnelleren Bewegungen mit dem ganzen Körper um sich. Doch diesem Zappeln wurde durch Stahlnadeln, die den Wurm silbern-kalt durchdrangen und ihn auf dem Holz festnagelten, ein Ende bereitet.

Ich nahm weitere Stecknadeln und stach sie in den sich immer weniger ringelnden Leib des Wurmes und versuchte, exakt die Röhrenmitte zu treffen, was an dem dünner werdenden Ende schwieriger wurde. Die sechs Nadeln bildeten eine gerade Linie. Befriedigt betrachtete ich meine Arbeit, um dann weitere Würmer zu fangen und sie mit Stecknadeln auf kleinen Holzstreckbänken festzupinnen. Als ich keine Nadeln mehr hatte, zog ich mein Taschenmesser aus der Hosentasche und zerschnitt auf der kleinen Folterbank jeden Wurm genau in der Mitte. Ein bräunliches Gemisch aus gefressener Erde und Lymphsaft quoll hervor. Dann zog ich von einem Wurmende her die Nadeln heraus und beobachtete mit angehaltenem Atem, wie sich das rechte Wurmende trotz seines halb entleerten Schlauchs davonquälte, während die andere Hälfte noch von den silbernen Nadeln festgehalten wurde.«

Professor Graf schwieg, schlug die Augen auf und sah mit leerem Blick zur Decke.

Freud blickte anerkennend zu Jung hinüber, was dieser mit einem Anflug von Stolz registrierte.

»Sie hatten Recht! Eine Folterszene«, flüsterte Freud und fügte nun seinerseits mit Stolz hinzu: »Aber auch ich hatte Recht: Die eigentliche Genese ist eine sexuelle, nämlich der sadomasochistische Sexualakt der Eltern, der sich in dem grausamen Spiel des Jungen reflektiert.«

»Aber auf der Subjektstufe haben wir den Traum noch nicht verstanden. Im Traum ist der Gequälte der Träumer selbst, in dem bisher Erzählten dagegen sind es die Würmer. Ich vermute, dass der Wurm auch Symbol für ihn selbst ist und keineswegs ein Phallussymbol, wie Sie, meine lieber Professor, vermuten könnten.« Jung genoss den mit seinen Ausführungen verbundenen kleinen Triumph.

Freud nickte widerwillig und zog verdrossen an seiner Havanna.

»Erzählen Sie weiter!« Jung wandte sich mit seiner Aufmerksamkeit wieder dem auf der Couch liegenden Graf zu.

Der schloss die Augen, und fast lautlos begann er zu flüstern.

Grafs Vater hatte die Spiele seines Sohnes aus dem Fenster seines Arbeitszimmers mit angesehen. Als er am nächsten Nachmittag nachschauen wollte, was sein Sohn unter den Steinen gesucht hatte, entdeckte er die halbierten, inzwischen ausgetrockneten Wurmschläuche, die getötet worden waren und nun sinnlos von den Nadeln noch festgehalten wurden. Georg Graf überkam ein ihm unbekanntes Mitleid mit den Würmern. Wutentbrannt rief er den Jungen zu sich. Seinen Zorn mühsam beherrschend, brachte er nur eine Frage heraus: »Wer war das?«

»Ich.«

»Beerdige sie!«

Zitternd zog der Junge Nadel um Nadel aus den Wurmfolterbänken und den getrockneten Schläuchen. Manchmal musste er das Holz festhalten, weil die Folternägel so fest saßen.

Dann kratzte er mit den Fingern ein kleine Grube in die verkrustete Erde, bis die Fingerkuppen bluteten.

»Weiter!«, befahl sein Vater und stieß ihm das Knie in den Rücken.

Als das Erdloch tief genug war, um die Leichen zu fassen, rollte der Junge die Würmer einzeln hinein.

»Merk dir das: Quäle nie ein Tier! Und jetzt bedecke sie mit Erde!«

Der Junge schob die losen Erdkrümel über die Wurmreste.

»Mach aus den Holzstücken ein Kreuz für die Würmer! Nimm die Nadeln dazu!«

Der Junge legte zwei Holzstücke kreuzförmig übereinander und drückte mit einem Stein am Kreuzungspunkt zwei Nadeln in die Hölzer.

»Stell das Kreuz auf!«

Der Jung steckte die gekreuzten Holzstücke in den gelockerten Erdboden des Wurmgrabs.

»Falte deine Hände und sprich das Vaterunser! Los, bete, damit mein Wille geschehe!« Georg Graf lachte höhnisch.

Gerd flüsterte mit erstickter Stimme das Gebet. Als die Stimme des Jungen bei den Worten »Vergib uns unsere Schuld« versagte, stieß der Vater ihm noch einmal das Knie den Rücken.

»Lauter!«

Der Junge begann zu weinen und wollte sich aus seiner gebückten Haltung erheben. Es traf ihn ein kurzer, harter Schlag im Genick, sodass er mit dem Gesicht auf das kleine Holzkreuz fiel. Der Vater wandte sich von ihm ab.

Professor Graf schien auf der Couch eingeschlafen zu sein. Freud und Jung saßen versunken da. Dann bewegten sich Grafs Lippen erneut.

»Dreimal sechs ist …?«

»Achtzehn.«

»Achtzehn minus zehn und dann mal vier ist …?«

Es trat ein kleine Pause ein. Die Antwort kam zögernd. »Zweiunddreißig.«

»Richtig. Zweiunddreißig durch zwei …?« Die Frage war schnell und hart gestellt.

»Sechzehn, glaube ich.«

»Du sollst rechnen, nicht glauben! Sechzehn geteilt durch vier …?«

»Ich weiß es nicht.«

Der Junge schluckte. Tränen traten in seine Augen. Er begann zu weinen, wie so oft, wenn der Vater ihn mit Rechenaufgaben malträtierte. Die Mutter saß schweigend daneben, nur ganz selten versuchte sie, ihren Mann zu unterbrechen. Ihr stummes Mitleiden war für ihn Anfeuerung genug, Zahl um

Zahl, Aufgabe um Aufgabe auf den Jungen abzuschießen, bis er im Sperrfeuer der Ziffern verstummte.

»Was hat diese Erinnerung mit Ihrem Traum zu tun?«, fragte Jung behutsam. Graf schien aus einer längst vergangenen Zeit aufzuwachen.

»Ich konnte diesem Zahlensturm meines Vaters nicht entkommen. Ich wurde von ihm festgenagelt. Das ist es: Die Nägel im Traum sind nichts anderes als lauter Einsen, die mein Vater wie Speerspitzen mit Widerhaken in mich treibt. Später sollte ich in Mathematik ein Einser-Schüler sein. Alles andere zählte für meinen Vater nicht. Wenn eine Mathematikarbeit schlechter ausfiel als Eins, nahm er zwanzig oder noch mehr Blätter und schrieb auf jedes fett und riesig eine 1. Dann hängte er sie in meinem Zimmer auf. Wenn ich von den Hausaufgabenheften aufblickte, sah ich die Einsen wie Pfeile auf mich gerichtet. Wenn ich nachts aus Albträumen aufwachte, glotzten die gefährlich aussehenden Einsen mich an. Ich verkroch mich tiefer in mein Bett, und trotzdem fielen die Einsen auf mich herab, fielen über mich her, durchdrangen die Bettdecke, spießten mich auf und glotzten zugleich immer noch von der schrägen Zimmerdecke auf mich herab. Schrieb ich in der nächsten Mathematikarbeit eine Eins, erlaubte mir mein Vater, die Einsen abzuhängen. Ich musste sie bis zur nächsten schlechteren Zensur bei ihm abgeben.«

Unruhig drehte sich Gerd Graf auf der Couch hin und her.

»Jetzt ist die Bedeutung Ihres Traums verständlich, ohne dass wir noch viel erklären müssen«, nahm Jung die Erzählung des Professors auf. »Auch Sie, Herr Professor Freud, werden damit einverstanden sein?« Er registrierte Freuds knappes Nicken und fuhr fort: »Quälen Sie sich nicht auch heute noch in Ihrer wissenschaftlichen Arbeit mit diesen Zahlen herum?«

Graf schlug die Augen auf und blickte sich verwirrt um. Unwillkürlich nickte er.

»Heute sind Sie also auch der folternde Operateur Ihres

Traums, der Sie mit höchsten Ansprüchen, mit Einsen sozusagen, foltert.«

Nun mischte Maurer sich ein: »Nur so konnten Sie so schnell an der Uni Karriere machen. Sicherlich auch deshalb, weil Sie dem herrschenden Trend, Mathematik und Statistik in der Psychologie einzusetzen, gefolgt sind und ihn durch Ihre eigene Arbeit vorangetrieben haben.«

Professor Graf war nun wieder ganz in die Gegenwart zurückgekehrt. »Ganz exakt«, bestätigte er Maurer. »Natürlich kann man heute nur mit den neuesten statistischen und mathematischen Methoden wissenschaftliche Psychologie betreiben. Die Tiefenpsychologie, die allein auf Introspektion und vagen oder gar beliebigen Deutungen beruht, hat eindeutig ausgespielt.«

Jung nahm seine Pfeife aus dem Mund. »Wenn Sie erlauben«, er schmunzelte, »können wir Ihren Traum auch kollektiv verstehen: Der Operateur Ihres Traums ist die heutige wissenschaftliche Psychologie, die mit ihren Nägeln von Mathematik und Statistik die Psyche auf der Streckbank, wenn Sie so wollen, in dem Prokrustesbett einer angeblich objektiven Wissenschaft, festnageln und vermessen will. Dass mit diesem Versuch die Psyche nicht nur nicht wirklich verstanden, sondern gequält und geradezu getötet wird, zeigt Ihr Traum sehr klar.« Jung blickte zu Freud hinüber, der ihm mit dem feinen Lächeln, das um seinen Mundwinkel spielte, sein Wohlwollen zusicherte.

Bevor Professor Graf zur Gegenrede ansetzen konnte, rieb sich Maurer die Augen und stand auf.

3.00 Uhr

Nach einem vorsichtigen Blick ins Nebenzimmer, in dem Susanne den Schlaf der Gerechten schlief, entschloss sich Maurer, weiterzumachen. Er rückte die Kristallkugel einige Zentimeter weiter weg, sodass ihm das Fokussieren leichter fiel.

Freud und Jung saßen in ihren Sesseln am Kopfende der Couch und starrten schweigend auf den Boden.

»Meine Herrn«, begann Maurer, »jetzt wollen wir die nächsten Träume in der Traumserie unserer Professoren analysieren. Ich wünsche Ihnen viel Freude dabei und hoffe, dass Sie genauso erfolgreich sein werden wie bislang.«

»Tatsächlich«, erwiderte Freud, »es ist sehr angenehm, einmal wieder an der Couch zu sitzen. Wiewohl es mir immer noch schwer fällt, das schlechte Ende unserer Freundschaft«, dabei deutete er mit seiner Havanna auf Jung, »zu vergessen. Ich hatte immer gehofft, unsere wissenschaftlichen Differenzen in der Libidofrage würden unserer persönlichen Beziehung keinen Abbruch tun. Am Ende aber sah ich mich in meiner Hoffnung getrogen und getäuscht.«

Jung schwieg stirnrunzelnd.

Plötzlich fiel Freuds Kopf auf die Brust. Er schien in seinen Oberkörper zu sinken. »Mein Herr«, murmelte er leise zu Maurer hin, »stützen Sie mich bitte. Mir wird schlecht.«

Maurer sprang Freud beiseite und drückte seinen nach vorne knickenden Oberkörper in den Sessel zurück. »Vielleicht tut Ihnen frische Luft gut.« Maurer stützte Freud, als der sich mühsam erhob, und führte ihn behutsam zum Fenster, das er mit einem kräftigen Ruck öffnete. Freud atmete eine Weile die frische, vom Regen gesättigte Luft ein.

Jung war sitzen geblieben und hatte die Szene beobachtet. Nun wäre Freud beinahe das dritte Mal in seiner Gegenwart ohnmächtig geworden. Alle wichtigen Dinge mussten sich wie in Märchen und Mythen dreimal ereignen. Dreimal musste ein Rätsel gelöst, dreimal eine Aufgabe erledigt, dreimal ein Hindernis überwunden werden, erst dann konnte der Märchenheld zu seinem ersehnten Ziel gelangen. Wäre nach einem dritten Ohnmachtsanfall Freuds der Konflikt zwischen ihnen endlich gelöst?

Jung wiegte den Kopf und ließ sich von seinen Erinnerungen in alte Zeiten mitnehmen.

Im Speisesaal des Münchner Parkhotels hatten sich die wichtigsten Vertreter der noch jungen Psychoanalyse im engsten Kreis um Freud versammelt, unter ihnen auch er selbst.

Lange waren er und Freud am Morgen des 24. November 1912 spazieren gegangen und hatten in intensiven Gesprächen die Missverständnisse der letzten Monate ausgeräumt. Jung war verärgert gewesen, dass Freud ihn nicht in Küsnacht aufgesucht hatte, als er den an Krebs operierten Binswanger, einen jungen Schweizer Anhänger der Psychoanalyse, in einem nur wenige Kilometer entfernt gelegenen Sanatorium besucht hatte. Galt er nichts mehr bei dem großen Übervater der Psychoanalyse? Wollte dieser ihn mit Nichtachtung strafen? Und hätte es aus Freuds Sicht nicht Anlass zu solch einer Bestrafung gegeben?

Jung hatte die für Freud wichtigste Position der Psychoanalyse, die Libidofrage, inzwischen fast ganz aufgegeben. Die Libido war bei ihm nicht mehr das sexuelle Begehren, sondern allgemein die psychische Energie.

Auf diesem Spaziergang gelang es Freud, Jung zurückzugewinnen, auch wenn wissenschaftliche Differenzen blieben. Aber wenigstens schienen die persönlichen Zerwürfnisse geklärt zu sein. Freud war aufgewühlt, glücklich vielleicht und doch unsicher. Mit dem Mittagessen sollte die Versöhnung – oder war es nur eine erneute Unterwerfung Jungs? – gefeiert werden. Doch Freuds Sieg stand auf tönernen Füßen. Er blieb Jung gegenüber misstrauisch.

Beim Mittagsmahl warf Freud Jung und den Zürcher Kollegen unvermittelt vor, dass sie in ihren Veröffentlichungen über die Psychoanalyse seinen Namen nicht erwähnt hätten. Sollte der Name des Gründervaters der Psychoanalyse ausgelöscht werden? Freud erinnerte die Tischgenossen an den ägyptischen Pharao Amenhotep IV., der, später auch Echnaton genannt, den Namen seines Vaters von allen Stelen und Obelisken hatte entfernen und stattdessen seinen eigenen Namenszug eingravieren lassen. Amenhotep wurde zum Begründer des ersten Monotheismus in Ägypten. War das nur aus seinem Vaterkomplex heraus zu verstehen, wie Freud meinte? Musste er dazu seinen leiblichen Vater symbolisch ermorden und ihn dann als einzigen, als großen Vatergott an den Himmel projizieren?

Jung ergriff Partei für Amenhotep. Auch andere Pharaonen vor ihm hatten die Namen ihrer Vorgänger durch den eigenen ersetzt, ohne eine neue religiöse Entwicklung anzustoßen. Amenhotep dagegen war ein genialer, schöpferischer Mensch, der nicht aus dem Widerstand gegen den Vater, sondern aus einer tief religiösen Einstellung heraus Neues hervorgebracht hatte. Jung hielt eine flammende Verteidigungsrede, bei der die Zuhörer nicht mehr genau wussten, ob er Amenhotep oder sich selbst verteidigte.

Freud wurde von Schwindel erfasst. Der Boden unter ihm brach ein, er sah einen zerkratzten Obelisken, eine von seinem Namen gereinigte phallische Stele, auf sich herabstürzen, die ihn am Kopf traf und ihn niederschlug. Ohnmächtig sank Freud im Speiseraum des Parkhotels auf den kühlen Steinfußboden.

Seine Tischgenossen erstarrten für den Bruchteil einer Sekunde, dann sprangen die Ersten entsetzt auf. Jung, der auserwählte Nachfolger, fasste sich am schnellsten, hob den Rivalen hoch und trug ihn nach nebenan. Jung spürte die Kraft seiner Arme und Freuds leichten, kleinen Körper. Noch in seinen Armen öffnete Freud die Augen und sah Jung verwirrt an. Mit diesem hilflosen Erwachen war Freud für Jung gestorben. Jung wusste nun, dass er nicht mehr der Sohn war, der den Namen seines Vaters auslöschen musste. Er war nicht mehr Freuds Schüler. Hatte Amenhotep eine eigenen Religion gegründet, so würde er, Carl Gustav Jung, eine eigene Schule der Tiefenpsychologie ins Leben rufen.

Schon zu Beginn des Jahres 1912 – des Jahres, in dem ihre Freundschaft zerbrach –, hatte er Freud mit einem Zitat aus Nietzsches *Also sprach Zarathustra* auf diese Ablösung vorbereitet: »Man vergilt einem Lehrer schlecht, wenn man immer nur der Schüler bleibt.« Ein schwacher Lehrer ist er, dachte Jung grimmig, wenn er nicht erträgt, dass sein Schüler sich aus seinem Schatten löst und erwachsen wird.

Jung blickte hinüber zum Fenster, an dem Freud tief Luft in seine Lungen sog, um seinen leichten Ohnmachtsanfall zu bekämpfen. Maurer stand noch neben ihm und stützte ihn.

Freud hielt sich am Fensterbrett fest. Er blickte lange in den regenverhangenen Tag hinaus. »Der Blick ist getrübt«, murmelte er. »Was ich einst so klar gesehen habe, geht in den Vernebelungen vieler unter. Die Psychoanalyse, meine Psychoanalyse, wurde verfälscht, verwässert, getrübt. Konnte keiner die Härte meiner Erkenntnisse aushalten, keiner meiner Entdeckung standhalten, dass die Sexualität das primäre Movens der Seele darstellt? Jung konnte es am allerwenigsten. Aus den drängenden, übermächtigen sexuellen Triebbedürfnissen des Es hat er einen abstrakten, blassen Schatten gemacht. Er ist vor der Psychoanalyse in eine mystische, religiöse Psychologie geflüchtet. Jung konnte nicht aushalten, dass die Religion nur eine Illusion, nur das projizierte Bedürfnis des hilflosen Kindes nach Sicherheit ist. Jung, der Germane bis ins Blut, konnte mich als Juden nicht verstehen. Er wollte mich nicht verstehen, dieser vom Christentum verseuchte Pastorensohn. Ich wollte ihn gewinnen, meiner Psychoanalyse zuliebe. Er hätte ihr mit seinem Ruf und seiner Person Ansehen und Reputation verschaffen und die Widerstände gegen sie zerstreuen können, stattdessen hat er sie schmählich verraten. Wie konnte ich nur so blind sein, diesem brutalen, heiligen Jung zu vertrauen?«

Bebend blickte Freud zu Jung hinüber. Noch einmal musste er gegen den aufsteigenden Schwindel kämpfen. Damals im Parkhotel in München hatte er beim Aufwachen gesagt: »Es muss süß sein zu sterben.«

Die letzten Tage seines Sterbens waren nicht süß. Sie waren quälend, denn der Krebs fraß ihn von innen her auf, saugte seinen Schädel aus und verschlang ihn. Sein Rachen brannte; ihm war, als sei ihm die untere Hälfte des Gesichts weggeschossen, als sei sein Mund eine einzige offene Wunde, die so sehr stank, dass sein geliebter Chow-Chow nicht mehr in seine Nähe kommen wollte. Dann floss süß das Morphium, von dem sein Leibarzt Max Schur ihm eine Überdosis von 30 mg in die Adern spritzte. Endlich ließ der feuernde Schmerz nach, endlich konnte er ein wenig schlafen, und endlich, nach zwei weiteren Überdosen Morphium, konnte er um drei Uhr morgens am 23. September 1939 sterben.

Freud holte tief Luft und dachte dankbar an Max Schur, dem er das Versprechen abgerungen hatte, ihn am Ende nicht unnötig leiden zu lassen.

»Darf ich Sie wieder an Ihren Platz neben der Couch führen«, unterbrach Maurer Freuds Erinnerungen. Freud nickte zustimmend. Professor Zimmermann hatte sich schweigend auf die Couch gelegt. Freud begrüßte ihn freundlich. »Wenn ich mich von unserer letzten Sitzung her recht entsinne, stammte ihr Vater aus Wien«, ergriff er das Wort.

»Genau. Mein Vater wurde 1913 als unehelicher Sohn der Wiener Ärztin Ilse Zimmermann geboren. Mein Großvater blieb mir unbekannt. Aber wie unser gestriges Gespräch gezeigt hat, muss es einen Zusammenhang zwischen Ihnen, Herr Professor Freud, Lou Andreas-Salomé und meinem Großvater geben.«

Freud schwieg. Seine Gesichtszüge verfinsterten sich.

»Beginnen Sie mit ihrem zweiten Traum«, drängte Maurer. Seine Wangenmuskeln spannten sich.

»Ich will es versuchen«, begann Zimmermann. »Ich gehe in Wien« – bei diesem Stichwort hellte sich Freuds Miene wieder auf – »über die menschenleere Ringstraße. Es muss November sein. Der kalte Ostwind hat die Bäume leer gefegt. Schon von weitem sehe ich den klassizistischen Bau des Parlaments. Von rechts und links führen zwei geschwungene Auffahrten vor das Gebäude. Oben an der Rampe stehen zwei aus Stein gehauene, löwenartige Sphinxe, die sich gegenüberliegen und sich zu belauern scheinen. Beim Näherkommen entdecke ich, dass es tatsächlich zwei große Löwen sind. Überrascht bleibe ich stehen. Sie sind lebendig und fauchen sich gegenseitig an. Plötzlich fällt ein Kanonenschuss und zerschmettert das linke Löwenhaupt. Steinbrocken fliegen davon, nur der Sockel bleibt zurück. Da entdecke ich erschrocken, dass in ihm ein kunstvoll verschlungenes T. eingemeißelt ist. Der rechte Löwe liegt nun wieder ruhig da. Ich bin irritiert, dass er eine runde Nickelbrille trägt. Dann wache ich auf.«

»Wenn wir Ihren Traum richtig deuten wollen«, ergriff Jung das Wort, »müssen wir Ihre aktuelle Lebenssituation und Ihre Bewusstseinslage zum Zeitpunkt des Traums kennen. Viele Träume bringen etwas als Kompensation, als Ausgleich zum Bewusstsein, was dem Träumer in seiner bewussten Orientierung fehlt.«

»Ich muss Ihnen damit vor allem für meinen ersten Traum zustimmen. Nach diesem Traum von der Tänzerin auf der Bühne des Wiener Rokokotheaters war ich innerlich sehr aufgewühlt. Ich konnte kaum noch schlafen, geschweige denn träumen. Ich habe diesen Traum auch meiner Frau erzählt. Als sie meine Unruhe bemerkte, empfahl sie mir, noch einmal nach Wien zu fahren. Schlagartig wusste ich, dass das richtig ist. Meine Unruhe ließ sofort nach.

Ich fuhr also ohne ein bestimmtes Ziel nach Wien. In den drei Tagen meines Wien-Besuchs ließ ich mich nur treiben und überließ meinem – um mit Ihren Worten zu sprechen, Herr Freud – Unbewussten die Führung. Ich durchstreifte planlos, aber doch zielsicher die Stadt. Ohne zu wissen, wie, geriet ich in die Berggasse 19. Als erklärter Gegner der Psychoanalyse hatte mich dieser Wallfahrtsort für Psychoanalytiker« – Freud lächelte ein wenig – »bei meinen bisherigen Wien-Aufenthalten nie interessiert. Wie in einem Traum stand ich dort in Ihrem Therapiezimmer, Herr Freud, an das mich im Übrigen dieser Raum hier sehr erinnert.

Ich stöberte bei meinen Streifzügen durch die Stadt in Buchhandlungen und Antiquariaten und stieß immer wieder auf Ihre Schriften, auf Biografien und Bücher über Sie. Auf den ersten Blick scheint das heutige Wien Sie und die Psychoanalyse gänzlich vergessen zu haben, doch ich traf immer wieder auf Ihre Spuren. Die ganze Stadt geriet mir zu einem Labyrinth der Wege, die Sie gegangen waren, zu einem Labyrinth der Psychoanalyse, dem ich mich nicht entziehen konnte. Überall kam ich an Orte, an denen Sie waren. Die Stadt wurde zur Vienna Freudiana, zu einer Stadt um die Jahrhundertwende, wie ich sie auf alten Postkarten und in Bildbänden in den Antiquariaten gesehen hatte. Im Café Landmann an der Ringstraße, das Sie nach den Sitzungen der Mittwochsgesellschaft oft besuchten, sah ich Sie vor mir. Sie saßen mir gegenüber, blickten ab und zu von der Lektüre Ihres Lieblingsblatts, des *Manchester Guardian*, auf und fixierten mich kurz, aber sehr eindringlich. Ich fühlte mich von Ihnen als Bekannten, ja als Freund erkannt. Sosehr ich den Kopf schüttelte und mir die Augen rieb, Sie wichen nicht von Ihrem Platz. Diese Begegnung mit Ihnen machte mir klar, dass ich schleunigst aus Wien verschwinden musste, wollte ich nicht in die Psychiatrie eingeliefert werden. Vermutlich hätte die Diagnose ›Akuter psychotischer Schub aufgrund eines Kulturschocks‹ gelautet. Ich stand also wie betäubt auf und verließ das Café. Vor der Abfahrt mit einem späten Nachtzug wollte ich mir noch Schnitzlers Stück *Der Reigen* anschauen. Als ich dann vom ersten Rang des Theaters in der Josefstadt auf den Bühnenprospekt schaute, wurde mir schwindlig. Es war die Bühne meines ersten Traums, des Traums von Salome. Fluchtartig verließ ich das Theater. Ein Taxi brachte mich zum Westbahnhof, auf dessen langem Bahnsteig ich wie erschlagen auf die Abfahrt des Zugs wartete. Im Liegewagen ließ mich das gleichmäßige Rattern der Räder rasch und tief schlafen. Auf dieser Fahrt träumte ich dann den zweiten Traum.«

»Der erste Traum hat Sie also unbewusst nach Wien geführt«, sagte Jung nach einer Zeit des Nachdenkens. »Man könnte meinen, dass dies nötig war, damit Sie – wiederum unbewusst – das Material für den zweiten Traum sammeln konnten.«

»Lieber Kollege«, unterbrach Freud ihn unwirsch, »das sind mir zu viele spekulative Elemente, die Sie da für Ihre Überlegungen brauchen.«

»Sosehr ich mich dagegen wehrte«, wandte nun Zimmermann ein, »aber mir haben sich ganz ähnliche Gedanken aufgedrängt wie Ihnen, Herr Jung. Dennoch ist mir der Traum völlig unverständlich geblieben: Weder habe ich das Parlament bewusst besichtigt, noch gibt es dort – wie ich später in einem Bildband über Wien nachgeprüft habe – an der Rampe steinerne Sphinxe oder Löwen. Das Einzige, das mir unmittelbar nach dem zweiten Traum klar wurde, war, dass dieser T. das Zentrum beider Träume sein musste, mehr noch, dass ich beide Träume gewissermaßen wegen T. geträumt habe.«

Ohne große Hoffnung auf eine Antwort drängte Maurer sich mit seiner Frage dazwischen: »Fällt Ihnen zu T. etwas ein?«

»Ich muss Sie leider enttäuschen, meine Herrn. Nur ein Zwischenfall kommt mir im Augenblick in den Sinn. Etliche Tage nach dieser ›Traumreise‹ nach Wien suchte Roth mich wegen einer Prüfungsangelegenheit in meinem Büro am Psychologischen Institut auf. Einem Impuls folgend, versuchte ich, die Bildbände über Wien und eine mir unbekannte Freudbiografie, die ich aus Wien mitgebracht und unbegreiflicherweise auf meinen Schreibtisch gelegt hatte, vor Roth zu verbergen. ›Schau an, Sie beschäftigen sich während Ihrer Dienstzeit mit Wien und Freud‹, bemerkte Roth spöttisch. ›Das hätte ich nicht von Ihnen erwartet.‹ Verlegen stammelte ich die auch in meinen Ohren lächerliche Ausrede: ›Ich war kürzlich in Wien, und da sind mir diese Dinge zufällig sehr billig in die Hände geraten.‹ Ich weiß nicht, wie ich meine Souveränität gegenüber Roth so kläglich verlieren konnte.«

»Er hat Sie an einem unbewussten Komplex getroffen«, warf Jung ein.

»Und Roth scheint das gewusst oder zumindest geahnt zu haben.« Zimmermann ballte seine Hände zur Faust, hob sie unmerklich an und ließ sie dann neben sich auf die Couch sinken. »Während ich mich völlig wehrlos fühlte, ging Roth nämlich gleich zum nächsten Angriff über: ›Die Psychoanalytiker sagen, dass es keine Zufälle gibt.‹ Genüsslich schien er zu beobachten, wie ich von einer Verlegenheit in die andere stürzte und mir seine Attacken die Sprache verschlugen. Ich hatte plötzlich eine hilflose Wut in mir, die mich noch mehr blockierte. ›Sollte unsere Wette zur Traumdeutung Sie etwa auf die Spuren Freuds geführt haben? In der Tat scheinen Sie mir etwas verunsichert. Vielleicht sollten Sie sich einmal auf die Couch legen!‹ Beim Erzählen wird mir klar, dass Roth meinen ersten Traum vermutlich schon gelesen hatte, und er wird ihn besser verstanden haben als ich. Deshalb konnte er mir gegenüber so überheblich auftreten.«

Zimmermann biss sich auf die Lippen. »Roth ließ mir keinen Moment Zeit zu antworten. ›Eigentlich bin ich nicht gekommen, um Sie auf psychoanalytischen Abwegen zu ertappen. Ich bringe hier meine Stellungnahme in Sachen Schlichter, dessen Dissertation ich wegen eines Formfehlers nicht zum festgesetzten Termin annehmen konnte.‹ Er warf mir ein

Schriftstück auf den Schreibtisch. Endlich konnte ich mich aus meiner Paralyse befreien. Ich versuchte einen scherzenden Ton: ›Sie könnten doch froh sein, wenn ich mich zur Psychoanalyse bekehre, dann wären Sie am Institut nicht mehr der letzte Mohikaner dieser Wissenschaft.‹ Dem Wort ›Wissenschaft‹ gab ich einen ironischen Unterton. ›Leider habe ich im Moment keine Zeit, um über die Sache Schlichter zu reden. Wir werden das bei Gelegenheit tun. Darf ich Sie nun hinausbitten?‹ Erst Minuten nach dem Vorfall wurde mir bewusst, wie ungeheuerlich Roth sich verhalten hatte. Ich weiß nicht, worüber ich mich mehr ärgerte, über seine Unverschämtheit oder meine Hilflosigkeit.« Zimmermann schwieg.

Maurer ließ sich diese Geschichte noch einmal durch den Kopf gehen. »Hat das nun etwas mit Ihrem zweiten Traum zu tun oder mit T.?«, dachte er laut.

»Nein, eigentlich nicht. Nur, dass sich dieser Vorfall zwei Tage nach meiner Rückkehr aus Wien zugetragen hat.«

»Meine Herrn, wir sind in der Tat weit weg vom Traum«, unterbrach nun Freud. »Lassen Sie uns doch noch einmal auf meinen einfachen, aber für die Traumdeutung fundamentalen Gedanken der Wunscherfüllung zurückkommen. Ich möchte Sie direkt fragen, Kollege Zimmermann, gab oder gibt es einen Konkurrenten T. in Ihrer Laufbahn, den Sie ausschalten wollten? Die beiden Löwen im Traum scheinen miteinander zu rivalisieren, bis einer der Konkurrenten durch den Kanonenschuss ermordet wird.«

»Nein, nicht, dass ich mich erinnern könnte.«

»Aber vielleicht gab es bei Ihnen einen Konkurrenten T., verehrter Herr Professor Freud.« Jungs Stimme wurde ungewöhnlich scharf. »Könnte es sein, dass Sie einen Konkurrenten namens Tausk verdrängt haben, verdrängt im doppelten Sinne des Wortes?«

»Wie kommen Sie denn darauf?«, erwiderte Freud.

»Ich habe diesen Traum in mir wirken lassen. Er hat alle Emotionen aufgewühlt, die ich Ihnen gegenüber vor unserem

Zerwürfnis hatte. Ich war erneut der Sohn eines Vaters namens Freud. War Tausk, wenn ich mich recht erinnere: Victor Tausk, nicht auch einer Ihrer Söhne, ein genialer Sohn?«

Freud schloss die Augen. 1908 hatte sich ein Mediziner, so glaubte Freud, namens Victor Tausk brieflich aus Berlin an ihn gewandt. Tausk, ein Slawe jüdischer Abstammung, war jedoch zunächst Rechtsanwalt gewesen. Nachdem er sich mit seiner Frau Martha, mit der er zwei Söhne hatte, auseinander gelebt hatte, gab er seine bürgerliche Existenz auf und zog nach Berlin. Dort stürzte er sich mit seinen vielfältigen Talenten in ein ungebundenes, freies Leben. Er schrieb Gedichte und ein Theaterstück, inszenierte Theaterstücke anderer, veröffentlichte Rezensionen und spielte in Cafés und Bars Violine. Seinen Lebensunterhalt und das Geld für die Zahlungen an seine Frau und seine Söhne verdiente er sich mit dem für ihn erniedrigenden journalistischen Kleinkram für Berliner Zeitungen. Mit seinem klaren, offenen Blick und dem aristokratischen Gesicht, das von einer klassisch geschnittenen Nase, tief liegenden Augen und einem Schnauzer konturiert wurde, zog der nicht ganz dreißigjährige Tausk Frauen schnell in seinen Bann. Kurze, heftige Liebesbeziehungen ließen ihn seine finanziellen Nöte und die Trennung von seinen Söhnen zeitweilig vergessen. Das Aufflackern seiner Liebe zu einer Frau erlosch sofort, wenn diese ihn ganz und für immer haben wollte. Brüsk, fast brutal brach er eine drohende Bindung ab. Tausk verbrannte in diesen Berliner Tagen sein Leben bis auf den Grund, wie in einem gierigen Feuerrausch, der alles frisst und am Ende nur ein wenig Asche zurücklässt.

Victor Tausk fiel in eine schwere Depression; eine hinzukommende Lungenentzündung machte einen stationären Aufenthalt in einem Sanatorium nötig. Tausk fühlte sich wie ausgeglühte Kohle, unheilbar am Leben erkrankt.

Nach der Kur körperlich wiederhergestellt, doch ziellos suchend, entdeckte er Freud und die Psychoanalyse. Wien wurde für ihn zur verheißungsvollen Stadt, in der er vor Jahren Jura studiert hatte. Er schloss sich den Wiener Psychoanalytikern an und begann auf Anraten Freuds 1908 mit dem Medizinstudium, bei dem er sich auf das Gebiet der Psychiatrie konzentrierte.

»Sie haben Recht, Kollege Jung«, unterbrach Freud das lange Schweigen, »Victor Tausk war ein ungewöhnlich begabter Schüler, ja der brillanteste von allen.« Er lächelte zu Jung hinüber, der diesen Seitenhieb ungerührt hinnahm.

Tausk wurde schnell zu einem angesehenen Mitglied der Mittwochsgesellschaft, dem Kreis um Freud, der jeden Mittwochabend psychoanalytische Themen diskutierte. Tausk zeichnete sich dadurch aus, dass er Freuds Erkenntnisse am schnellsten verstand, aufgriff und in einem ungestümen Forscherdrang, in einer ruhelosen und stürmischen Leidenschaft eigenständig weiterentwickelte. Freud hatte manchmal den Eindruck, Tausk könne seine Gedanken lesen. Wenn Freud einen Vortrag vorbereitete, musste er befürchten, dass Tausk zur gleichen Zeit ähnliche Gedanken entwickelt hatte. Er bewunderte Tausks schöpferische Kraft, seine Einfälle und seine rhetorische Fähigkeit, Themen bildhaft und verständlich darzustellen. Während Freud sich noch mit neuen Fragen beschäftigte, schien Tausk schon erste Antworten zu haben. Tausks aggressives, überschäumendes Temperament wurde Freud unheimlich, auch wenn Tausk immer wieder in Phasen quälender Verzweiflung und Untätigkeit geriet.

»Tausk war immer von scharfer Beobachtung, treffendem Urteil und raschem Begriff«, sagte Freud. »Manchmal war er wie ein Raubtier, unruhig, getrieben, von gefährlicher Intelligenz. In den Diskussionen der Mittwochsgesellschaft musste ich ihn deshalb härter anfassen als die anderen.«

»Tausk war also in der Wiener Psychoanalytikergruppe – im Übrigen eher durchschnittliche Köpfe – der Einzige, der

Ihnen gefährlich werden konnte. Ein Löwe, der Ihnen den Rang streitig machte. Eine Rivalität also nicht nur mit mir, sondern auch mit Tausk. Ein Stück unerledigter Neurose, Herr Professor.« Jung hatte betont ruhig und sachlich gesprochen.

Freud schien Jungs Einwurf nicht gehört zu haben. »Und doch war er mir gegenüber loyal, übereifrig sogar, als es galt, die Psychoanalyse exakt darzustellen. Leidenschaftlich trat er für mich ein, um mich öffentlich in Schutz zu nehmen oder zu verteidigen. Vielleicht erinnern Sie sich noch, verehrter Jung, wie er Sie 1913 auf dem letzten gemeinsamen Kongress in München angegriffen hat, gefährlich und gescheit, aber auch ungestüm und vehement.«

»Ja, richtig, jetzt erinnere ich mich wieder daran. Der übereifrige Sohn, der dem Vater gefallen will. Und der, solange er andere angreift, nicht seinen eigenen Hass gegenüber dem Vater empfinden muss«, entsann sich Jung. »Im Übrigen fällt mir noch ein Weiteres ein: Auf dem Münchner Kongress wurde Tausk auffallend oft mit Ihrer Muse Lou Andreas-Salomé gesehen, und es gab entsprechende Gerüchte.« Jung legte eine kunstvolle Pause ein, um dann genüsslich fortzufahren: »War Tausk für Sie auch deshalb zum Raubtier geworden, weil sich eine amouröse Geschichte mit Lou Andreas-Salomé anbahnte? Drohte er damit nicht, Ihnen Ihre Muse zu nehmen?«

Freud blickte zu Boden und folgte mit den Augen den Mustern des Teppichs.

Kurz nach ihrer Ankunft in Wien im Jahre 1912 hatte Lou Andreas-Salomé sich den achtzehn Jahre jüngeren Tausk erwählt. Nahm sie ihn, weil er der auffälligste unter Freuds Schülern war, oder war er für sie nur ein Ersatz für Freud, der nicht wie andere große Männer in ihrem Leben zu haben war? Freud, dem sich vornehm zurückhaltenden Älteren, der seine ganzen sexuellen Bedürfnisse in seiner Arbeit zu sublimieren schien, gab sie ihren Geist und ihre weibliche Intuition, Tausk, dem jüngeren, an Statur größeren und männlicheren, ihren Körper.

Es war eine Dreiecksbeziehung, die Lou Andreas-Salomé in der Hand hatte, sie führte die beiden Männer an ihren Fäden. Beide Männer brauchten sie, die sich selbst treu blieb, die sich gab und wieder entzog. Für Tausk war sie die eigenständige Frau, die er in seinen zahlreichen Affären gesucht hatte. Bei ihr bestand nicht die Gefahr, dass sie ihn vereinnahmen und für ewig festhalten wollte. Eine Liebe nach Tausks Gefallen, erotisch, leidenschaftlich, ohne Vorbehalte und zugleich distanziert und unbestimmt. Lou Andreas-Salomé liebte den wilden, unbändigen Jungen in Tausk, den sie einen Berserker mit einem zärtlichen Herzen nannte. Sie empfand aber ebenso Mitleid mit ihm, der mit seinen Leidenschaften und noch mehr mit seinen Depressionen kämpfte.

Freud kam in den langen Nachtgesprächen mit Lou Andreas-Salomé wiederholt auf Tausk zu sprechen. Sie redeten wie zwei Eltern über ihren begabten Jungen, der ihnen mit seinen Gefühlsschwankungen und seinen depressiven Einbrüchen Sorgen machte. Freud gewann so mehr und mehr Einblick in die Neurose seines Rivalen; und Lou Andreas-Salomé war in diesen Gesprächen über Tausk mit Freud auf eine sublime Weise intim.

»Eine kurze Sache, eine Verwirrung, die Lou Andreas-Salomé bald beendete.« Freud bemühte sich um einen sachlichen Ton.

»Das wirft noch einmal ein ganz neues Licht auf meinen ersten Traum.« Zimmermann hatte sich auf der Couch aufgerichtet. »Das geköpfte Haupt von T. gehört demnach Tausk. Die Tänzerin, Lou Andreas-Salomé, hat Tausk geopfert, um Ihnen zu gefallen? Was geschah aber nun mit Tausk wirklich?«

»Das Schlimmste, was geschehen konnte.« Freud ließ den Kopf hängen und schlug die Hände vors Gesicht.

Tausk wurde im Ersten Weltkrieg als Armeepsychiater eingezogen. Noch einmal bewies er, dass er ein außergewöhnlicher

Geist war. Immer wieder rettete er mit psychiatrischen Gutachten Deserteure vor dem sicheren Tod, offen trat er gegen Missstände in der österreichischen Armee ein.

Im November 1918 kam Tausk nach Wien zurück, um seine psychoanalytische Praxis wieder zu eröffnen. Doch in der Hauptstadt der zerschlagenen Donaumonarchie herrschten Chaos, Inflation und wirtschaftliche Not. Tausk musste zum dritten Mal in seinem Leben ganz von vorne beginnen, nun unter widrigsten äußeren Umständen. Er brauchte Hilfe – und er suchte sie bei Freud. Einen Monat nach seiner Rückkehr wagte er es, Freud seinen Wunsch vorzubringen. Er wollte bei ihm eine Psychoanalyse machen. Freud lehnte ab.

Auch in den Kriegstagen war Tausk etliche Male nach Wien gefahren, um an der Mittwochsgesellschaft teilzunehmen und dort Vorträge zu halten. Die Spannungen zwischen ihm und Freud waren schärfer geworden. Freud fühlte sich in Anwesenheit von Tausk gehemmt und unbehaglich.

Er verwies Tausk an Helene Deutsch, eine jüngere Psychiaterin, die ihrerseits seit einem halben Jahr bei Freud in Analyse war. Tausk nahm Freuds Vorschlag an. Vielleicht konnte er Freud wenigstens über seine Analytikerin nahe sein. Er wusste, dass sie genauso oft auf Freuds Couch lag wie er auf der ihren. Wieder war es eine Frau, die eine Verbindung zu Freud herstellen sollte, wieder eine Dreiecksbeziehung, doch diesmal hielt Freud die Fäden in der Hand. In den Analysestunden bei Helene Deutsch waren Tausks Kämpfe, seine Auseinandersetzungen, sein Zorn gegen Freud die alles bestimmenden Themen. Er rang mit dem Übervater, der ihn verschmäht und gekränkt hatte und der seine Leistungen nicht anerkennen wollte. Er lauerte darauf, dass wenigstens seine Analytikerin kleinste wohlwollende Zeichen von Freud überbringen würde. Doch die Analytikerin blieb, wie Freud verlangt hatte, für Tausk der unbeteiligte Spiegel. Innerlich aber wurde Helene Deutsch von Tausks beeindruckender Persönlichkeit in Bann geschlagen. Immer häufiger sprach sie in ihrer Analyse bei

Freud über ihn. Freud hatte nur noch eine Chance, seinen ihm wieder auf die Haut rückenden Rivalen loszuwerden: Er stellte Helene Deutsch vor die Entscheidung, entweder ihre eigene Analyse bei ihm abzubrechen oder die Behandlung von Tausk zu beenden. Für die junge Psychiaterin gab es nur eine Möglichkeit. Sie teilte Tausk Freuds Bedingung und ihre Entscheidung mit. Tausks Analyse wurde nach nur drei Monaten abgebrochen.

Wieder drei Monate später schrieb Tausk zwei Briefe, einen an seine Verlobte Hilde Loewi, einen an Sigmund Freud. Er bedankte sich darin bei Freud und wünschte der Psychoanalyse in Zukunft gutes Gedeihen.

Er legte die Vorhangschnur um den Hals. Sie fühlte sich an wie eine kühle, dünne Schlange, die Freud in seiner *Traumdeutung* als das wichtigste tierische Symbol des männlichen Glieds bezeichnet hatte. Auch alle Waffen, so Freud in der *Traumdeutung*, seien es Dolch, Säbel, Flinte oder Revolver, symbolisierten die männlichen Genitalien. Fast zärtlich nahm Tausk die schwere Armeepistole in die Hand und wog die kraftvolle Potenz, die die Pistole in sich trug. Dann drückte er die Mündung an seine rechte Schläfe. Der Schuss riss einen Teil seines Schädels weg. Tausk stürzte in die auffangbereite Schlange, die sich um seinen Hals zog, als wollte sie ihn ein zweites Mal töten.

»Tausk beging Selbstmord mit seiner Armeepistole«, erklärte Freud. »So wurde er ein spätes Opfer des Krieges, der nicht ohne schwere seelische Schädigungen an ihm vorübergegangen war. Wenige Wochen später hatte er die bekannte Konzertpianistin Hilde Loewi heiraten wollen. Dazu fühlte er sich aber nicht mehr in der Lage. Um sie nicht wie die anderen Frauen mit seiner Verweigerung ins Unglück zu stürzen, wählte er den Freitod.«

»Für zwei geniale Männer, für zwei Löwen hatte die psychoanalytische Bewegung also keinen Platz?«, meinte Zimmermann fragend.

»Ich muss gestehen, dass mir Tausk in den folgenden Jahren nicht fehlte. Ich hatte ihn schon lange für untauglich für die Psychoanalyse gehalten, ja, er wäre für sie zu einer Bedrohung geworden. Allein die Rücksicht auf Lou Andreas-Salomé hatte mich davon abgehalten, ihn schon viel früher fallen zu lassen.« Nach diesen Worten erhob Freud sich mühsam, fasste sich mit der Rechten an die Nierengegend und verließ gebückt den Raum.

Maurer rieb sich die Augen und schaute zu den großen Fensterscheiben hinüber. Die Nacht war klar. Die vielen Lichtpunkte am Himmel mussten Sterne sein. Manchmal bewegte sich das Scheinwerferpaar eines Autos rasch am Horizont, verschwand für einige Momente und tauchte dann wieder auf, offensichtlich nach der Fahrt durch eine Senke oder um einen Hügel. Es wäre schön, jetzt in diesem Auto zu sitzen und schweigend durch die nächtliche Landschaft zu fahren, sich auf kleinen, leicht ansteigenden Straßen dem Himmel entgegentragen zu lassen, bergabwärts ins unbekannte Dunkle zu stürzen, in Kurven von der Fliehkraft ins Weite geschleudert zu werden und sich müde und euphorisch zugleich von der Beschleunigung in den Autositz drücken zu lassen. Maurer spürte die aus einer Mischung von Müdigkeit und Wachsein entstandene Euphorie, einen Zustand zwischen Fliegen und Schlafen, zwischen Träumen und Wachwerden oder, genauer, einen Zustand zwischen Träumen und Träumen. Noch ist ein Traum nicht ganz zu Ende, noch möchte man in seiner Schwerelosigkeit verweilen und droht doch zugleich aus ihm herauszugleiten in ein unangenehmes Erwachen. Das Erwachen fliehend, gleitet man in den nächsten Traum. Der Flug zwischen zwei Träumen, nicht länger als der Flügelschlag eines Vogels, ist der wunderliche Zustand, in dem man sich fühlt, als existiere man nicht.

Vor Maurer flatterten Traumfetzen wie zerrissene Wolken, die der Wind am Himmel vor sich herjagt. Zwei weiße Löwenwolken fielen übereinander her und verbissen sich ineinander.

Da fiel wie ein Peitschenknall der Schuss, der den kleineren der beiden Löwen niederstreckte. Er zuckte noch einige Male in seinem Blut.

Maurer blinzelte heftig. Bevor er wieder in die Kristallkugel blickte, hörte er sich schon sagen: »Ihr zweiter Traum, Frau Schneeweiß-Rode, wenn ich bitten darf.«

Die Professorin lag auf der Couch, er selbst saß hinter ihr in Freuds Armsessel, Jungs hoher Lehnstuhl war leer. Maurer wusste nicht, wie er auf diesen Sessel und wie die Professorin auf die Couch gekommen war. Er war überrascht, wie angenehm sicher er sich auf seinem Platz fühlte. Er sah, wie sich ihre Lippen bewegten. Es dauerte einige Augenblicke, bis ihre Worte zu ihm durchdrangen.

»Schreiend will ich weglaufen. Meine Fußsohlen sind brennend heiß. Ich entdecke, dass ich mich auf einer fußballplatzgroßen glühenden Herdplatte befinde. Ich will nur eines, weglaufen, zum Dorf hinüber. Aber meine Fußsohlen brennen, verschmelzen mit der glühenden Herdplatte. Plötzlich dreht es mich, wirbelt mich in rasenden Pirouetten herum und schleudert mich in einem wilden Tanz über das glühende Herdplattenparkett. Dann entzünde ich mich, brenne lichterloh auf, sinke in der Flamme nieder, verbrenne. Eine feine Rauchfahne steigt über mir auf. Zurück bleibt ein Häuflein schmutzig weißer Asche, die der Wind wie Schneeflocken über die rot glühende Herdplatte treibt.«

Mit unverwandtem Blick verfolgte Maurer, wie die Professorin auf der Couch in kleinsten Bewegungen das Weglaufen, das entsetzte Tanzen, das Aufbäumen in der Flamme und ihren Sturz wie in einem verzweifelten Ballett darstellte. Nur einmal schien sie aus dem Takt zu kommen und fasste sich mit der rechten Hand an die Kniekehlen, als wollte sie einen schlimmen Schmerz lindern.

»Mein zweiter Traum«, fuhr Karin Schneeweiß-Rode fort, nachdem sie sich ein wenig erholt hatte. »Ein Albtraum und so ganz anders als mein erster. War jener ein weißer Schneetraum, so ist dieser ein Feuertraum. Wie passt das zusammen?«

»Gibt es etwas, das Ihnen zu diesem Traum einfällt?« Maurer, den wieder Hilflosigkeit befallen hatte, versuchte es mit der klassischen Frage nach den Assoziationen der Träumerin.

»Weiß ist die Farbe der Unschuld, des unschuldigen Anfangs, aber eben auch des Eises, der Kälte, der Erstarrung. In meinem weißen Kirschblütentraum hat etwas Unschuldiges begonnen, doch dann fiel es in kalte Starre.«

»Eine unschuldige Liebe?«, schlug Maurer behutsam vor, nicht sicher, ob er damit zu weit gegangen war.

»Mag sein. Aber mehr als das Gespräch mit dem Jungen am Bach unter den Kirschbäumen fällt mir dazu nicht ein.«

»Hat damit etwas begonnen, was Ihnen zu diesem Zeitpunkt nicht bewusst war?«

»Vielleicht. Doch das war nur ein romantisches Gefühl. Ich verlor diesen Jungen aus den Augen und kann mich kaum mehr daran erinnern, wie er aussah.« Sie strich sich das Haar aus der Stirn und versuchte, es zu ordnen.

»Wie hieß er eigentlich?«

Sie zuckte mit den Achseln und schwieg.

Maurers Blick fiel auf ihre roten Haare. »Und Rot? Ich meine, was fällt Ihnen zur Farbe Rot ein?«

»Die Farbe der leidenschaftlichen Liebe, der sexuellen Erregung und der Lust. Aber auch der Gegenpol liegt nahe: Zerstörung und Aggression. Der Kriegsgott Mars hat die Farbe roten Eisens.«

»Sie haben rote Haare.« Noch während er sprach, bereute Maurer seine Bemerkung.

Karin Schneeweiß-Rode lächelte und schaute ihm einen Augenblick länger als sonst in die Augen. »Ich bin keine kriegerische Amazone, wenn Sie das meinen. Ich mag meine Haare. Im Volksglauben wurden rothaarige Frauen als Hexen diffamiert, und viele mussten die Angst der Männer vor der weiblichen Potenz mit dem Leben bezahlen. Wenn Männer

Angst vor etwas haben, müssen sie es schlecht machen und zerstören.« Karin Schneeweiß-Rodes Stimme hatte einen bitteren Beiklang. »Demeter ist die rote Göttin, die die weiblichen Geheimnisse wie Menstruation, Schwangerschaft und Geburt symbolisiert.«

»Ich möchte noch einmal auf Ihren Traum zurückkommen. Ich weiß nicht, ob ich Sie das fragen kann.« Maurers Stimme klang zögerlich.

»Fragen Sie ruhig. Ich kann mich wehren.«

»Vielleicht ist es auch eine dumme Frage, aber gab es in Ihrem Leben eine Liebe, die Sie verzehrt hat? Ich meine, der Traum könnte eine solche Erfahrung beschreiben.«

Die Professorin drehte sich auf der Couch ein wenig zur Seite und zog die Beine an.

»Darüber will ich heute nicht mit Ihnen reden«, wehrte sie ab.

Maurer dachte an seine Ermittlungen. Er hatte die Professorin zu einer Vernehmung in ihrem Haus aufgesucht.

Das ausgebaute Fachwerkhaus schien angefüllt zu sein mit Büchern, Bildbänden, Atlanten, zahlreichen Bildern, Lithografien und anderen Druckgrafiken.

Ein Mann passt hier nicht herein. Warum sollte sie sich auch den Ärger mit Männern antun, war ihm spontan durch den Kopf geschossen.

Als hätte sie seine Gedanken erraten, begann sie etwas zu hastig: »Falls Sie nach Männern in meinem Leben fragen wollen, sage ich Ihnen gleich: Außer meiner Katze, einem Weibchen übrigens, wohnt hier niemand. Und auch sonst gibt es keinen Mann und hat es lange keinen gegeben.«

»Gab es denn irgendwann mal einen?«, fragte Maurer. Er konnte sich nicht vorstellen, dass eine Frau wie diese keinen Mann haben sollte.

»Das ist schon lange her und hat mit dem Mordfall Roth nichts zu tun. Was die Männer angeht, bin ich Überzeugungstäterin. Ich habe mich entschlossen, ohne sie zu leben, und ich lebe gut ohne sie. Und im Übrigen sind mir Frauen lieber.«

»Was das Leben ohne Männer angeht, glaube ich Ihnen durchaus.« Maurer sah sich anerkennend in dem großen, hellen Wohnraum um und ließ den Blick über die Bücherregale und den alten, gemauerten Kachelofen in der Mitte des Zimmers schweifen. »Aber«, seine Stimme wurde schärfer, »ich wäre mir nicht so sicher, ob diese längst verflossene Beziehung nicht doch mit dem Mordfall Roth zu tun hat.«

»Ohne meinen Anwalt muss ich keine Aussage machen!«, stellte sie fest.

»Richtig, macht aber die Sache nicht weniger interessant.« Maurer wollte nicht auf einer weiteren Auskunft bestehen.

»Es mag Ihnen wie ein Ausweichen erscheinen, wenn ich sage, dass mir auf Ihre Frage viel eher die leidenschaftliche Liebe von Sabina Spielrein einfällt.« Die Professorin legte sich bequemer zurecht und sah Maurer entschuldigend an.

»Selbst wenn es ein Ausweichen wäre, erzählen Sie es bitte trotzdem. Alles ist wichtig, was Ihnen einfällt.« Maurer war stolz, dass er wieder die Haltung des Therapeuten einnahm, insgeheim aber wollte er die Geschichte von Sabina Spielrein hören, zu sehr hatte das Mitgefühl der Professorin ihn angesteckt.

Freitag. Eine Unendlichkeit noch bis Freitag. Ihr Freitag, den sie mit ihm verbringen kann, der Tag, an dem sie sich treffen werden. Wenn sie ihn von der Ferne sieht, bei einer Vorlesung oder einem Vortrag, denkt sie nur an diesen Freitag. Es gibt kein Entkommen, genau wie damals, als sie beide ihre Liebe entdeckten.

Nichts anderes ist mehr in ihrem Kopf als dieser Freitag, an nichts anderes kann sie denken als an ihren Dichter und die Poesie mit ihm. Sie zählt die Minuten, die Stunden. Sie kann sich am Morgen des Freitags dem Zifferblatt ihrer Uhr, auf dem der Minutenzeiger nur zäh vorwärts kommt, kaum entziehen. Wie kann sie wissen, wie es enden muss? Er ist doch ihr Arzt, er müsste es wissen. Doch er ist angesteckt, infiziert von der unglaublichen Freiheit und ungeheuren Wucht ihrer Liebe. Er hat in ihr die Liebesfähigkeit des Mädchens erweckt, und dann ist es mehr geworden, so viel mehr. Eine ungeheure Liebeskraft ist in der jungen Frau aufgebrochen, eruptiv, brennend. Sie hat bei ihm entfacht, was schon lange bereitlag, doch bei ihm – in einer bürgerlichen schweizerischen Ehe lebend und von einem kreuzbiederen Protestantismus verdorben – verschüttet und vergraben war, nämlich den Wunsch nach ungebundener, freier Liebe, ohne bürgerliche Fesseln, ohne alltägliche Gewöhnung. Er will von einer Frau geliebt werden, die ihn nicht einsperrt und festhält. Sabina, die Mädchenfrau, in ihrer zu allem entschlossenen Liebe, scheint das zu versprechen. Und er nimmt, was sie, die ungestüme Russin und Jüdin, ihm, dem gehemmten, verbogenen Germanen gibt. Er braucht, gebraucht sie, ihre fremde Seele, ihren Mädchenkörper, ihre ernste und stürmische Sexualität.

Freitag, ein blauer Freitag. Der Himmel über dem Zürichsee ist in helles Blau getaucht, ein Blau, das die Augen kühlt und im Kopf schmerzt. Der See liegt flach da wie ein Spiegel und saugt die Farbe des Himmels in sich auf, zieht es in die Tiefe, von der nichts zu ahnen ist. Das Boot gleitet über das Blau des Sees, in das sich bei genauerem Hinsehen Grün mischt.

Keine Turbulenzen, kein Wind. Sie liegt in seinen Armen, blickt in sein Gesicht, das oben am Himmel hängt. Ihre Augen suchen sich immer wieder, finden sich, ruhen ineinander, bis jeder sich in der Netzhaut des anderen verliert. Keine Worte, nur das übereinstimmende Schweigen beider.

Dann doch ein Wort, genauer, zwei Wörter von ihr, eigentlich nur für sich gesagt, vor sich hin geflüstert, leise als Wunsch ins Blaue geworfen: »Ein Kind.« Er erschrickt. Der See ist grüngrau wie das Auge einer Katze, der Himmel zum bleiernen Schild geworden. Die Wellen klatschen hart an die Bootswand.

Ein Sturm wird kommen und das eng gewordene, aus ein paar Brettern zusammengezimmerte Boot in eine gefährliche Lage bringen. Jetzt gilt es zu rudern, um dem Sturm zu entkommen und nicht zu kentern. Er tut es mit Leibeskräften. Sie sitzt frierend im Bug, seine Jacke gegen den kalten Wind um die Schultern, blickt in die Wellen, die das katzenaugengrüne Wasser aufreißen. Am Grund des Sees sieht sie die jungen Frauen, die mit einem Kind im Bauch ins Wasser gegangen sind, um sich und das Ding zu ersäufen, wie man kleine Katzen ertränkt. Noch ist sie nicht schwanger, und schon möchte sie ins Wasser gehen zu den Frauen, die auf dem Grund des Sees das dünne Säuglingsskelett gegen die harten Beckenknochen drücken.

Am Steg angekommen, bindet er das Boot sorgfältig fest, schaut, ob es gegen den anpeitschenden Wind gesichert ist. Sie geht auf dem Anlegesteg langsam dem Ufer zu, ohne sich noch einmal umzudrehen.

Einige Freitage später, ein verhangener Freitag. Es regnet wie aus Kübeln. Tropfnass steht sie vor seiner Tür. Sie will ihn noch einmal sehen, noch einmal sprechen, seine Stimme hören, seine Augen in den ihren versinken sehen, sich vielleicht noch einmal an ihn lehnen, noch einmal seine Lippen auf den ihren spüren, wenigstens für einen Moment, eine Freitagsminute lang. Vielleicht werden wieder bessere Freitage, blaue Freitage, kommen.

Die Tür öffnet sich. Der spitze Kopf einer Haushälterin zwängt sich durch den Spalt, mit Kopftuch und schriller Stimme – sie steht vor einem Hexenhaus. Ein harte Frage nach dem Begehren, ein »Nein, der Herr ist nicht da« und das Zuschlagen der Tür lassen sie im Regen stehen. Sie weiß, dass er da ist, dass er oben hinter den Vorhängen des warm erleuchteten Fensters steht, dass seine Gattin ungeduldig hinter ihm steht.

»Nein, der Herr ist nicht da«, hallt es durch die menschenleeren Straßen. »Nein, der Herr ist nicht da«, werfen die Bürgerhäuser zurück, als würden sie sie mit Schlamm, mit Kot – da war wieder der Drang, ihn zurückzuhalten – bewerfen.

An diesem Freitag kräht kein Hahn nach ihr. Durchweicht, frierend und bespritzt, ereicht sie wirr, aber doch schlafwandlerisch sicher die Stelle, von der aus die Schiffe ablegen. Sie weiß jedoch, dass sie nun nicht mit dem Schiff über den Zürichsee, den See ihrer Bootsliebe, fahren kann, diese Kloake dampfenden Kots.

Sie kehrt um und geht zum Bahnhof. Endlich fährt der Zug ab. Durch den nicht aufhören wollenden Nieselregen fällt ihr Blick auf das Ortsschild am schwach beleuchteten Bahnsteig, »Küsnacht«. »Küss-Nacht«, flüstert sie und beginnt zu lachen, laut zu lachen und immer lauter, bis sie merkt, dass im Lachen Tränen sind und ihr Lachen erst in lautloses, dann schluchzendes und schließlich schreiendes Weinen übergeht. Der einzige Mitreisende in ihrem Zugwaggon verlässt kopfschüttelnd das Abteil. Und wieder kräht kein Hahn.

Einige Wochen später. Sabina wälzt sich im Schlaf. Ein Freitagnachttraum: Sie steht mit einem Messer in der linken Hand da. Sie weiß nicht, was sie damit will. Dann hält er ihre Linke fest, und sie hört Jung sagen: »Sie haben mich geschlagen.« Sie muss ihn mit der Rechten ins Gesicht geschlagen haben. Sie läuft aus seinem Sprechzimmer zu den anderen Studentinnen hinüber. »Sie bluten ja!«, rufen sie. Tatsächlich: Ihre linke Hand und ihr Unterarm sind rot von Blut. »Das ist kein Blut von mir. Ich habe ihn ermordet.«

Der Schmerz im linken Schultergelenk weckt sie, vielleicht ist es jetzt doch ein Hahn, der an diesem frühen Morgen in Zürich kräht.

»Nur ein Jahr hat Sabinas Liebe, die Freitagsliebe, gedauert«, bemerkte Karin Schneeweiß-Rode. »Ein Jahr, was ist das, wenn man so liebt wie diese dreiundzwanzigjährige Medizinstudentin? Ein Jahr, was ist das – die Ewigkeit und nur ein einziger Moment, wenn es eine glückliche Liebe ist, die Hölle, wenn man unglücklich liebt wie Sabina, die Hölle, erst recht nach dem Ende, nach dem Verrat der Liebe durch den Geliebten.«

»Ein traurige Geschichte«, wagte Maurer zu sagen.

»Ja, eine sehr traurige Geschichte, die aber noch nicht zu Ende ist.«

»Möchten Sie mehr erzählen?«

»Nein, es geht nicht. Die Geschichte von Sabina scheint etwas in mir anzurühren.« Bei diesen Worten fasste sie sich wieder an die Kniekehlen.

»Haben Sie an dieser Stelle Schmerzen?«, fragte er etwas unbeholfen.

Erschrocken zog die Professorin die Hand weg. »Nein, eigentlich nicht. Diese Geste war mir gar nicht bewusst. Aber wenn Sie so fragen, habe ich das Gefühl, ich hätte mich dort verbrannt.«

»Sie sind bei Ihrem Feuertraum?«

»Vermutlich, obwohl mir etwas völlig Unpassendes einfällt. Ich glaube, das war ein oder zwei Jahre nach der Geschichte mit dem Jungen vom Weiler draußen an den Kirschbäumen. Ich denke, es geht um denselben Jungen, dessen Name mir entfallen ist. Da war tatsächlich etwas zwischen uns, wie Sie vermutet haben.«

Sie gingen gemeinsam am Bach entlang hinauf zu den Kirschenhängen. Die in voller Blüte stehenden Kirschbäume leuchteten trotz der beginnenden Dunkelheit hell am Berghang. Der leichte Wind wehte den Blütenduft herüber. Die beiden Mädchen gingen ohne Worte nebeneinander her, den Blütenwind und das Baumweiß nahmen sie nur am Rande wahr. Jede wartete, dass die andere beginnt. Die eine mit einer Frage, die andere mit einem Geständnis.

»Wir lieben uns, ich und Hansi, meine ich«, begann Karin.

»Hast du mit ihm geschlafen?«

»Nein. Ich liebe ihn einfach so. Muss ich deshalb mit ihm schlafen?«

»Aber du hast ihn geküsst?«

Karin zögerte. »Ich glaube, ja.«

»Das musst du doch wissen!«

»Weißt du, was Küssen ist?«

»Klar. Lippen aufeinander, Mund öffnen und so weiter. Das muss ich dir doch nicht erklären!«

»Dann habe ich ihn nicht geküsst.«

Ulrike blieb stehen. »Nicht geküsst? Wolltest du nicht oder er nicht? Jetzt verstehe ich gar nichts mehr.«

»Ich glaube, ich habe ihn doch geküsst.«

»Da haben wir es. Du bist tatsächlich verliebt, und zwar ganz gewaltig.«

»Stimmt. Und ich habe ihn geküsst, ganz leicht bloß haben sich unsere Lippen berührt. Wie ein Hauch, mehr war da nicht.«

»Mehr war nicht?«

Der feine Spott in dieser Frage ließ Karin verstummen. Nach einer Weile überwand sie noch einmal ihre leise Scham: »Nein, mehr war nicht. Ich brauche nicht mehr, um zu wissen, dass ich ihn liebe und dass er mich liebt.«

Es was dunkel geworden. Die beiden Mädchen kannten den Weg, den sie oft gingen, um sich auszutauschen. Vielleicht war dies eines der wichtigsten Geheimnisse, aber auch das letzte, das sich die beiden sagen konnten und wollten. Die Kirschbaumwiesen lagen wie vergessene, ausgefranste Schneeflecken an den dunklen Hängen. Der Abend war kühl geworden, feuchte Luft stieg vom Boden auf, der Wind war ausgeblieben. Die beiden fröstelten ein wenig und gingen dichter nebeneinander.

Mit einem Schlag zerbarst das Dunkel vor ihnen. Strahlenkegel blendeten sie. Licht flutend bauten sich Maschinen vor ihnen auf. Auf den sieben Stahlrössern saßen schwarze Ritter in ihren Rüstungen mit Helmen und herabgeklappten Visieren. Sie trieben noch einmal ihre Sporen in die Eisentiere und jagten die Motoren hoch, bis diese röhrend aufschrien und die Maschinen sich vor den geduckten Mädchen aufbäumten. Dann sprangen die Männer von ihren zweireifigen Tieren.

»Nehmt sie euch«, mehr hörte Karin nicht mehr, bevor sie

ins Weiß der Kirschbäume stürzte. Wo Ulrike war, wusste sie nicht mehr. Sie war fortgerissen worden.

Karin wurde gegen ein Motorrad gedrückt. Von hinten schlang sich der Lederärmel einer Motorradjacke um ihren Mund. Ungeschickte Hände suchten ihre Brüste. Klauen zerrissen ihr Kleid. Etwas Hartes drückte ihren Unterleib brutal gegen die Maschine. Sie spürte, wie sich der heiße Motor in ihre Kniekehlen und in die Oberschenkel brannte. Das nackte Fleisch der Beine schmolz, und bittersüßer Gestank stieg auf. Sie war nur noch Feuer, blutende Glut.

Dann wurde von ihr abgelassen. Sie fiel an den Rand des schwarz asphaltierten Wegs an der Kirschwiese und krümmte sich zu einem Embryo, abgetrieben, eingefroren in einen Eisblock.

Eine Böe trieb Blütenblätter mit sich, die sie wie weiße Schneeflocken zudeckten auf dem kalten Asphalt, der zu einer spiegelnden Eisfläche gefror. Dichter wirbelte der Blütenschnee, deckte sie mit weißem Tuch zu.

Die ledernen Reiter bestiegen ihre Tiere, die sich aufbäumten, mit ihren schwarzen Reifen auf den Asphalt fielen und brüllend davonfuhren. Nur ein Stahlross, ein wenig kleiner als die anderen, stand mit seinem Fahrer wie erstarrt noch eine Weile da und rollte dann auf die am Boden Liegende zu. »Ich wollte das nicht. Ich konnte sie nicht davon abhalten.« Hansis Stimme brauchte lange, bis sie zur ihr durchdrang. Dann fuhr auch er davon. Das rote Rücklicht leuchtete noch im Schneewirbel der weißen Blütenblätter und verschwand im Eissturm der Nacht.

»Ich habe nie mehr etwas von ihm gehört. Ich wollte auch nie mehr etwas von ihm hören.«

»Sie sind ihm nie wieder begegnet?«

»Nein. Ich habe Wochen und Monate gebraucht, um aus der Erstarrung zu erwachen. In dieser Zeit ist er wohl mit seinen Eltern vom Weiler weggezogen.«

»Ihnen ging es danach sehr schlecht.«

Sie nickte. »Geben Sie mir bitte die Decke. Ich friere.«

Maurer reichte ihr die Wolldecke.

»Ich lag wochenlang im abgedunkelten Zimmer im Bett und fror, mitten im heißen Sommer, unablässig, auch nachts. Ich träumte jede Nacht denselben Traum: Ich bin in einem großen Kühlraum einer Schlachterei gefangen. Ich irre nackt in einem Labyrinth von blutenden Rinderhälften umher, die an stählernen Fleischerhaken hängen. Verzweifelt suche ich den Ausgang. Ich habe Angst zu erfrieren. Ich muss die Fleischfetzen beiseite schieben, mich zwischen ihnen hindurchzwängen und stoße mich an den Knochen der Rinderkadaver blutig. Es gelingt mir, zum Ausgang zu kommen, doch dann bin ich so entkräftet, dass ich die schwere Stahltüre nicht öffnen kann. Sosehr ich auch an dem stählernen Griff zerre, er rührt sich keinen Millimeter. Meine Hände frieren an dem kalten Stahl fest. Hautfetzen bleiben daran hängen. Ich schaue an mir hinunter und entdecke, dass ich blutüberströmt bin. Es ist kaltes Blut. Fröstelnd wache ich auf.

Nur meine Kniekehlen, die nicht zuheilen wollten, brannten wie offene, kochende Wunden. Als meine Mutter diese Hautstellen kühlen wollte, fror ich noch mehr, als sie eine weitere Decke über mich legte, brannte die Haut noch unerträglicher.«

»Wie kamen Sie aus diesem schlimmen Zustand wieder heraus?«

»Im Grunde weiß ich es nicht – oder besser: Es geschah von selbst. Im Rückblick sehe ich, dass sich dieser Schlachthaustraum allmählich veränderte. Es war nicht mehr so kalt in der Kühlkammer, es hingen weniger Rinderhälften an den Haken, ich fand schneller durch das Labyrinth. Nach drei oder vier Monaten hatte ich, wenn ich an diese Stahltür kam, noch so viel Kraft, sie zu öffnen. Tränen schossen mir in die Augen. Ich konnte nicht sehen, was draußen war, doch die Tränen brachten etwas in mir in Bewegung, und meine kalte Erstarrung löste sich.

Der Hausarzt und meine Eltern standen hilflos an meinem Bett. Ich spürte, dass es mir gut tat, zu weinen. Ich weinte tagelang. Ich brauchte niemanden, wollte niemanden, ich ließ es einfach fließen. Jetzt fällt mir auch wieder der Traum ein, den ich in diesen Tagen hatte. Ein Baum, dessen Äste mit Schneepolstern bedeckt sind, steht allein in einem Schneefeld. Dann beginnt der Schnee auf dem Baum zu schmelzen. Die Wassertropfen, die von den Ästen fallen, schlagen am Boden den Schnee beiseite. Dieser Regen, der nur unter dem Baum fällt, dauert so lange, bis kein Weiß mehr auf den Ästen liegt. Dann steht der erdschwarze Baum in einem hellen, kreisrunden Grün.«

»Vielleicht war es ein Kirschbaum?« Maurer versuchte, dies mit einem feinen Humor zu sagen.

Ein Lächeln flog über das Gesicht der Professorin. »Man könnte es so sehen, nachdem alles an den Kirschbäumen unschuldig, ›weiß‹ begonnen hat und ich dort vergewaltigt wurde, vielleicht endete es dort auch wieder, mehr oder weniger gut. Wer weiß das schon?«

»Die beiden Träume haben sich sozusagen selbst gedeutet«, sagte Maurer nachdenklich.

»Ja, und Sie haben mir mit Ihren kriminalistischen Fragen dabei geholfen.«

»Wofür ein Mordfall gut sein kann.« Maurer lächelte.

»Es war weniger der Mordfall als Sie selbst. Sie waren ein guter Therapeut.«

Maurer verneinte mit einem unmerklichen Kopfschütteln.

»Doch! Sie haben mich auf die Spur von Erfahrungen geführt, die mir überhaupt nicht mehr zugänglich waren. Die beiden Träume waren mir, als ich sie bei Roth abgab, noch ziemlich rätselhaft.«

»Ich weiß nicht, ob ich darauf stolz sein soll«, erwiderte Maurer, »dass ich diese schlimmen Erinnerungen wieder in Ihnen geweckt habe. Vielleicht wäre es besser gewesen, es wären nur unverstandene und bald vergessene Träume geblieben.«

»Nein, ganz und gar nicht! Ich glaube, es war Martin Buber, der einmal sinngemäß sagte, dass jeder nichtverstandene Traum einem ungeöffneten Brief gleicht. Ich persönlich denke, jeder verstandene Traum, und sei das Verstehen noch so schlimm, ermöglicht ein Stück Heilung.«

»Ist es aber nicht auch so, dass der Traum das Stück Heilung abbildet, wie in Ihrem Traum von dem abtauenden Baum?«

»Ja, noch mehr: Der Traum nimmt die Heilung vorweg, bahnt sie an, gibt ihr in der Psyche Raum. Jung nannte dies die prospektive, also zukunftsweisende Funktion des Traums.«

»Auch ohne dass der Traum durch eine Deutung verstanden wird?«

»Sicherlich, doch der Träumer, der ihn versteht, kann seine gegenwärtige Situation besser begreifen und seine bevorstehende Entwicklung bewusst unterstützen. Oft stößt ein Traum die Entwicklung eines Menschen erst an, besonders dann, wenn er mehrmals geträumt wird.«

»Ich hätte nicht gedacht, dass Sie noch eine Entwicklung nötig hätten.« Trotz des ironischen Untertons meinte Maurer die Bemerkung ernst.

»Wer von uns hat das nicht nötig? Bei mir geht es wohl darum, die verdrängten, abgespaltenen Ereignisse für meine Seele wahr werden zu lassen und sie in meine Lebensgeschichte zu integrieren.«

»Vielleicht ist meine nächste Frage typisch männlich, aber ...«, Maurer geriet ins Stocken. »Wird sich Ihr Verhältnis zu Männern verändern?«

Frau Schneeweiß-Rode lächelte nachsichtig, dann verschwand das Bild in der Kristallkugel.

Maurer ärgerte sich, dass er mit seiner Frage zu weit gegangen war. Enttäuscht schaute er in die Kristallkugel. Bevor er sich in seinen Ärger hineinsteigern konnte, sah er die – wie die Professorin es ausgedrückt hätte – beiden alten Patriarchen auf ihren Thronen der männlichen Psychotherapie Platz nehmen.

Freud zog zufrieden an seiner Havanna und streifte graue Asche an einem rötlichen Terrakottaaschenbecher ab, auf dessen Rand eine Schlange sich in den Schwanz biss. Die weißlich graue Asche fiel über den Schlangenkopf auf den Boden des Gefäßes.

»Ein schönes Bild des Uroboros, der Urschlange«, eröffnete Jung die Sitzung. »Diese Schlange, die sich selbst in den Schwanz beißt und sich selbst zeugt, ist das Bild für das Unbewusste, bevor es überhaupt Bewusstes und Ich-Bewusstsein gibt, also der dunkle Schoß der großen Mutter, der alles in sich aufnimmt, verschlingt und in sich hält.«

»Sie sind und bleiben der dunkle Mystiker«, antwortete Freud gereizt und fuhr mit der Hand durch die Luft, als wollte er eine Fliege verscheuchen.

»Und Sie sind und bleiben ein unerträglich reduktiver Kausalist und Rationalist«, warf Jung mit zitterndem Zorn zurück. Mit mühsam beherrschter Stimme fuhr er fort: »Von Ihrem Sterben und dem Übergang im Tod, mein lieber Professor Freud, müssten Sie wissen, dass auch das Sterben eine Rückkehr in das All-Eine der großen Mutter ist.« Jung stand auf und trat ans Fenster. Der regnerische und anthrazitgraue Himmel vom Vortag hatte sich gelichtet; einige wenige Sonnenstrahlen hatten sich hervorgewagt. Er blickte starr in die blauen Ausschnitte des Himmels, die von den Wolken immer wieder freigegeben wurden.

Schon seit Tagen, seit Wochen weiß er, dass er auf dem Abmarsch ist. Noch einmal lässt er sich mit seinem eigenen Auto über die Höhen um den Zürichsee, seinen Zürichsee, fahren. Noch einmal sieht er mit Schrecken das Ruderboot auf dem See, in dem die junge jüdische Russin sitzt – ihr Name fällt ihm nicht mehr ein –, die ihm zuzuwinken scheint und sich dann im Blau des Sees auflöst und versinkt. Noch einmal erinnert er sich an die Überfahrt über den Atlantik mit Freud, an die längst vergessenen Träume von damals, an die Traumdeutungen mit dem Professor, der die letzte Überfahrt schon vor über zwanzig Jahren hinter sich gebracht hat. Jung sehnt das Ende herbei, die Nacht, die ihn aufnimmt im Sinken, im Fallen. Zwei Schlaganfälle treffen ihn im Mai 1961, dennoch träumt er, sieht Bilder in sich, bleibt er der mystische Visionär.

»Freud hatte schon Recht. Ich bin ein Mystiker«, sagt Jung, als er an seine letzten Traumnächte denkt, und lacht, den Blick ins Weite gerichtet, leise vor sich hin. Im Traum sieht er den gewaltigen, runden Steinblock vor sich. Er ist auf ein hohes Podest gestellt, in dessen Fuß eine Inschrift eingraviert ist: »Zum Zeichen deiner Ganzheit und Einheit«. Da weiß er, dass das Sterben, sein Sterben, gut sein wird. Sein Tod muss gefeiert werden. Er denkt schmunzelnd an die letzten Worte seines Lebens – warum die Menschen so begierig auf die letzten Worte großer Menschen starren? Jung lässt diese Frage unbeantwortet – die letzten Worte am Vorabend seines Todes am 6. Juni 1961 richtet er an seine englische Pflegerin Ruth Bailey: »Let's have a really good red wine tonight.« Auf der Zunge den Geschmack des roten Weins, Abkömmling aus der Glut der Sonne und dem Dunkelschwarz der Erde, der süß und herb ein wenig seinen Mund zusammenzieht, stirbt Jung.

Jung wandte sich langsam vom Fenster ab zur Couch, an deren Ende Freud wartete, derweil sich Professor Graf, von Jung unbemerkt, auf der Liege niedergelassen hatte. Jung blickte Freud versonnen an. »Sie haben Recht, Herr Professor Freud: Ich bin ein Mystiker – und das ist gut so. Das hat die Psychotherapie damals gebraucht – und sie braucht es auch heute noch oder, besser gesagt, heute mehr denn je.«

Bevor Freud oder Graf ein Scharmützel mit Jung beginnen konnten, intervenierte Maurer: »Meine Herrn, darf ich Sie aus mystischen Höhen und Tiefen herausholen und vor drohenden wissenschaftlichen Disputen bewahren? Ich möchte Sie an den Zweck unserer Zusammenkunft erinnern: Jetzt geht es um

Herrn Professor Grafs zweiten Traum. Herr Professor Graf, darf ich um die Erzählung Ihres Traums bitten?«

Ohne Widerrede begann Graf: »Ich bin in einer schmalen, hohen Schlucht, durch die ich hindurch will, als sich plötzlich vor mir aus einem kreisrunden Loch eine Giftschlange aufreckt. Mich erfasst Angst, und ich will fliehen. Aber ich weiß, dass ich weiter durch die Schlucht muss. Ich hebe einen harten Holzstock auf und schlage der Schlange mit großer Kraft den Kopf ab. Er fällt zischend und verdampfend zu Boden. Während ich dies beobachte, sind der Schlange zwei Häupter nachgewachsen. Mit voller Wucht schlage ich zu, und zu meiner Erleichterung fallen beide Köpfe zu Boden. Doch aus beiden Stümpfen wachsen wieder je zwei Köpfe. Die vier zischen: ›Pah‹, das wie ›Psa‹ klingt, und scheinen sich über mich lustig zu machen. Noch einmal schlage ich zu, wieder fallen mehrere Köpfe nieder, und wieder wachsen augenblicklich aus den Stümpfen neue hervor. Das Tier ist zu einem ganzen Schlangenbaum emporgeschossen, der mit seinen Tentakeln nach mir greift. Ich darf nicht weiter zuschlagen! Aber was soll ich tun?, denke ich verzweifelt.

Am Boden liegen kurze Holzsplitter. Ich krieche halb liegend zu der Schlange hin und beginne, sie von ihrem unteren Ende her festzunageln. Mit einem Stein treibe ich ihr die Holzsplitter in das weiche Fleisch. Zu meiner Überraschung ist auch der Fels so weich wie Lehm, sodass meine Holznägel dort eindringen und die Schlangenarme festhalten. Es ist harte Arbeit, bei der ich schwitze, aber bald sind alle Tentakel festgenagelt, auch die Köpfe, die beim Eindringen der Nägel aufplatzen, weiße, milchige Flüssigkeit verspritzen und mit einem resignierenden ›Psa‹ dahinscheiden. Der Schlangenbaum windet und dreht sich noch, doch dann wird er schlaff. Ich bin erleichtert und kann an ihm vorbeischlüpfen und mit großer Erleichterung und einem gewissen Stolz über diesen Sieg meinen Weg fortsetzen.«

»Die Lernäische Schlange«, warf Jung ein. Sein Gesicht hellte sich auf.

»Was bitte?«, fragte Maurer nach.

»Ich meine die Hydra, die als altes Symbol in diesem Traum auftaucht. Herakles hat sie besiegt, indem er die Schnittflächen der Schlangenrümpfe mit einem brennenden Holzscheit ausglühte, sodass keine neuen Köpfe nachwachsen konnten.«

Freud rieb sich unruhig die Hände. »Verehrter Herr Jung, ich bitte Sie, diese mythologischen Spekulationen und Erwägungen wenigstens zunächst einmal zurückzustellen. Hören wir doch zuerst Herrn Professor Grafs Assoziationen.« Freud wandte sich Graf zu: »Welche Einfälle haben Sie zum zentralen Symbol Ihres Traums, der vielköpfigen Schlange?«

»Das Gefühl, von den Tentakeln festgehalten und verschlungen zu werden. Ein Gefühl, das ich als Student gut kannte«, erwiderte Graf ohne langes Überlegen.

»Erinnern Sie sich an bestimmte Vorkommnisse?« Freuds Neugier war ebenso geweckt wie sein detektivischer Spürsinn.

»Vielleicht muss ich erläutern«, Graf versuchte einen sachlichen Ton anzuschlagen, »dass mein Vater sich ein Jahr vor meinem Abitur von meiner Mutter trennte. Für sie ein ungeheurer Schlag. Nie gab sie die Hoffnung auf, dass er eines Tages zurückkehren werde. Doch er kam nie mehr, er kam übrigens auch nicht zu meiner Abiturfeier. Einige Monate danach lud er mich brieflich in ein Café ein.«

Als Gerd das Café betrat, saß Georg Graf schon da. Noch ehe Gerd sich recht setzen konnte, stand die Frage schon im Raum. »Eine Eins?«

Gerd sah die Einsen in seinem Zimmer sich auf ihn stürzen. Er nickte. Er hatte im Mathematikabitur eine Eins. Dann schossen ihm die Tränen in die Augen.

»Du freust dich«, stellte Georg Graf sachlich fest.

Er nickte noch einmal. Aus dem Nicken wurde ein kaum sichtbares verneinendes Kopfschütteln.

»Ich bin stolz auf dich.«

Gerd schluckte und ließ die Schultern sinken.

»Du wirst Mathematik studieren?«

Gerd nickte wieder und rieb sich die Tränen aus den Augen. Er sah, wie sich eine Eins und zwei Nullen auf dem Tisch auf ihn zubewegten.

»Hier hast du hundert Mark. Als Belohnung.«

Er schob die Eins mit den beiden Nullen langsam wieder zurück. Doch sein Vater sah es nicht mehr.

»Es tut mir Leid. Ich habe noch einen Termin.« Er war aufgestanden.

Gerd spürte noch, wie ihn der vorbeiwehende Mantel seines Vaters streifte. Mit schnellen Schritten war er aus dem Café verschwunden. Auf dem Tisch lag die Eins mit den Nullen. Sie blieb dort als großzügiges Trinkgeld liegen. Gerd war auf die Toilette gegangen, um sich zu übergeben.

Nach dem Vordiplom in Mathematik bat Gerd seinen Vater um ein Treffen. Sie verabredeten sich in der Cafeteria der Universität. Diesmal kam der Vater zu spät. »Darf ich dir gratulieren?«

»Eine Eins.« Mühsam unterdrückte Gerd seine Wut. Er wusste, dass dies seine letzte Eins in Mathematik war. »Ich hör auf!«

»Mit dem Mathematikstudium?«, brauste sein Vater auf.

»Ja.«

»Und was will der verehrte Herr Sohn dann machen?«

»Psychologie!«

Georg Graf begann schallend zu lachen, ein Lachen, das seinen Sohn wie eine Ohrfeige traf, trocken, peitschend. Die anderen Besucher horchten auf, unterbrachen ihre Gespräche oder schauten von ihren Zeitungen und Büchern zu den beiden hinüber.

Nachdem Georg Graf sich beruhigt hatte, wurde sein Gesicht ernst. »Kommt nicht infrage! Und vor allem nicht mit meinem Geld.«

Gerd lies seine Schultern sinken und sackte ein wenig in sich zusammen.

Wie seine Mutter, dachte Georg Graf verächtlich. »In deiner

Freizeit kannst du drei Studien machen. Aber Mathematik wird fertig gemacht, sonst dreh ich dir den Geldhahn zu, besser gesagt: dir und deiner Mutter. Die müsste, rein juristisch gesehen, längst wieder arbeiten, statt auf meine Kosten ihre eingebildeten Krankheiten zu pflegen. Das wisst ihr beide ganz genau.«

»Wenn es nicht anders geht«, erwiderte Gerd matt, »dann mache ich eben beides: Mathematik und Psychologie.« Dann stand er auf und ließ seinen Vater sitzen. Das Stimmengewirr, das Klappern des Geschirrs, das Klirren von Besteck, den Ruf seines Vaters, »Was ist los? Warum gehst du jetzt?«, nahm er wie von fern wahr und bewegte sich durch ein schwankendes Labyrinth aus Stühlen und voll besetzten Tischen nach draußen.

Hinter ihm klappte die Flügeltür der Cafeteria zu und schlug dumpf noch zweimal hin und her.

Sein Vater war mit zögernden Schritten herausgekommen. Er blieb stehen und schaute kurz zu seinen Sohn hinüber. »Was ist? Wartest du auf mich?«

»Ja, ich bleibe dabei: Ich werde beides machen, Mathematik und Psychologie.«

»Ganz wie es dir beliebt. Ich habe nur die eine Bedingung – und die kennst du: Ich will dein Mathematikdiplom sehen und sonst nichts.« Georg Graf ließ seinen Sohn stehen, der in seinem vom Wind aufgeblähten Mantel dastand, den Kopf zwischen die schmalen Schultern gezogen.

Er wusste, dass es nicht seine letzte Eins war. Er würde es seinem Vater zeigen und ihm bei ihrem nächsten und dann auch letzten Treffen zwei Diplomurkunden mit einer Eins vorlegen. Er wusste, dass er das schaffen würde. Er würde es nicht nur für sich, sondern auch für seine Mutter tun.

»Wohin gehst du denn?« Ihre dünne Stimme drang weinerlich aus dem Schlafzimmer. Gerd blieb wie ertappt an der halb geöffneten Haustür stehen. Angestrengt lauschte er nach oben in den ersten Stock des Reihenhauses. Er hatte versucht, die schwere Eichentür nach draußen sachte und ohne einen Laut zu öffnen.

Zuvor hatte er horchend an der Schlafzimmertür gestanden und gehofft, ihr lautes Stöhnen werde leiser, ihr röchelnder Atem gleichmäßiger und ruhiger werden – das lang ersehnte Zeichen, dass seine schwer kranke, an Asthmaanfällen leidende Mutter endlich eingeschlafen war. Es wurde auch Zeit, denn das Semesterfest im Clubhaus der Studenten hatte schon lange begonnen. Es wurde auch deshalb Zeit, weil er das schleimige Husten seiner Mutter, das ihn nachts bis in seine Träume verfolgte, nicht mehr ertragen konnte.

»Lass mich nicht allein, mir geht es schlecht«, hörte er die Stimme seiner Mutter wie durch einen dichten Schleier.

Sie war leise aus dem Schlafzimmer getreten und lehnte in ihrem dünnen Nachthemd, unter dem ihr knochiger, von Asthmaanfällen abgezehrter Körper zu ahnen war, am Geländer. Die Augen waren groß in dem eingefallenen Gesicht, das von strähnigem, grauem Haar wie ein schlechtes Bild umrahmt wurde. Während Gerd die Haustür hinter seinem Rücken zögernd zuzog und sich ganz zu ihr umdrehte, überkam sie erneut ein Hustenanfall, an dessen Ende sie, wie so oft, mit viel Mühe einen Klumpen Schleim hervorwürgte. Umständlich spuckte sie ihn mit spitzem Mund in ein weißes Taschentuch, das sie danach mit kunstvollen Fingerbewegungen, die einem kleinen Beerdigungsritual glichen, zusammenfaltete. Als Junge hatte Gerd wissen wollen, wie dieser Schleimkloß aussah, und hatte aus der Wäsche ein solches beflecktes Taschentuch behutsam auseinander gefaltet und mit lustvollem Ekel zugesehen, wie sich der halb angetrocknete Schleim in zähen Fäden auseinander ziehen ließ.

Zwischen den Hustenstößen fiel ihr Blick auf Gerd, der, nach oben schauend, zögernd die ersten Treppenstufen betreten und dabei seine Jacke ausgezogen hatte. Mit jedem seiner Schritte wurde ihr Husten schwächer.

»Ich bleibe noch bei dir, bis der Hustenanfall vorbei ist.« Gerds Worte sollten tröstlich klingen, doch dahinter vibrierte die Wut, wieder nicht wegzukommen. Er sah die Gitterstäbe am Geländer der schmalen Reihenhaustreppe. Sie fielen ihm in die Hände wie lange Pfeile, giftige Harpunen mit Widerhaken. Er rammte sie Stück für Stück in seine Mutter, spießte sie auf, zuerst an den Beinen, dann am ausgezehrten Leib, an den Armen und Händen, an Hals und Kopf. Er spießte sie an die Wand, bis sie festgenagelt war. Ein Zittern durchlief sie, dann war sie tot. Als er auf sie zuging, um ihr die Augen zuzudrücken, war sie nicht mehr da. Ihr körperloser Leib war verschwunden, nur ihr Nachthemd hing dünn, wie die weiße Fahne der Kapitulation, an der Wand, fixiert von den Gitterstäben des Treppengeländers. Um jeden Pfeil war ein kreisrunder Fleck eitriger, blasser Lymphflüssigkeit zurückgeblieben. »Im Sterben noch begeht sie Fahnenflucht«, sagte er halblaut.

Er trat ins Schlafzimmer. Sie lag mit geschlossenen Augenlidern auf ihrer Seite des Ehebetts. Nur das bleiche Gesicht ragte aus dem weißen, scheinbar federleichten Bettengewölk. Bei ihren flacher werdenden Hustenausbrüchen ging ein feines Vibrieren durch das Bettengebirge, mehr war an Leben nicht mehr zu erkennen. Sie schien eingeschlafen zu sein. Die Asthmaanfälle waren anstrengend.

Der rechte Teil des Ehebettes war sorgfältig bezogen und hergerichtet. Der Schlafanzug ihres Mannes lag sauber zusammengefaltet zwischen Kopfkissen und Bettdecke. Gerd drehte sich um, schloss die Schlafzimmertür und verließ erleichtert das Haus.

Entschlossen drängte er sich durch die dicht stehenden Studenten, um für sich und seine Tanzpartnerin Verena einen Weg nach draußen zu bahnen. Die Musik dröhnte ihm noch in den Ohren. Das Semesterfest war in vollem Gange.

»Endlich frische Luft!« Gerd Graf atmete tief durch und reckte sich.

»Ich brauche eine Zigarette.« Verena zündete sich eine Zigarette an und ließ das Feuerzeug in ihrer Handtasche verschwinden.

»Du rauchst?«

»Hast du was dagegen?«

»Nein, aber Raucher sind selten geworden.«

»Und gute Tänzer auch. Du bist eine rühmliche Ausnahme.«

»Gelernt ist gelernt, und Spaß macht es auch. Mit einer Frau wie dir ist es noch viel schöner.«

»Und was machst du außer Tanzen noch?«

»Mathe. Vor kurzem habe ich das Vordiplom gemacht. Aber im nächsten Semester beginne ich mit Psychologie.«

»Psychologie!« Verena lachte laut auf. »Das trifft sich gut. Ich bin bald fertig mit Psychologie. Gott sei Dank!«

»Witzig. Aber wieso ›Gott sei Dank‹?«

»Na, hier an der Uni machen sie ein bisschen Verhaltenstherapie. Ziemlich langweilig und unbrauchbar.«

Gerd hob ratlos die Schultern.

»Mach dir nichts daraus. Im Grundstudium ist sowieso zuerst Statistik dran, das wird dir als Mathematiker leicht fallen.«

»Dann hat dieses blöde Studium wenigstens einen Nutzen.«

»Blödes Studium? Warum machst du es dann?«

»Weil mein Vater es wollte.«

»Dein Vater, interessant.«

Sie gingen auf ihr Studentenzimmer und redeten, diskutierten und stritten miteinander bis in den frühen Morgen. Er erzählte ihr von seiner Mutter und seinem Vater, langsam, zögernd, zunächst mit dem Wunsch, sie zu verteidigen, bald aber mit dem Gefühl, seine Erzeuger zu verraten und anzuklagen. Der Verrat tat gut. Lustvoll setzte er die beiden Alten auf die Anklagebank, überschüttete sie mit Vorwürfen und schrie sie an, als wäre er allein mit ihnen.

Verena war die Richterin, die ihn mit ihren Fragen nach Beweisen weitertrieb, ihn seine Anklagen präziser formulieren ließ. Er wurde immer schärfer und schneidender in seinen Argumenten und Beweisführungen, exakter in seinen Erinnerungen an die Erniedrigungen, die er von Geburt an in der reihenhäusigen Folterkammer erlitten hatte. Verena war aber auch die Staatsanwältin, die die Angeklagten kühl und präzise sezierte. Er musste ihrer Analyse zustimmen. »Tatsächlich. So habe ich es noch nie gesehen.« Und ein Anflug von schwindelnder Euphorie überkam ihn, weil er sich selbst besser verstand, sich aber auch von ihr verstanden fühlte.

In seinem Überschwang wollte er sie einfach in die Arme nehmen. Sie wehrte ab und drückte ihn langsam auf die Bettcouch. »Lass mal. Mach die Augen zu.« Sie zog ihn ohne Umstände aus. Er ließ es mit sich geschehen, bis er nackt auf dem Rücken lag. Sie fuhr mit den Fingerspitzen leicht über seinen Körper, zeichnete seine Körperlinien nach, drückte dann die Fingernägel in seine Haut, die er lustvoll wie spitze Nadeln fühlte. Sorgfältig vermied sie seine Brustwarzen und sein Geschlecht, das groß geworden war.

»Damit soll es genug sein.« Sie warf die Bettdecke über ihn und drückte ihm einen Kuss auf die Stirn. »Schlaf gut.« Dann verschwand sie im Badezimmer. Er hörte noch das Wasser laufen und schlief ein. Als er am nächsten Morgen aufwachte, lag ein Zettel auf dem Tisch. »Bin an der Uni. Bis bald. Verena.«

Gerd hätte Verena gerne öfter gesehen. Doch sie blieb abweisend. Nur ab und zu trafen sie sich. Bei diesen Treffen war sie mehr seine Therapeutin als seine Freundin: »Du brauchst deine Mami nicht zu schützen. Glaub mir, die kann das alleine. Hör auf, den fürsorglichen Ehemann für sie zu spielen.« Schon bei dem Gedanken, seine Mutter schutzlos zurückzulassen, spürte er die Angst, dass sie dann sterben könnte. Wenn er sich verteidigte, wurde Verena kühl und ironisch.

»Der kleine Muttersohn braucht das wohl, die Mami zu versorgen. Dann muss auch er nicht alleine ins feindliche Leben hinaus und ein erwachsener Mann werden.«

Er ahnte, dass er für Verena der Junge war, den sie zwar nett fand, mehr aber auch nicht. Er wusste, dass sie ihn im Grunde als Schwächling verachtete. Darin glich sie seinem Vater mehr, als er sich zugestehen wollte.

»Solange du bei deiner Mami bleiben willst, brauchst du dir bei mir keine Chance auszurechnen. Wenn ich mit dir ins Bett will, dann alleine und nicht mit deiner Mutter zusammen.«

In diesen Momenten schlug seine Sehnsucht in Hass um. Er fühlte sich ihr gegenüber so ohnmächtig wie bei seinem Vater, gleichzeitig faszinierte ihn ihre kühle Intelligenz. Für kurze Augenblicke war er entschlossen, ihr zu beweisen, dass er der Mann war, den sie immer wieder in ihm provozierte. Doch schon ihr nächstes Argument ließ seine Entschlossenheit wie ein Kartenhaus in sich zusammenfallen.

»Allein schaffst du das nie. Mach eine Psychotherapie!«

»Ich beginne doch bald mit dem Psychologiestudium«, wehrte er sich schwach.

»Psychologie!«, höhnte sie spitz. »Ich habe dir doch gesagt, dass die Psychologie, wie sie hier an der Uni gelehrt wird, gar nichts bringt, am wenigsten für dich selbst. Mach gleich was Richtiges.«

»Was Richtiges?«, fragte er schwach.

»Mach eine Psychoanalyse!«

»Pah! Eine Psychoanalyse!« Es war ihm gelungen, seine Wut in Arroganz umzuwandeln. »Psychoanalyse, dieses unwissenschaftliche Märchen. So viel habe ich von Psychologie schon gehört.«

»Dann lass es doch. Bleib bei deiner Amme, oder sei Amme für sie – ganz wie es dir beliebt.«

Er stand langsam auf, ohne innere Bewegung; genau die Entfernung berechnend, seine Kraft einschätzend, setzte er an und traf sie dann mit flacher Hand ins Gesicht. Er stürzte hinaus und schlug die Tür ihres Studentenzimmers hinter sich zu. Mit Genugtuung dachte er an seine Wunschfantasie, sie auf einem Holzbett festzunageln. Mit einem angenehm pulsierenden Gefühl im Geschlecht ging er weg.

»Ich glaube nicht, verehrter Herr Professor, dass wir noch viel sagen müssen. Die Deutung dieses, aber auch des letzten Traums von Herrn Professor Graf liegt doch nun klar auf der Hand«, eröffnete Jung das Gespräch.

Graf schien erschöpft eingeschlafen zu sein. Er lag mit geschlossenen Augen da. Maurer war sich nicht sicher, ob er zuhörte.

»Sie haben Recht, lieber Jung. Es ist die inzestuöse Fixierung eines Jungen, der seine übermächtige, kranke Mutter hasst und doch sexuellen Verkehr mit ihr haben möchte. Er möchte sie in ihrer vielfachen Verführung erdolchen und zugleich penetrieren. In diesem ungelösten Konflikt bleibt er in ödipaler Abhängigkeit von seiner Mutter«, meinte Freud.

»Und dasselbe wiederholt sich in der unglücklichen Liebe zu dieser Psychologin Verena«, warf Maurer ein.

»Inzest! Ödipal!« Jungs Stimme klang ironisch. »Es geht in diesem Traum um viel mehr, will sagen: um die Dimension des Unbewussten. Die Schlange ist das Symbol für das Unbewusste in seinem weiblichen Aspekt. Ebendieser ist für Professor Graf bedrohlich. Deshalb will er das Unbewusste abtöten, so wie Herakles versuchte, die Schlangenköpfe abzuhacken. Doch dies führt nur dazu, dass sich das Unbewusste in immer neuen Formen und noch vehementer meldet.«

»Ich zögere noch, aber vielleicht muss ich Ihnen in gewisser Weise zustimmen, lieber Jung«, pflichtete Freud ihm bei, »nicht ohne Ihren Gedanken noch zu spezifizieren. Graf bekämpft in diesem Traum nicht nur das Unbewusste, sondern die Psychoanalyse in ihren wachsenden, sich ausdifferenzierenden Entwicklungen.«

Jung begann zu kichern. »Sie erinnern sich noch, Herr Professor Freud, wie Sie in Ihren Briefen an mich das Wort ›Psychoanalyse‹ abkürzten?«

Freud nickte. »Psa, wobei ich das griechische Psi benutzte und das A groß schrieb. Aber was hat das mit dem Traum von Herrn Professor Graf zu tun?« Freud zog fragend die Augenbrauen hoch.

»Die nachwachsenden Köpfe der Schlange zischen ein ›Pah‹, das wie ›Psa‹ klingt.«

»Meine Hochachtung, Herr Kollege! Eine sehr originelle, aber zutreffende Deutung dieses Traumdetails«, gestand Freud seinem Kontrahenten zu.

»Wie auch immer, ob die Psychoanalyse oder das Unbewusste als solches gemeint ist«, fuhr Jung fort, »durch das Fixieren mit Pfeilen oder – um den ersten Traum mit hinzuzunehmen – mit ›Einsen‹, sprich Zahlen, scheint es Professor Graf mehr und mehr zu gelingen, die Schlange zu erledigen. Jedenfalls muss ich das annehmen nach allem, was ich jetzt fast vierzig Jahre nach meinem Tod über die Lage Ihrer Psychoanalyse und meiner Analytischen Psychologie hören musste.«

»Und dahinter scheint – zumindest bei Professor Graf – der Hass gegen die Mutter oder, allgemeiner gesagt, gegen die Frau, gegen das Weibliche zu stehen«, mischte sich Maurer ein, der an seine Gespräche mit Karin Schneeweiß-Rode dachte. »Die einen vergewaltigen Frauen direkt, die anderen indirekt, indem sie das Unbewusste, die Psyche, mit ihren Zahlen und Statistiken festnageln und vergewaltigen.«

»Wie auch immer das mit dem Frauenhass in der modernen Psychologie ist, jedenfalls wäre es Grund genug, lieber Professor Freud«, wandte Jung sich nun direkt an Freud, »uns wieder zu verbünden. Darf ich Sie zu einem Rotwein einladen? Sie erinnern sich noch, Herr Professor Freud, wie Sie mich in Bremen im Essighaus zu einem Glas Wein überredeten. Bis zu diesem Zeitpunkt war ich neun Jahre abstinent gewesen. Doch inzwischen bin ich zum Weingenießer und -kenner geworden – was ich nicht zuletzt Ihnen verdanke. Kommen Sie mit, ich werde Ihnen einen hervorragenden Tropfen aussuchen. In Erinnerung an die guten, alten Zeiten unserer Freundschaft. Ich glaube, Professor Graf wird noch eine Weile schlafen.«

Freud nickte und erhob sich mühsam aus seinem Sessel. Jung, noch etwas jugendlicher, kam ihm zu Hilfe. Freud hakte sich bei Jung unter.

Maurer musste bei diesem Bild schmunzeln: Rechts der große Jung, an einem Stock zwar, aber noch kräftig, links, bei ihm untergehakt, der kleine Freud. Gebückt und ein wenig schlurfend verließen die beiden das Therapiezimmer.

Nach einer Weile erwachte Professor Graf. »Die beiden alten Herren sind nicht mehr da?«

Maurer nickte bestätigend.

»Die Herren haben ja Recht, was meine beiden Träume beziehungsweise meine Lebensgeschichte angeht, auch wenn ich mich nicht ihres analytischen Vokabulars bedienen würde. Aber auch wir, die wir Psychologie wissenschaftlich betreiben, sind keine vernagelten Seelenmörder.« Professor Graf blickte Zustimmung heischend zu Maurer, der zweifelnd den Kopf wiegte.

Hat Graf unter dem Eindruck seiner eigenen Träume und Lebensgeschichte Kreide gefressen, überlegte Maurer, um mich und andere zu beruhigen? Oder hat er tatsächlich etwas begriffen?

»Und dennoch sind die beiden alten Herrn die Verursacher eines Grundproblems unserer Moderne«, fuhr Graf fort. »Seit den beiden ist alles nur noch ›psychologisch‹, alles wird gedeutet, traumgedeutet, wenn Sie so wollen, und zwar von jedem so, wie es ihm beliebt. Wie die Hydra verschlingen die psychologischen Deutungsmöglichkeiten alles Objektive, alles Reale – alles löst sich im Dunkeln eines wie immer verstandenen Unbewussten auf, in dem wir wie in einem Nebel blindlings umhertasten. Das populäre, pseudowissenschaftliche psychoanalytische Denken hat uns mehr durchdrungen und prägt uns mehr, als uns bewusst ist. Freud und Jung haben auf der ganzen Linie gesiegt, auch wenn ihre Psychoanalyse und Tiefenpsychologie eines Tages nicht mehr existieren sollten. Aber sie haben unsere Köpfe mit ihrer ›Psa‹, mit ihrer tiefenpsychologischen Irrlehre unterwandert. Ist diese Schlange, diese Hydra mit ihren vielen Millionen Köpfen, einmal in die Welt gesetzt, lässt sie sich nicht mehr ausrotten. Leider!«

Maurer wandte den Blick von der Kristallkugel ab. Die toskanische Nacht war schon heller geworden; am Horizont zeigte sich bereits ein lichter Streifen, der den herannahenden Morgen ankündigte. Doch er musste Professor Graf zustimmen. War nicht auch er ein Opfer der Psychologisiererei, bei der er bald nicht mehr wusste, wo ihm der Kopf stand und vor allem ob sie bei der Klärung des Mordfalls Roth in irgendeiner Weise helfen würde?

Maurer packte die Lehnen des Sessels und drückte sich mit einem kräftigen Stoß hoch.

5.00 Uhr

Maurer ging einige Schritte auf und ab. Auf dem Esstisch stand noch die Chiantiflasche. Bei dem Gedanken an Wein überkam ihn eine leichte Übelkeit. Bloß keinen Wein am frühen Morgen, dachte er. Ein Glas Wasser würde ihn jetzt erfrischen. Er ging in die Küche, nahm einen kräftigen Schluck und stellte das Wasserglas neben die Kristallkugel. Ein Glas spiegelt sich im anderen, sinnierte er. Unversehens entstand in der Kristallkugel das Bild des Therapiezimmers.

»Haben Sie einen guten Roten gefunden?«, eröffnete Maurer die dritte Sitzungsrunde.

»Doktor Jung ist wirklich ein exzellenter Weinkenner«, gab Freud zu, der sich mit zitternden Händen eine Havanna anzündete.

»Der Wein war süffig, doch das Gespräch mit Ihnen, Herr Jung, hinterlässt einen bitteren Nachgeschmack. Sie als Weinkenner müssten doch wissen, was es bedeutet, einen Wein zu verwässern. Und Sie haben die Psychoanalyse bis zur Geschmacklosigkeit, bis zur Unkenntlichkeit verwässert.«

Jung quittierte Freuds Vorwurf mit einem Kopfschütteln. »Der Bordeaux war wirklich vorzüglich. Ich hatte gehofft, Sie würden nach ein paar Gläsern dieses köstlichen Tropfens ein wenig milder mit mir sein. Im Angesicht eines mächtigen Gegners, der Verhaltenspsychologie, wäre es an der Zeit gewesen, auf die gemeinsame Sache, die Tiefenpsychologie, anzustoßen.«

»Auch im seligsten Rausch werde ich Ihren Verrat nicht vergessen. Niemals, Herr Dr. Jung!« Freud zog erregt an seiner Havanna.

»Schade, dass Sie sich beim Wein nicht näher gekommen sind«, griff Maurer ein. »Ich darf Sie aber wieder an unsere gemeinsame Arbeit erinnern, die nun mit dem dritten Traum von Herrn Professor Zimmermann weitergehen wird. Noch ist unklar, was ihn mit T. – Victor Tausk, wie wir nun wissen – verbindet und, vor allem, was er mit dem Tod von Roth, dem Freund der Tiefenpsychologie, zu tun hat.«

»Ins Auge fallend war aber doch«, Jung blickte feindselig zu Freud hinüber, »dass Sie die Sitzungen mit Herrn Professor Zimmermann jedes Mal abgebrochen haben, wenn die Rede auf Ihren genialen Schüler Tausk kam und dabei ein Schatten auf Sie und die Psychoanalyse fiel. Herr Zimmermann scheint für Sie, gänzlich unbewusst freilich, die verdrängte Geschichte mit Tausk und Lou Andreas-Salomé zu verkörpern. Vielleicht bringt uns sein dritter Traum weiteren Aufschluss über dieses Rätsel, vielleicht auch ein mögliches Tatmotiv, denn auch Zimmermann selbst scheint mir – ebenfalls unbewusst – in die Tausk-Geschichte verstrickt zu sein. Vielleicht wusste dieser Roth aus Zimmermanns Träumen sehr viel mehr darüber und hat den Professor damit konfrontiert.«

Freud schwieg einen Moment und begann dann zu lachen. »Mein guter Dr. Jung, Sie werden doch nicht allen Ernstes behaupten, dass ich posthum in den Mordfall Roth verwickelt bin? Was zu weit geht, geht zu weit!«

»So war es sicherlich nicht gemeint«, versuchte Maurer die Gemüter zu beruhigen. »Dennoch überzeugt mich Ihr Gedankengang, Herr Dr. Jung. Er könnte uns bei unserer kriminalistischen Aufgabe vorwärts bringen. Lassen Sie uns Herrn Professor Zimmermann hereinrufen.«

Freud und Jung warteten äußerlich in gelassener Würde, innerlich jedoch fiebernd wie zwei Jagdhunde, die die Witterung eines angeschossenen Tiers aufnehmen, bis Zimmermann sich nach der Begrüßung umständlich auf der Couch zurechtgelegt hatte.

Warum nicht gleich so?, dachte Maurer, man muss den beiden alten Kontrahenten nur ein tiefenpsychologisches Rätsel aufgeben, eine heiße Spur ins Reich der Träume legen, schon begraben sie das Kriegsbeil.

Er wandte sich an Zimmermann, der mit geschlossenen Augen auf der Couch lag: »Wir dürfen Sie wieder bitten, alles zu erzählen, was Ihnen zu Ihrem dritten Traum einfällt, Ihren freien Assoziationen also unbegrenzt Lauf zu lassen. Nichts, auch nicht das kleinste Detail ist unwichtig für unsere Spurensuche.«

»Bevor ich meinen dritten Traum hatte, geschahen einige Dinge, die für die Herrn Psychoanalytiker wichtig sein könnten«, leitete Zimmermann seine Erinnerungen ein. »Der Zusammenstoß mit Roth, bei dem er mir meine Beschäftigung mit Wien und Sigmund Freud vorgehalten hatte, steckte mir noch lange in den Knochen und beschäftige mich über die Maßen. Ich versuchte Roth an der Universität auszuweichen, so gut es ging. Er schien mir aber geradezu aufzulauern. Immer wieder stand er plötzlich im Institut vor mir, tauchte unter einem nichtigen Vorwand in meiner Vorlesung auf oder erschien mit seiner schmächtigen Gestalt bei einer Sitzung im Türrahmen des Besprechungszimmers.

Ich begann, an meinem Verstand zu zweifeln, dabei hatte ich noch nie paranoide Anwandlungen. Ich musste mir klar machen, dass ich ihn nicht öfter sah als früher und alles ganz normal war. Aber ich musste mir auch eingestehen, dass Roth mich – ob mit Absicht oder nicht – an einer sehr wunden Stelle getroffen hatte. Ich ahnte, dass er meine beiden Träume gelesen hatte und dieses Wissen ihm seine irritierende Macht verlieh. Es kam so weit, dass ich mich vor meinem nächsten Traum fürchtete. Was würde er zutage fördern? Konnte ich sicher sein, dass Roth ihn nicht lesen würde? Ich spielte mit dem Gedanken, aus der Traumwette auszusteigen, wusste aber genau, dass mich das bei Roth noch mehr zum Gespött machen würde. Als könnte Roth meine Gedanken lesen, warf er mir bei der nächsten Begegnung im Treppenhaus des Instituts milde lächelnd die Bemerkung zu: ›Ihr nächster Traum fehlt noch. Ich warte darauf. Ihre beiden Mitwetter sind weiter als Sie.‹

Ich dachte daran, einen Traum zu erfinden, befürchtete aber, Roth würde die Täuschung durchschauen. Natürlich sagte ich mir, dass die Psychoanalyse den fesselt, der sich einmal auf sie einlässt. Wer sich gegen sie wehrt, wird verdächtigt, unbewusst etwas nicht wahrhaben zu wollen. Man kann sich dann drehen und wenden, für alles hat die Psychoanalyse eine Deutung bereit, die auch zutreffend erscheint. Man hängt in den Deutungen wie in einem Spinnennetz; je mehr man versucht, sich zu befreien, desto mehr verstrickt man sich in ihren klebrigen Fäden. Ich hatte das schon immer gewusst, doch jetzt erfuhr ich es am eigenen Leib: Die Psychoanalyse mitsamt der jungschen Analytischen Psychologie ist nichts anderes als ein billiges Horoskop, das immer das Richtige prophezeit. Sollte es einmal nicht zutreffen, liefert es die passenden Gründe oder, besser gesagt, Ausreden gleich mit. Aber weil die Psychoanalyse mit der Macht einer Wissenschaft daherkommt, wird sie zu einem autoritären System, das sich die Realität so lange zurechtdeutet, bis sie zur Theorie passt.«

»Aber mein Herr!« Freud konnte seine Erregung nicht länger zurückhalten. »Ihre Vorwürfe sind gänzlich haltlos. Sie treffen vielleicht auf die dunkle, mythendurchtränkte Psychologie meines Kollegen Jung zu. Die Psychoanalyse dagegen ist ohne Zweifel eine Wissenschaft, freilich eine kritische Wissenschaft, die die Illusionen des Menschen entlarvt. Das verschafft ihr viele Gegner. Die Psychoanalyse ist durchaus bereit, sich der Kritik ihrer Gegner und dem wissenschaftlichen Disput zu stellen, so habe ich es jedenfalls immer gehalten.«

»Wofür hier nun nicht der Platz ist«, unterbrach Maurer fast brutal.

»Diese Diskussion könnte auch eine – um einen Ihrer Begriffe, verehrter Professor Freud, aufzugreifen – Abwehr sein.« Jungs Stimme klang souverän, fast überheblich. »Eine Abwehr der verdrängten Geschichten um Tausk und die Anfänge Ihrer

Psychoanalyse und eine Abwehr Ihrerseits, Herr Professor Zimmermann, gegen Ihre Verstrickung in den Mordfall Roth.«

»Genau das ist es doch, was ich soeben sagte!«, erwiderte Zimmermann scharf. »Jedes Argument gegen Ihre so genannte Psychologie ist nur Widerstand oder Abwehr eines verdrängten Inhalts. Besser könnten Sie mich nicht bestätigen, Herr Jung.«

Zimmermann hatte sich auf der Couch aufgerichtet. Maurer befürchtete, dass er gleich aufspringen würde.

Maurer fasste sich an die Stirn. Er musste sich noch einmal klar machen, dass sich diese ganze Szene nur in seiner Kristallkugel abspielte und er Herr des Verfahrens war. Er veränderte den Fokus seines Blicks ein wenig: Die Kristallkugel lag auf dem Beistelltisch auf einem weißen Tuch. In ihr spielte sich wie auf einem kleinen Fernsehbildschirm eine Szene in einem älteren, um die Jahrhundertwende eingerichteten Therapiezimmer ab. Ein Klient schien sich in heftiger Diskussion mit zwei älteren bebrillten Herren zu befinden – eine bei einer Therapie nicht gerade übliche Rollenbesetzung. Der Klient lag auch längst nicht mehr auf der Couch. Gerade noch halb sitzend, war er aufgesprungen und den beiden älteren Herren gegenübergetreten, um ihnen – wie es schien – mit raumgreifend fuchtelnden Armen seine Argumente vorzutragen, geradezu entgegenzuschleudern.

»Stopp«, rief Maurer und klatschte in die Hände, »diese Szene lassen wir doch besser aus. Sie führt wirklich zu weit vom Mordfall Roth weg. Es geht weiter, bevor der Klient sich aufgerichtet hat. Darf ich Sie bitten, sich wieder hinzulegen und an dem besagten Punkt weiterzumachen?«

Die Schauspieler auf dem kleinen Monitor nickten, begaben sich in die vom Regisseur beschriebene Ausgangsposition, und nach einem Räuspern des rechts sitzenden Therapeuten begann die Szene von neuem.

»Es war nicht nur Roth«, erzählte Zimmermann weiter, »der mich bis in die Nächte hinein verfolgte. Auch das aus Wien mitgebrachte Material – Freud-Biografien, frühe Ausgaben seiner Werke, als besondere Rarität eine Erstausgabe der *Traumdeutung*, im November 1899 in Leipzig und Wien veröffentlicht und auf 1900 vordatiert, längst vergessene Schriften von Freuds Mitstreitern aus der Anfangszeit der Psychoanalyse, Stadtbeschreibungen, Stiche und Bilder aus dem Wien der Jahrhundertwende – all das zog mich mit magischer Kraft an. Ich musste lesen, zwanghaft und von innerer Unruhe angetrieben, stundenlang bis in den frühen Morgen. Meinen Pflichten an der Universität kam ich mehr schlecht als recht nach. Übermüdet und gereizt war ich für meine Studenten und Assistenten eine Zumutung.

Auch für Grafs Assistenten Andreas Rachner hatte ich übrigens kein Ohr, als er mir am Rande einer Sitzung von einer Auseinandersetzung mit Roth erzählte. Roth habe ihm angedroht, seine Habilitationsschrift genauer unter die Lupe nehmen zu wollen. Die von Rachner und Graf angekündigten Ergebnisse, insbesondere die massive Überlegenheit der Verhaltenstherapie gegenüber den tiefenpsychologischen Therapien, könnten so auf keinen Fall stimmen. Er, also Rachner, habe in seinen Berechnungen einen systematischen Fehler übersehen. Rachner wirkte ziemlich nervös, aber ich hatte nicht die Ruhe, auf ihn einzugehen.« Fahrig wischte Zimmermann sich feine Schweißperlen von der Stirn. »Auch meine Frau, die als Chirurgin eigentlich wenig mit Psychologie anfangen kann, fand meinen Zustand allmählich bedenklich.

›Entweder du legst dich bald auf die Couch, oder du landest noch in der Klapsmühle!‹, warf sie mir an den Kopf, als ich wieder einmal einen ganzen Abend lang nicht von meiner Lektüre wegkam und nur ab und zu mit gequälter Miene von meinen Büchern aufblickte.

›Auch wenn ich wenig von Psychologie verstehe‹, sagte sie, ›bin ich mir sicher, dass du das nicht mehr alleine auf die Reihe kriegst. Das Ganze kommt nur von der Geheimniskrämerei, die in deiner Familie um deinen Wiener Großvater, den großen Unbekannten, gemacht wird.‹

›Lass mir noch ein paar Wochen Zeit, dann bin ich wieder der Alte‹, versuchte ich, sie zu beruhigen.

›Von wegen der Alte! Das wäre auch nicht viel besser. Eine Psychoanalyse wäre wirklich das Beste, um endlich einmal diese unerledigten Geschichten aus deiner Familie klar zu kriegen.‹

Ich wusste, was nun kommen würde. Aber noch nie hatte ich es so gefürchtet wie in meinem aufgewühlten Zustand.

›Solange ich dich kenne, laborierst du damit herum. Immer wieder gerätst du wegen deiner selbstzweiflerischen Grübeleien in Depressionen. Irgendwann reicht es mir, dann aber endgültig! Wie oft habe ich dich schon gebeten, diese unerledigte Sache in einer Therapie aufzuarbeiten?! Aber das Einzige, was du tust, ist, mit größter Verbissenheit genau das zu bekämpfen, was dir helfen könnte. Mir scheint, nur darum bist du Professor der Psychologie geworden.‹

Ich konnte ihre gut gemeinten Ratschläge nicht mehr hören. ›Lass doch‹, versuchte ich, mich zu wehren.

›Wie lange soll ich noch zuschauen, wie schlecht es dir geht? Wie oft soll ich noch Rücksicht nehmen und mein Leben nach deinen depressiven Phasen einrichten?‹ Ihre Entrüstung verebbte nur langsam. Ich hoffte, dass – wie so oft – ihr Mitleid siegen würde.

›Mir fielen übrigens gestern beim Aufräumen auf dem Speicher einige Bücher aus der Anfangszeit deines Psychologiestudiums in die Hände. Erinnerst du dich noch, es war nur ein halbes Jahr, nachdem wir uns kennen gelernt hatten? Damals ging es dir sehr gut, eigentlich, wenn ich es mir recht überlege, war das deine einzig wirklich gute Phase. Du hattest ganz euphorisch begonnen zu studieren. Unter anderem hattest du Seminare über die Psychoanalyse belegt.‹

›Kann ich mich überhaupt nicht mehr daran erinnern.‹

›Das weiß ich schon. Aber die Bücher oben im alten Spiegelschrank beweisen es.‹

›Vielleicht habe ich sie mir damals gekauft, gelesen sicherlich nicht. Die Psychoanalyse war einfach en vogue. Ich musste gegenüber meinen Kommilitonen so tun, als ob.‹

›Nein, nein. Du hast dich zumindest für die Analyse interessiert, auch wenn du das heute nicht mehr wahrhaben willst. Aber schau doch oben nach. Ich gehe ins Bett und lass dich mit deinen Grübeleien alleine, aber überleg dir endlich meinen Vorschlag mit der Therapie!‹ Dann verschwand sie im Schlafzimmer.

Ich wartete noch, bis ich hörte, wie sie die Nachttischlampe ausschaltete. In der rechten unteren Ecke des Spiegelschranks fand ich zu meiner Überraschung tatsächlich einige kartonierte Bände von Freuds Studienausgabe. Beim Aufschlagen lösten sich die Seiten aus der Verleimung. Die einzelnen Bände schienen wenig gelesen zu sein, Unterstreichungen oder Anmerkungen gab es keine. Darüber war ich erleichtert. Mir fiel aber ein, dass ich in meinen ersten Semestern meine Bücher noch sehr pfleglich behandelt und mir den Stoff über handschriftliche Exzerpte angeeignet hatte. Ich griff nach einem weiteren Exemplar, auf dessen Buchrücken *Neue Folge der Vorlesungen* stand.«

Maurer fuhr auf. Das Bild in der Kristallkugel verschwand. Hatte er einen gravierenden Fehler gemacht? Er musste sofort einen Kollegen zu Zimmermann schicken, um zu klären, ob sich dieser Band noch bei ihm finden ließ. War dies nicht der Fall, dann war Zimmermann in höchstem Grade verdächtig. Maurer wollte aufspringen, doch da fiel ihm ein, dass es im ganzen Haus kein Telefon gab. Außerdem hätte Zimmermann, sollte er der Mörder sein, dem toten Roth sicher nicht sein eigenes Exemplar untergeschoben. Und im Übrigen, dachte Maurer, will ich den Mordfall hier in diesem Zimmer, alleine mit der Kugel und noch in dieser Nacht klären. Doch von Nacht konnte man schon nicht mehr reden. Ihm blieb nur noch wenig Zeit.

»Aber solange Susanne noch schläft, gehört dieser frühe Morgen noch zur Nacht«, sagte er sich entschlossen und konzentrierte sich wieder auf das Bild in der Glaskugel.

Zimmermann fuhr ohne Zögern fort: »Ich blätterte die Seiten des schmalen Bandes durch. Außer ein paar Überschriften erfasste ich vom Text nichts. An einer Stelle stockte das Umblättern. Ich schlug die Stelle auf und fand einen Brief, der an mich unter der Adresse meiner Jugendzeit gerichtet war. Der Poststempel auf der österreichischen Briefmarke war ziemlich verblasst, nur das Jahr 1960 und den Absendeort Wien konnte ich entziffern. ›Frau Doktor Zimmermann, Feuchtwangergasse 9, Wien‹ stand auf der Rückseite als Absender. Wie kam der Brief in dieses Buch? Als ich entdeckte, dass der Brief im Kapitel *Die Revision der Traumlehre* steckte, konnte ich nur noch lachen.

Ich sah mich in den Spiegeln, die auch auf der Innenseite der aufgeschlagenen Schranktüren angebracht waren, hundertfach in einer in unendliche Tiefen reichenden Reihe auf dem Boden knien, Brief und Freud-Buch in der Hand, immer kleiner werdend bis zum Winzling am scheinbaren Ende des auf beiden Seiten sich aufreihenden Spaliers – in unzähligen Abbildern lachend, lautlos lachend.«

»Lachen ist die Abfuhr einer inneren Spannung«, unterbrach Freud. »Ich habe das in meiner berühmten Abhandlung über den Witz gezeigt. In Ihrem Falle, Herr Professor Zimmermann, scheint es sich um eine Angstspannung gehandelt zu haben.«

Zimmermann nickte. »Mein Lachen brach ab und verschwand so plötzlich, wie es über mich gekommen war, und hinterließ mein Gesicht als blasse Gipsmaske. Ich starrte mich in den Reihen meiner Spiegelungen an, ein Häufchen Elend, abgeschminkt wie ein Clown, dem nach der Vorstellung das Lachen vergangen ist.

Ich blickte auf die Kapitelüberschrift des aufgeschlagenen Buchs, aus der mir nur das Wort ›Traumlehre‹ entgegenstarrte. ›Traumleere‹ müsste es heißen, dachte ich und stand auf. Ich schloss die Spiegeltüren des Schranks, sodass ich mich, wie ich mit Erleichterung feststellte, in der äußeren Spiegelfläche nur einmal spiegelte.

Ich öffnete den Brief. Dem Datum nach zu urteilen, war er abgeschickt worden, kurz nachdem ich als Vierzehnjähriger meine Großmutter besucht hatte. Es war mein letzter Besuch, obwohl ich sie sehr mochte und gerne zu ihr nach Wien fuhr. Dieser letzte Besuch und der Brief waren eine Zäsur in meiner Beziehung zu ihr. Der Brief war mehr als rätselhaft, auch als ich ihn nun, Jahrzehnte später, als Erwachsener wieder las. Ich las ihn mehrmals, ohne ihn zu verstehen. In der sinnlosen Hoffnung, in der Spiegelschrift seine Bedeutung zu entdecken, hielt ich ihn vor den Spiegel des Schranks. Der Inhalt des Briefs hinterließ in dieser seltsamen Nacht einen gemeinen Schmerz in der Herzgegend:

Lieber Junge!

Wie geht es Dir wieder zu Hause? Gerne erinnere ich mich an Deinen Besuch. Immer wieder tauchen die Bilder Deines Hierseins in meinen Gedanken auf. Manches Bild aber verblaßt schon oder gerät in Vergessenheit – wie schade. Ich denke, daß es Dir mit dem einen oder anderen Erinnerungsbild ähnlich geht. Manchmal im Leben ist das auch gut so, besonders bei schlimmen oder beschämenden Bildern, wenn man sich sagen kann: »Vergiß das Bild!«

Oft denke ich – und Du wirst das auch manchmal tun –, daß das Leben wie ein Theater ist, mit ganz verschiedenen Bühnenbildern, mit den verschiedensten Rollenbesetzungen und Handlungen. Manchmal ist es eine Komödie, manchmal ein Drama, manchmal ein gutes, manchmal ein schlechtes Theaterstück, wie sie in den letzten Jahren leider oft an den Theatern Wiens gespielt wurden. Ist es ein schlechtes Theaterstück, das eigene oder das auf der Bühne, dann ist es besser, sich zu sagen – und das tue ich oft und hoffe, Du tust es auch –: »Vergiß das Theaterstück!« Oder: »Laß es in den Tiefen Deines Unbewußten in Vergessenheit geraten!«

Deine Dich liebende Großmutter

Professor Zimmermann hob ratlos die Hände von der Couch und ließ sie wieder sinken, als hätte er einen Brief weggelegt. Er schwieg.

»Das Leben als Schauspiel. Wo liegt dieser alte Gedanke näher als in Wien, der Theaterstadt«, durchbrach Freud die Stille. »Ich mochte besonders Arthur Schnitzler, seine Erzählungen und Dramen, ja, ich beneidete ihn um seine geheime Kenntnis der Seele. Wir könnten sagen, dass der Traum und die Neurose gleichermaßen nichts anderes darstellen als die Inszenierung eines Theaterstücks. Unsichtbarer Regisseur im dunklen Hintergrund der Bühne ist das Unbewusste.«

»Bei den Griechen waren die Unsterblichen, die Götter, Regisseure und Akteure zugleich, die Sterblichen nur Statisten; dieser Gedanke durchzieht das Mittelalter in den Mysterienspielen bis zu Dantes *Göttlicher Komödie*«, flocht Jung den Faden weiter. »Doch zurück zu Ihnen. Ich denke an Ihren ersten Traum, der auch im Theater spielte, Herr Professor Zimmermann. In Ihren Adern scheint Wiener Theaterblut zu fließen. War Ihre Großmutter eine begeisterte Theatergängerin?«

»Sie war Theaternärrin, wie im Grunde jeder Wiener. Ihre finanziellen Verhältnisse erlaubten ihr aber keine allzu häufigen Theaterbesuche. Bei allen meinen Besuchen als Jugendlicher nahm sie mich aber mindestens einmal ins Theater oder in die Oper mit. Es waren oft nur billige Plätze oder Stehplätze, aber es war für mich immer ein aufregendes Ereignis, auch wenn ich die Stücke nicht verstand oder sie bald vergessen hatte.«

»Genau das Vergessen sollte dieser ominöse Brief bei dem Jungen damals bewirken«, unterbrach Maurer ungeduldig. »Dieser Brief ist ein Meisterstück der Hypnose! Milton Erickson wäre begeistert.«

»Milton Erickson?« Mit dieser knapp formulierten Frage bremste Freud Maurers Begeisterung.

»Milton Erickson«, antwortete Maurer, »war ein amerikanischer Psychiater, der lange Zeit seines Lebens wegen einer Kinderlähmung an den Rollstuhl gefesselt war und der ab 1950 die Hypnose sehr gründlich erforschte. Er entwickelte daraus eine eigene Psychotherapieform, die Hypnotherapie.«

»Gab es noch weitere Begründer von Therapieschulen?«, fragte Jung interessiert, vielleicht auch ein wenig neidisch, wie Maurer unangenehm berührt bemerkte. Jung war wohl der Ansicht, seine in die letzten Tiefen des Unbewussten reichende Analytische Psychologie habe alle Geheimnisse der menschlichen Psyche enträtselt.

»Sehr viele sogar, was für Laien oft verwirrend ist«, antwortete Maurer, nicht ohne eine gewisse Häme in der Stimme.

»Interessant«, mischte Freud sich ein, »dann ist die alte Hypnose, wie ich sie bei Charcot in Paris, dann bei Bernheim und Liébault in Nancy – den bekanntesten ärztlichen Hypnotiseuren meiner Zeit – gelernt habe, also wieder in Mode gekommen. Ich habe sie damals aufgegeben, weil die Symptome, die in der Hypnose verschwanden, bei den Patienten bald danach wieder auftauchten. Ich habe statt der Hypnose meine Technik der freien Assoziation entwickelt, die nach wie vor die Methode der Wahl ist, um an den Widerständen vorbei zu den verdrängten Inhalten des Unbewussten zu finden.«

»Milton Erickson würde Ihnen hier widersprechen«, entgegnete Maurer. »Er hat eine Hypnose entwickelt, die die Widerstände des Patienten aufgreift und sehr direkt mit dem Unbewussten kommuniziert. Das beste Beispiel – um wieder zu Herrn Professor Zimmermann zurückzukommen – ist dieser Brief seiner Großmutter. Er ist im Wesentlichen ein indirekter hypnotischer Befehl an das Unbewusste, bestimmte Dinge – hier offensichtlich ein Bild und ein Theaterstück – zu vergessen. Diese indirekte Suggestion ist wie beiläufig in eine philosophische Erörterung über das Leben als Theater eingebettet. Das bewusste Denken beschäftigt sich damit und ist folglich abgelenkt. So kann der Befehl ohne bewussten Widerstand in das Unbewusste des Jungen gelangen. Auch Sie, meine Herrn, sind – wenn ich das so sagen darf – darauf hereingefallen.«

»Das verstehe ich nicht ganz.« Freud runzelte die Stirn. »Sie meinen, dieser hypnotische Befehl soll also nicht das Bewusstwerden verdrängter Inhalte bewirken, sondern das Gegenteil, das Vergessen, also die Amnesie?«

»Genau richtig«, bestätigte Maurer. »Nach Milton Erickson kann das Vergessen auch etwas Heilsames haben.«

»Und offensichtlich hat der Brief bei mir ein Vergessen bewirkt«, mischte Zimmermann sich ein.

»Wenn dieser Herr Erickson sich da nur nicht getäuscht hat«, trieb Jung die Diskussion voran. »Jetzt muss ich, sehr verehrter Herr Professor Freud, fast freudianisch argumentieren: Es ist wohl richtig, dass dieses Bild und das Theaterstück im Bewusstsein des Jungen vergessen wurden, doch im Unbewussten blieben sie erhalten. Und haben dann auch im Sinne des Wiederholungszwanges gewirkt, sonst wären Sie, Herr Professor Zimmermann, wohl kaum in die Sache Roth verstrickt.«

»Genau so ist das zu sehen«, stimmte Freud erleichtert zu. »Das Verdrängte meldet sich wieder – und sei es in einer kriminellen Tat.«

»Also hören Sie mal!« Zimmermann wurde heftig. »Das ist doch Unfug!«

»Meine Herrn, lassen Sie uns nicht über die Wirkung der Hypnose diskutieren. Was immer es sein mag, wirkliches Vergessen oder nur Verdrängen, sei dahingestellt. Tatsache ist doch wohl, dass Frau Dr. Zimmermann ein Interesse daran hatte, dass der Junge wichtige Dinge vergessen sollte. Vermutlich war es unbewusst auch im Sinne des Jungen, Dinge, die für seine geliebte Großmutter unangenehm waren, zu vergessen.« Mit dieser Einlassung versuchte Maurer, die Herrschaften wieder auf seine Fährte zu locken.

»Dann hätte das Über-Ich des Jungen«, begehrte Freud noch einmal auf, »die Verdrängung bewerkstelligt.«

»Vielleicht kann ich uns alle aus diesem misslichen Disput erlösen«, nahm Zimmermann, wieder etwas milder gestimmt, Maurers Gedanken auf, »wenn ich nun einfach weitererzähle.«

Jung lehnte sich in seinen Sessel zurück, scheinbar völlig unbeteiligt, doch mit einer Aufmerksamkeit, die bereit war, noch die feinste Nuance wahrzunehmen. Auch Freud entspannte sich sichtlich.

»In der Nacht vor dem Spiegelschrank ging nichts mehr; der Brief blieb mir unverständlich. Kein Wunder, dass ich in den wenigen Stunden meines unruhigen Schlafs dann meinen dritten Traum hatte. Aber dazu nachher mehr.

Am nächsten Tag las ich meiner Frau den Brief vor. Noch hatte ich den Gruß meiner Großmutter am Ende des Briefes nicht gelesen, da fragte sie auch schon: ›Welches Theaterstück?‹

›Theaterstück? Hier geht es doch nur um die Lebensphilosophie meiner Großmutter, die sie mir als Junge beibringen wollte. Heute kann ich sie gut verstehen, denk nur, was sie in ihrem Leben alles mitgemacht hat.‹

›Nein, es geht um ein konkretes Theaterstück, das du vergessen solltest, aus welchen Gründen auch immer. Vielleicht war es nach dem Geschmack deiner Großmutter für einen Jugendlichen nicht geeignet. Was weiß ich.‹

Erst allmählich konnte ich diesem Gedanken zustimmen. Vielleicht hatte meine Frau Recht.

›Erkundige dich doch einfach bei den wichtigsten Theatern nach dem Spielplan im Herbst 1960. Das dürfte wohl kein größeres Problem sein.‹

Ich wusste intuitiv, dass ich nur ein einziges Theater anzuschreiben brauchte, das Theater in der Josefstadt, in dem ich bei meinem damals letzten Wien-Aufenthalt noch kurz vor der Abreise war.

Nach wenigen Tagen hielt ich die Kopien der Spielpläne von Oktober bis Dezember 1960 in Händen. Es konnte nur ein

Schauspiel sein, auch wenn es in diesem Herbst nur einmal, nämlich bei der Premiere, aufgeführt worden war. Vermutlich hatte meine Großmutter von Freunden zwei Premierenkarten geschenkt bekommen: *Dora – Bruchstücke einer Analyse*, von einem unbekannten Autor namens Franz Czermak. Meine weiteren Nachforschungen ergaben, dass er ebenso wie dieses Stück nie mehr auf Wiens Bühnen auftauchte, weil es schon bei der Uraufführung zu einem handfesten Skandal kam, der zur Absetzung vom Spielplan führte. In Wien übrigens keine Seltenheit. Skandale, zwar gefürchtet, aber doch heimlich herbeigesehnt, gehören zu dem großen Theater des Theaters in Wien.« Zimmermann grinste.

Freud nickte nachdenklich. »Sie haben Recht, Herr Professor Zimmermann. Das war schon zu meiner Zeit so. Nicht nur am Theater gab es diese hysterischen Aufregungen, sondern auch in den Reaktionen auf meine Psychoanalyse. Einen Skandal hatte schon damals meine Veröffentlichung über Dora verursacht. Glücklicherweise wurde weder dieses ›Stück‹ noch der Autor vom Spielplan abgesetzt«, lachte Freud. »Ich habe vier Jahre mit der Veröffentlichung gezögert, weil ich den Entrüstungssturm vorhersah, der von den Ärzten und aus den vornehmen Wiener Kreisen kommen musste. Ich sehe sie noch heute vor mir, eine achtzehnjährige gut aussehende Dame, die in Begleitung ihres Vaters im Oktober 1900 um eine Behandlung nachsuchte.«

»Diese Frau, die in dem Theaterstück von einer sehr jungen, aber energischen Schauspielerin dargestellt wurde, war das Erste, woran ich mich wieder erinnern konnte«, flocht nun Zimmermann ein. »Unsicher, ein wenig ungeschickt legte sie sich auf die Couch, auf der ich nun selbst liege. Hinter ihr saßen Sie, Herr Professor Freud. Für mich als Jungen damals ein bärtiger, aber doch gütig dreinschauender Herr, der der Patientin die Regel der freien Assoziation erklärte. Als Vierzehnjähriger war ich von dieser Szenerie sofort gefangen. Ich spürte eine Spannung, aber auch eine Sympathie für die junge Frau.«

»Dora war in der Tat wohl eine meiner wichtigsten Patientinnen. Wie viele Frauen, die ich damals in den ersten Jahren meiner psychoanalytischen Entdeckungen behandelte, litt sie an einer Hysterie. Migräneanfälle, nervöser Husten, hysterisches Flüstern, eine so genannte Aphonie, bis hin zu Selbstmordgedanken waren ihre auffälligsten Symptome.«

»Am besten erinnere ich mich an die Szenenwechsel in diesem Schauspiel: Nach einer Weile des Erzählens erhob sich Dora von der Couch und trat vor die Rückwand Ihres Sprechzimmers. Die Kulissen öffneten sich, Ihr ganzes Zimmer – und natürlich auch Ihr Sessel, Herr Professor Freud – wurden zur Seite geschoben und gaben die Sicht in einen herrschaftlichen Speisesaal frei.

Als Zuschauer blickte man auf eine festlich geschmückte Tafel, an der neben dem Vater, einem wohlhabenden Fabrikanten, der Mutter und dem älteren Bruder der Patientin auch Herr und Frau K., ein befreundetes Ehepaar der Familie, saßen. Herr K., außerordentlich groß und schlank gewachsen, fiel durch seine formvollendete Höflichkeit auf. Die kleine Gesellschaft war im plaudernden Gespräch begriffen, als Dora sich nervös zitternd an den Tisch setzte. Die gesellige Runde schien sich bestens zu amüsieren, während das Personal die Speisen auftrug. Nur ab und zu wurde die Harmonie durch Doras nervösen Husten oder ihr kaum hörbares Flüstern gestört. Alle kannten diese kleinen Zwischenfälle bereits. Doras Eltern sahen ihre Gäste kurz entschuldigend an, was diese mit einem verständnisvollen Blick zu den Gastgebern und mit einem mitleidigen Nicken zu Dora quittierten, um sich dann weiter zu unterhalten.

Je mehr ich mich daran erinnere, desto deutlicher spüre ich mein jugendliches Mitgefühl für das Mädchen. Ich war froh, als Dora sich von der Tafel erhob und nach vorne trat. Die Kulissen schlossen sich wieder, sodass Dora erneut in Ihrem Behandlungszimmer war. Auf Ihre Bitte hin, Herr Professor Freud, legte sie sich auf die Couch.«

»Die Patientin kam aus einer wohlhabenden Wiener Fabrikantenfamilie, in der alles zum Besten geordnet schien. Doch hinter den Kulissen eröffnete sich ein Drama, wie es Arthur Schnitzler nicht besser hätte schreiben können. Darum kann ich sehr gut verstehen, dass man aus meinem Fall Dora ein Theaterstück gemacht hat, obgleich ich doch darob überrascht, und ich darf doch wohl sagen, auch ein bisserl stolz bin«, bemerkte Freud.

»Nach einem Gespräch mit Ihnen, an das ich mich nicht mehr erinnere, erhob sich Dora wieder von der Couch und trat an die linke Wand Ihres Therapiezimmers, in der sich eine Tür öffnete, durch die Dora zögernd und unsicher schaute. Zugleich bewegte sich die Szene auf der Drehbühne, sodass der Zuschauer dasselbe sah wie Dora: In einem von Efeu umrankten Gartenhaus war durch das dichte Blättergewirr nur schemenhaft ein Paar in heftiger Umarmung zu erkennen.

Ich erinnere mich, dass die kräftigere Gestalt die andere Person auf den Gartentisch warf, sich auf sie legte und sich rhythmisch stoßend bewegte. Der Schrei – man wusste nicht, ob er aus dem Gartenhaus oder aus Doras Mund kam – durchfuhr mich damals bis in die Knochen. Wie erstarrt saß ich da und spürte kaum, wie meine Großmutter mich in die Seite stieß und mehr rief als flüsterte: ›Komm, lass uns gehen!‹ Ich war zu keiner Regung fähig.

Die Bühne drehte sich wieder zurück. Dora lag schluchzend auf der Couch. Sie, Herr Professor, saßen mit größter Souveränität und Gelassenheit in Ihrem Sessel. Ich bewunderte Sie glühend. Vielleicht habe ich mir damals vorgenommen, irgendwann an Ihrer Stelle am Kopfende einer Couch zu sitzen. Vermutlich – das wird mir jetzt beim Erzählen klar – liegt hier zumindest eine Wurzel meiner beruflichen Biografie.«

»Dora wurde in der Analyse vollends bewusst, was sie schon geahnt hatte: Ihr geliebter Vater hatte ein Verhältnis mit Frau K.«, erläuterte Freud.

»Nachdem Dora sich beruhigt hatte und Sie ihr irgendetwas

erklärt hatten«, klinkte Zimmermann sich wieder ein, »stand sie erneut auf und ging zur rechten Wand, um die Tür dort zu öffnen. Sie trat in ein Büro, das die Drehbühne langsam nach vorne bewegte. Man sah, wie ein Mann sich Dora näherte und dann ihre zierliche Gestalt mit seinem Körper gegen ein Bücherregal presste. Offensichtlich versuchte der Mann, Dora zu küssen. Sie wehrte sich heftig, dabei fielen einige Bücher zu Boden. Ich glaubte, den Mann zu erkennen. Wie in Trance merkte ich, dass meine Großmutter mich wegzerren wollte. Ich saß mit gelähmten Gliedern im weichen Samt des Theatersessels. Nur von ferne hörte und sah ich, wie erregte Zuschauer türenschlagend das Theater verließen. Auf der Bühne drehte sich das Büro langsam weg; das freudsche Therapiezimmer nahm wieder die Szene ein. Auf der Couch lag Dora als ein Bündel weinenden Elends.«

»Herr K. war es, der Dora im Alter von vierzehn Jahren in seinem Büro und zwei Jahre später auf einem Spaziergang sexuell nötigte. Ihre hysterischen Symptome waren im Wesentlichen sicherlich hierauf zurückzuführen.« Freuds Stimme hatte einen sachlichen Ton.

»Als Dora auf Ihrer Couch von der Vergewaltigung bei dem Spaziergang mit Herrn K. erzählte, wurde es meiner Großmutter endgültig zu viel. Sie stand auf und riss mich energisch aus dem Theatersessel. ›Unerträglich!‹, stieß sie hervor und ließ nun keine Gegenwehr mehr zu. Erst jetzt bemerkte ich, dass das Parkett und die Ränge des Theaters schon halb leer waren. So endete der aufregende Theaterabend sehr abrupt.«

»Auch Doras Analyse endete nach elf Wochen mit einem sehr plötzlichen Abbruch«, ergänzte Freud leise.

»Meine Großmutter zog mich hastig durch die novemberlichen Straßen Wiens, als müsste sie sich für eine peinliche Sache schämen«, erzählte Zimmermann weiter. »Mehrmals fuhr sie mich zwischen ihren schweren Atemzügen an: ›Vergiss diesen Schweinedreck! Vergiss diesen Freud und seine Analyse! Es kommt nichts Gutes dabei heraus, wenn man sich mit der

Psychoanalyse einlässt.‹ Am nächsten Tag verlor sie kein Sterbenswort über den missglückten Theaterabend. Sie tat, als sei nichts geschehen.«

»Auch das ist, so würde es jedenfalls Milton Erickson deuten, ein starker nichtverbaler hypnotischer Befehl an den Jungen, das Erlebte zu vergessen, mehr noch: Freud und die ganze Psychoanalyse zu vergessen«, mischte sich nun Maurer wieder ein.

»Frau Dr. Zimmermanns starker Affekt gegen die Psychoanalyse, der hier zum Ausdruck kommt, muss aber weitere, unbewusste Hintergründe haben«, betonte Freud.

»Vielleicht hilft uns Ihr dritter Traum weiter«, schaltete sich Jung nach längerem Zuhören ein.

Zimmermann nickte. »Ich stehe auf dem scheinbar unendlich langen Flur eines Amts. Rechts und links hunderte von Türen, jede genau wie die andere, allerdings mit verschiedenen Nummern versehen. Wo ich auch anklopfe, nirgends höre ich eine Stimme ›Herein‹ sagen. Ich irre den Flur entlang und gerate in andere Gänge. Ich beginne zu laufen und zu rennen, doch immer wieder öffnen sich neue Gangfluchten mit den gleichen grauen Türen. Flure, dunkle Korridore, abschüssig und dann wieder ansteigend, alle menschenleer. Ich darf nicht aufgeben. Ich muss zum Nostrifizierungsbureau, hämmere ich mir ein. Da sehe ich über einer Türe ein Schild, ›Frauentauschbureau‹. Ich klopfe an. Von innen höre ich in gebrochenem Deutsch mit slawischem Zungenschlag noch einmal das Wort ›Frauentauschbureau‹. Ich trete ein. Am Schreibtisch sitzt ein Beamter in blauer Uniform. ›Name und Bild bitte!‹

›Zimmermann‹, antworte ich hastig und reiche ein Bild meiner Großmutter über den breiten Schreibtisch.

›Ein Zimmermanntausch?‹, bellt der Beamte mich an.

›Ja, bitte.‹

Während er mir anstelle des Bildes meiner Großmutter die Fotografie eines schnauzbärtigen jungen Mannes überreicht, lausche ich dem Klang des Wortes ›Zimmermanntausch‹ nach, bei dem der Beamte am Schluss des Wortes wie über ein K zu stolpern schien. Dann wache ich verwirrt auf.«

»›Nostrifizierungsbureau‹, das gibt es auf dieser Welt nur einmal, eben in Wien«, sagte Freud lachend. »Alle nichtösterreichischen Urkunden, Verträge und Papiere müssen nostrifiziert, also mit Brief und Siegel ›verunsert‹ werden.«

»Dazu fällt mir natürlich das Rätsel meiner österreichischen Wurzeln ein.« Zimmermann legte die Stirn in Falten. »Ich soll auf diesem Nostrifizierungsamt, von dem ich in meinem Leben noch nie etwas gehört habe, zu den ›Unsrigen‹, sprich zu meiner Familie, zu meinen Wurzeln gebracht werden. Ist dazu ein Tausch nötig? Oder wurde mein Vater als uneheliches Kind eines unbekannten Vaters vertauscht? Nein, das scheint keinen Sinn zu ergeben.«

»Das Symbol des Tauschs legt eine sexuelle Interpretation nahe.« Freud blickte lächelnd zu Jung. »›Tausch‹ kann nur den Geschlechtsverkehr meinen.«

»Dann wäre der schnauzbärtige Mann auf dem Foto der Mann, zu dem meine Großmutter eine Beziehung hatte, also müsste er mein Großvater sein.« Zimmermanns Stimme zitterte.

»Und zweifelsohne haben Sie dieses Bild als Junge schon einmal gesehen. Vermutlich damals bei diesem Wien-Besuch, nach dem Frau Zimmermann Ihnen in dem Brief auch das Vergessen eines Bilds suggerierte«, warf Maurer ein.

»Das könnte sein«, bestätigte Zimmermann zögernd, »wahrscheinlich ist mir das Bild dieses Mannes zufällig in die Hände gefallen.«

Zimmermann roch die feuchte Luft der kleinen Kabinettwohnung seiner Großmutter. Der stumpfe Geruch musste von dem Schimmel kommen, der in den Ecken immer wieder nachwuchs. Er war allein, seine Großmutter machte Besorgungen. Er griff nach einem Fotoalbum, das er sich immer wieder gerne ansah: Schwarz-Weiß-Aufnahmen seiner Großmutter in jungen Jahren, seines Vaters als Säugling – das Foto war mit dünner Tusche mit 1913 beschriftet –, dann seines Vaters als Kleinkind, später als Schulbub und Jugendlicher.

Doch sooft er das Album auch durchblätterte, das eigentliche Geheimnis, das Bild des Erzeugers seines Vaters, war nicht zu entdecken. Um die Aufklärung seiner Herkunft gebracht, legte er das Album jedes Mal unzufrieden zur Seite. An diesem Spätnachmittag im November 1960 hob er – einem unerklärlichen Impuls folgend – vorsichtig den ledernen Einband ein wenig von dem festen Kartondeckel des Albums ab. Zusammen mit einigen Brotkrümeln rutschte ihm aus diesem Zwischenraum eine Fotografie auf den Schoß. Er ließ das Bild wie einen hoch ansteckenden Gegenstand dort liegen. Das musste er sein, der Erzeuger der fremden Züge im Gesicht seines Vaters, der Importeur des russisch-slawischen Einschlags, der verleugnete Unbekannte.

Wie eine Ohrfeige trafen ihn die schneidenden Worte seiner Großmutter, die plötzlich vor ihm stand: »Vergiss dieses Bild!« Sie riss ihm die Fotografie aus den Händen, zerriss sie zu kleinsten Schnipseln und warf sie in den Kohleofen, in dem die Glut kurz aufflammte. Sie schlug die Ofentüre heftig zu und drehte sich zum Küchentisch, auf dem sie die Einkaufstasche abgestellt hatte. Als wäre nichts geschehen, räumte sie umständlich ihre Einkäufe aus und verstaute sie in den Küchenschränken. Wie gelähmt folgte er ihren Verrichtungen. Sein Gehirn war keines Gedankens mehr fähig. Er saß einfach nur da. »Geh ins Bett! Der Schlaf ist das Land des Vergessens, aus dem es keine Rückkehr mehr gibt. Wer zurückblickt wie Orpheus, der verliert, was er liebt, und er sieht nur noch einen Schatten. Lass Eurydike im Reich der Schatten – im Hades, in dem nur noch Schatten als ferne, blasse Erinnerungsbilder ihr Wesen treiben. Diese Schatten haben keine Macht mehr im Land der Lebenden.« Er wusste nicht, ob er das selbst gedacht oder ob seine Großmutter es ausgesprochen hatte. Die nächsten Worte aber kamen eindeutig von ihr: »Es ist besser, du reist schon morgen ab.«

»Frauentauschbureau«, unterbrach Freud Zimmermanns Erinnerungen, »lässt mich an ein Bordell denken. Hat Frau Dr. Zimmermann als Ärztin nicht die Wiener Prostituierten kontrolliert und behandelt?«

»Sie führen – wohl unbewusst –, verehrter Kollege, die Deutung auf eine falsche Spur«, unterbrach Jung ihn vehement, »will sagen: von Ihnen weg. Gab es in Ihrer Umgebung, Herr Professor Freud, nicht einen Herrn, von dem man gut und gerne hätte behaupten können, dass er ein Frauentauschbureau unterhielt?«

Freud blickte betreten auf den Teppich zu seinen Füßen.

»Ich meine Herrn Tausk, Victor Tausk.«

Freud nickte. Obwohl er die Augen stets davor verschlossen hatte, konnte er nicht leugnen, dass Tausk tatsächlich mehrere Verhältnisse gehabt hatte. Und er war sich sicher, nicht einmal von allen gewusst zu haben.

»Schauen wir uns diesen ›Tausch‹ im Traum noch näher an«, insistierte Jung, der mit funkelnden Augen die Witterung einer Spur aufgenommen hatte. »Sagten Sie nicht, Herr Professor Zimmermann, der Beamte in seinem gebrochenen Deutsch habe ›Tausch‹ wie mit einem K gesprochen?«

»Ja, sicher«, antwortete Zimmermann verwirrt. »Eine Nebensächlichkeit, die mir zwar auffiel, auf die ich aber nicht weiter geachtet habe.«

»Von wegen Nebensächlichkeit!«, sagte Jung. »Vielmehr ist es der entscheidende Hinweis: Es heißt dann nämlich ›Frauentauskbureau‹ – wie passend für Ihren früheren Kollegen und seine polygamen Tendenzen, Herr Professor Freud.«

Während Jung seinen Triumph genoss, nahm Maurer die plötzliche Wendung auf. »Dann hieße es auch ›Zimmermann-Tausk‹, ein Doppelname sozusagen.«

»Und der Frauenheld Tausk wäre mein unbekannter Großvater? Meine Großmutter Ilse Zimmermann also auch ein Opfer dieses Tausk – oder eines Tauschs, gut freudianisch gesagt, eines Geschlechtsverkehrs mit dem Frauentauscher und Frauentäuscher Tausk? Mehr Ironie ist wohl nicht möglich«, kam es tonlos von Zimmermanns Lippen.

»O doch, noch eine Ironie des Schicksals«, Jungs Lachen wurde dröhnend, »dann fließt psychoanalytisches, will sagen: wildes, freudianisch gesagt, stark libidinöses, ja promiskes psychoanalytisches Blut in Ihren Adern, Herr Professor Zimmermann!«

»Dann sind Sie also einer der Unsrigen, gut österreichisch gesagt, dann sind Sie ab heute nostrifiziert in unserer Wiener Psychoanalytischen Vereinigung – Tausk hat Sie über Ihre Großmutter nostrifiziert, ob Sie wollen oder nicht.« Auch Freud schmunzelte und rückte seine Brille zurecht.

Zimmermann schloss die Augen und verneinte mit einem deutlichen Kopfschütteln, was Jung, wieder ernster werdend, genau registrierte.

»Darin liegt aber auch die Tragik Ihres Lebens, Herr Professor Zimmermann: Dieses Blut in Ihren Adern ist die eine Seite. Der Auftrag Ihrer Großmutter, es zu verdrängen und damit die Psychoanalyse zu verleugnen, ist die andere Seite. Zwei Seelen wohnen, ach, in Ihrer Brust.«

»Ihre Psychologieprofessur«, schloss Freud sich an, »ist dann als typische – und, nebenbei bemerkt, wie so oft erfolgreiche – Kompromissbildung zwischen diesen beiden Strebungen zu verstehen: Das psychologische Bluterbe wird bewahrt, aber auch der Auftrag Ihrer Großmutter erfüllt. Doch das Verdrängte kehrt wieder, und sei es in seinem Gegenteil, in der Abwehr desselben, in der erbitterten Feindschaft gegen das Verdrängte. Das lässt sich auch nicht mit den raffiniertesten hypnotischen Befehlen verhindern. Richten sie das bitte Herrn«, dabei blickte er Maurer fragend an, »wie hieß er noch mal? Erickson oder so ähnlich aus!«

Zimmermann nickte unwillkürlich. Er hob die Rechte, als wäre er ein Schüler, der sich melden wollte. Etwas schien ihn zum Reden zu drängen. »Einige Tage, nachdem ich Roth meinen dritten Traum abgeliefert hatte, tauchte dieser unvermittelt in meinem Büro im Psychologischen Institut auf. ›Hier ist die Druckfahne der Habilitationsschrift von Andreas Rachner‹, sagte er. Offenbar hatte er die sie zum Vorwand für seinen Besuch genommen. ›Es wird Sie und Herrn Professor Graf sehr freuen. Die Zahlen sprechen eindeutig für die Verhaltenstherapie und gegen alle psychoanalytischen Therapieverfahren, allerdings werde ich mir zu einem späteren Zeitpunkt die Sache noch genauer anschauen. Für den Moment aber scheint Rachner für Ihre Seite einen wichtigen Sieg errungen zu haben.‹

›Hoffentlich keinen Pyrrhussieg‹, entgegnete ich ihm lächelnd. Noch konnte ich souverän kontern, doch eine innere Stimme warnte mich vor Roths nächstem Angriff, der hinterrücks kommen musste.

Roth lächelte spöttisch und fuhr nach einer Kunstpause ironisch fort: ›Zum heutigen Sieg meinen herzlichen Glückwunsch! Oder sind Sie über Ihre Wien-Studien schon halb zu den Freudianern übergelaufen, haben die Seiten gewechselt – oder sollte ich besser sagen: die Fronten getauskt, äh, getauscht?‹

›Ich verstehe nicht, was Sie damit sagen wollen, Herr Roth‹, konnte ich gerade noch entgegnen. Doch meine Stimme klang unsicher. Unerklärliche Wut stieg in mir auf.

Roth ließ sich nicht aus der Ruhe bringen. Genüsslich tischte er mir die nächste Überraschung auf: ›Ich habe kürzlich alte Seminarunterlagen aus den Anfangssemestern meines Psychologiestudiums ausgemistet. Es waren zwei Seminare dabei, die gastweise von Psychoanalytikern gehalten wurden – damals war das hier am Institut noch möglich, man war toleranter. Ein Seminar hieß *Die Mittwochsgesellschaft – Die Anfänge der Psychoanalyse*. Auf der Teilnehmerliste standen zu meiner großen Überraschung auch Sie, Herr Professor.‹

›Ich?‹, stotterte ich. ›Längst vergessen und vorbei.‹

›Vergessen ist nur verdrängt und nicht vorbei‹, lächelte Roth. ›Ein alter freudscher Lehrsatz besagt, dass das Verdrängte wiederkehrt, der so genannte Wiederholungszwang, wie Sie sich vielleicht noch erinnern werden – nun ist es da, das Verdrängte meine ich, in Form dieser Seminarliste. Ihre Universitätskollegen wären erstaunt, würden sie von Ihrer dunklen Vergangenheit erfahren.‹

›Wie gesagt, alte Geschichten. Zu verzeihende Fehler eines Anfängers der Psychologie – und Anfänger waren wir damals beide‹, versuchte ich mich zu verteidigen.

›Sie würden vermutlich sehr schnell zum unsicheren Kantonisten in der Riege der Universitätspsychologen und Verhaltenstherapeuten abgestempelt.‹

›Worauf wollen Sie hinaus?‹

›Auf nichts Spezielles. Allerdings halte ich Herrn Rachners Habilitationsschrift, wie soll ich sagen, für problematisch. Mit Ihrem Einverständnis könnte ich sie ohne größere Probleme wegen eines Formfehlers ablehnen, zumal – aber ich will das nun hier nicht weiter ausführen – die Daten einige, um es vorsichtig zu sagen, Ungenauigkeiten zu enthalten scheinen. Sie verstehen, was ich meine?‹

›Dieser Vorschlag eines Tauschhandels ist ungeheuerlich. Was denken Sie von mir? Verschwinden Sie auf der Stelle!‹

›Apropos Tauschhandel. In diesem besagten Seminar wurde auch ausführlich über Victor Tausk gesprochen. Erinnern Sie sich noch? Ein genialer Schüler Freuds, wohl der begabteste unter ihnen, im Übrigen ein faszinierender Mann, besonders für die Frauen. Ich nenne nur Lou Andreas-Salomé, die bekannteste seiner zahlreichen Gespielinnen. Sie kennen Salome, die den Kopf des Täufers fordert und auch bekommt?‹

›Nein, was sollen diese alten Mythen?! Verschwinden Sie auf der Stelle!‹ Ich schrie beinahe.

Roth wollte gehen.

Ich rief ihm noch nach: ›Und außerdem: Was hat dieser Unbekannte namens Tausk hier mit uns und der Habilitationsschrift von Rachner zu tun?‹

Roth hielt inne, drehte sich langsam um und sagte mit leiser, kühler Stimme: ›Nun, ich denke, sehr viel mit Ihnen, will sagen, mit Ihrer psychoanalytischen Vergangenheit.‹ Damit wandte Roth sich ohne einen Gruß ab und verließ mein Büro.

Nun war es mir zur Gewissheit geworden: Roth kannte meine drei Träume. Ich zerbrach mir noch den Kopf, wie ich Roth nachweisen und damit konfrontieren konnte, dass er sie gelesen hatte, als mich die Nachricht von seiner Ermordung erreichte. Und ich muss – so Leid es mir tut – sagen, dass ich erleichtert war. Roth hat sein Wissen mit in den Tod genommen.«

»Nicht ganz«, sagte Freud, »das Verdrängte kehrt wieder und ist auch durch die Ermordung eines Geheimnisträgers nicht aus der Welt zu schaffen, solange es noch andere Beteiligte gibt.«

»Ein Beteiligter sind Sie, Herr Professor Freud, ob Sie wollen oder nicht«, warf Jung scharf ein. »Nach dem, was ich nun gehört habe und selbst noch aus jener Zeit weiß, muss sich die Geschichte in etwa so abgespielt haben: Wie Sie sich noch erinnern werden, hat Tausk, der ab 1908 bei Ihnen Psychoanalytiker wurde, auf Ihr Drängen hin Medizin studiert. Tausk muss Frau Dr. Zimmermann während seines Medizinstudiums etwa um 1911 kennen gelernt haben. Auch sie, die schon in der Klinik des Psychiaters Wagner-Jauregg eine Stelle in Aussicht hatte, wird sich für die Psychoanalyse interessiert haben. Jedenfalls entstand eine Liebesbeziehung zwischen Tausk und Frau Dr. Zimmermann, die so lange anhielt, bis Lou Andreas-Salomé auf dem psychoanalytischen Parkett Wiens auftauchte. Es dauerte nicht lange, bis Lou Andreas-Salomé den attraktiven Tausk zu einem Tänzchen oder, besser, zu einem Wiener Walzer mit slawischem Blut aufforderte – und das nicht ganz ohne Ihr Wohlwollen, Herr Professor Freud. Damit hatten Sie den unberechenbaren Konkurrenten Tausk unter Kontrolle und zugleich die für die Förderung der Psychoanalyse so verheißungsvolle Andreas-Salomé an Wien gebunden. Dass Tausk Frau Dr. Zimmermann einfach fallen ließ, konnte Ihnen nicht entgangen sein, musste Ihnen der Psychoanalyse zuliebe aber gleichgültig sein. Sie kannten auch sonst keine Gnade, wenn es um Ihr Lebenswerk ging. Kurz nachdem Tausk Frau Dr. Zimmermann verlassen hatte, wird sie entdeckt haben, dass sie schwanger war.« Jung strich sich genüsslich mit der Rechten über das Kinn, bis er wahrnahm, dass Freud aufgestanden war und das Sprechzimmer verlassen hatte.

Das Bild in der Kristallkugel löste sich auf. Immer dasselbe Ende, dachte Maurer. Wenn es für Freud kritisch wird, entzieht er sich, und ich bleibe zurück, ohne klarer zu sehen, wie Zimmermann in den Mordfall Roth verwickelt ist. Wie er in die Geschichte der Psychoanalyse verwoben ist, ist nun klar, mehr aber auch nicht. Es bleiben noch drei Träume, die jeweils letzten von Professor Graf und Professorin Schneeweiß-Rode und der einzige Traum des Ermordeten selbst. Dann will ich die Sache im Kasten – oder, genauer, in der Kristallkugel – haben.

»Deshalb rasch, die Nächste bitte, Frau Professor Schneeweiß-Rode«, murmelte Maurer leise vor sich hin. Die Professorin legte sich in der Kristallkugel ohne Umstände auf die Couch.

»Sie werden lachen, aber Sie kennen es schon«, begann die Professorin. »Hier auf der Couch fällt mir zuerst die Geschichte von Sabina Spielrein ein.«

»Ist völlig in Ordnung.« Maurer lächelte. Wie selbstverständlich saß er im Therapeutensessel, dieses Mal allerdings in Jungs hohem Lehnstuhl. Wegen der Parität, dachte Maurer schmunzelnd.

Die Professorin lag mit offenen Augen, die, wie in die Ferne schauend, an die Decke gerichtet waren, auf der Couch.

»Einen Augenblick«, sagte er, »lassen Sie mich den Platz wechseln. Wenn es um Sabina Spielrein geht, fühle ich mich in Freuds Sessel wohler.«

»Verstehe, aber auch er spielt dabei keine besonders glückliche Rolle. Beide, Jung und Freud, haben für mich in dieser

Geschichte ihr Gesicht verloren, nur Sabina Spielrein bewahrte ihre Würde.«

»Hm?« Maurer ließ sich in Freuds Sessel nieder.

Die Stimme der Professorin klang leise, aber nachdrücklich, als erzähle sie ein ferne, unglaubliche Sage.

Aus der Freitagsliebe zwischen Sabina Spielrein und Jung ist eine Briefaffäre geworden, in der keine Liebesbriefe, sondern diplomatische Depeschen und Botschaften ausgetauscht werden. Aus der Poesie wurde die Prosa der Diplomatie, der Kriseninterventíon, der kleinen und großen Lügen.

Die Prosa der Verleugnung und des Verrats beginnt im März 1909 mit einem Brief Freuds an Jung, in dem er diesem mitteilt, dass sich eine junge Dame bei einem Nervenarzt Dr. Muthmann als Jungs Geliebte vorgestellt habe. Freud kennt zunächst nur diese Mitteilung, schon ergreift er väterlich Partei für seinen Schüler. Diese Frau – ihren Namen kennt er ebenfalls noch nicht – kann nur eine verschmähte Neurotikerin sein, die Jung verleumden will. Es ist eben das Berufsrisiko des Psychoanalytikers, dass er von der Liebe, mit der er arbeitet, in Mitleidenschaft gezogen wird. Doch das kann und darf kein Grund sein, diesen Beruf aufzugeben.

Postwendend, schon nach vier Tagen, kommt von Jung ein briefliches Dementi. Sonst antwortet Jung seinem Briefpartner kaum so rasch, er ist es, der bei Freud oft in der Briefschuld steht. Eine derartige als Gerücht hinterbrachte Geschichte sei ihm ganz dunkel und unbekannt. Er könne sich im Gegenteil kaum vorstellen, wer diese Dame sein könnte. Er, eine Geliebte, er, der harmloseste Ehemann – undenkbar! Jung rettet sich in den sicheren Hafen seiner Ehe. Damit ist die Sache, damit ist Sabina Spielrein für ihn erledigt. Hoffentlich wird Freud die Sache ruhen lassen und vergessen.

Bis Juni 1909 hat Jung seine Ruhe, zumindest äußerlich, dann überschlagen sich die Briefereignisse.

Sabina bittet Freud brieflich um ein Gespräch. Dieser bringt den ihm unbekannten Namen sofort in Verbindung mit den Gerüchten um Jungs Affäre. Nun kann es Freud nicht schnell genug gehen. Die Sache wird gefährlich für ihn und seine Psychoanalyse. Würde dieser Fall unter den Ärzten und in der Öffentlichkeit bekannt, könnte er die Psychoanalyse nicht mehr halten. Sie würde weggeschwemmt von Sturzbächen der Verleumdungen, Gerüchte und üblen Nachreden. Hohn und Schadenfreude seiner Gegner, die schon lange auf so etwas gewartet haben, würden wie Schaumkronen auf dieser trüben Flut tanzen. Schadensbegrenzung ist angesagt. Die Sache muss in die richtigen Bahnen gelenkt werden. Noch ist es nicht zu spät.

Freud bittet Jung, ihn in einem Telegramm schnellstmöglich aufzuklären. Zu viele persönliche Sorgen solle Jung sich allerdings nicht machen, fügt er zur Beruhigung hinzu.

Jung kommt der Aufforderung nur teilweise nach und gibt in einem Brief nähere Erklärungen. Sabina Spielrein, die ihn einer Liebesaffäre bezichtige, sei sein erster erfolgreicher psychoanalytischer Fall, den Freud – ohne Namensnennung – aus früheren Briefen und einer Veröffentlichung bereits kenne. Um einen Rückfall bei der Patientin zu verhindern, habe er sie jahrelang begleitet und ihr schließlich seine Freundschaft angeboten. Natürlich habe sie es auf seine planmäßige Verführung abgesehen gehabt, der nachzugeben er für nicht opportun gehalten und sie deswegen selbstverständlich abgewehrt hatte. Nun übe sie Rache gegen ihn, was ihm eine bittere Erfahrung sei und großen Schmerz bereite. Selbstverständlich habe er die Sache endgültig abgeschnitten.

Freud schreibt Sabina und rät ihr, ihre Gefühle für Jung zu unterdrücken und zu erledigen. Sabina soll das still in ihrem eigenen Seelenkämmerchen tun und dazu keinesfalls weitere Personen heranziehen, geschweige denn eine öffentliche Aktion daraus machen.

Dieser Rat wäre nicht mehr nötig gewesen, jedenfalls nicht aus Sabina Spielreins Sicht. Sie weiß, dass es für sie nur eine

Rettung gibt, und für diese Rettung kann nur sie selbst sorgen. Sie teilt Freud ihren Plan mit, ganz so, als müsste sie die beiden Männer beruhigen. Es liegt ihr fern, Jung bei Freud anzuklagen. Im Gegenteil: Sie weiß, dass sie in ihm keinen Schurken, keinen Taugenichts sehen kann und will. Sie will hören – von Freud, der Jung nach Sabinas Urteil am besten kennt und der ihn wie kein anderer liebt –, dass Jung ihrer Liebe wert war. Sie will sich ihre Liebe zu Jung nicht zerstören lassen, am wenigsten will sie sie selbst zerstören. Sie liebt ihn noch, trotz seines Verrats. Und sie weiß, dass sie diese Gefühle nicht einfach unterdrücken kann, wie Freud von ihr verlangt und wie es Jung anscheinend ohne Rührung gelingt. Nur eines wünscht sie sich: dass sie sich liebend von ihm trennen und dann ihren eigenen Weg gehen kann.

»Ist das überhaupt möglich«, dachte Maurer laut, »ist Sabina da nicht das naive Mädchen, das sich das Schöne bewahren und selbst das gute, unschuldige Mädchen bleiben will?«

»Zugegeben«, antwortete die Professorin, »ohne wirklichen Zorn gegenüber dem, der ihr diese Verletzungen zugefügt hat, ist ein Abschied von Jung nicht möglich. Erst der Zorn würde ihr helfen, Abstand zu gewinnen und Jung realistisch, also auch mit seinen Schattenseiten zu sehen.«

»Ist ihr später eine Bewältigung – oder kann ich sagen: ›Heilung‹ – gelungen?«

»Ich glaube nicht. Sie hat Jung noch lange verklärt, obwohl sie sich seines Kunstfehlers bewusst war. Noch Jahre später hat sie ihm ihre Träume geschickt, damit er sie ihr deuten sollte.«

»Ist das nicht ein wenig verrückt?«

»Ich weiß es nicht. Sie hat den Abschied von Jung geschafft, ohne ihn zu hassen. Das macht sie für mich zu einer besonderen Frau.«

Ein anonymer Brief an Sabinas Eltern taucht auf. Ihre Eltern sollten Sabina retten, sonst werde ihre Tochter von Jung zugrunde gerichtet werden. Sabinas Mutter weiß, was diese namenlose Nachricht bedeuten kann: Ihre Tochter ist wieder in Gefahr, in Lebensgefahr, wie damals, als sie sie ins *Burghölzli* zu Jung brachten. Sie schreibt Jung einen Brief, in dem sie Rechenschaft fordert und darauf drängt, dass er die Grenzen der Freundschaft wahrt.

Jung dreht den Spieß um: Sein Brief an die Eltern ist eine Rechnung, die Rechnung des Judas, der für den Verrat seinen Lohn von dreißig Silberlingen verlangt. Schwarz auf weiß stellt er die Rechnung auf. Da ein Arzt bezahlt wird, kennt er seine Grenze; Sexuelles ist – auch wenn die Patientin es will – ausgeschlossen. Getauscht wird im Warenhandel der Psychotherapie nur Geld gegen die therapeutische Arbeit des Arztes, nichts anderes, dann ist die Beziehung abgegolten. Wenn er, Jung, Sabina Freundschaft angeboten hat, dann nur aus einer weichen und mitleidigen Stimmung heraus, um dem kranken Mädchen zu helfen. Damit die Rechnung stimmt und der Warenverkehr zwischen der Patientin und Jung im Nachhinein ordnungsgemäß geregelt wird, schlägt er den Eltern vor, für jede zurückliegende Konsultation ihrer Tochter zehn Franken zu bezahlen.

Zitternd hält Sabina diesen Judas-Brief in den Händen.

»Ich bin kein Kind mehr, das du unter deinen Schutz nehmen musst«, sagt sie zu ihrer Mutter, die ihr wortlos, mit Tränen in den Augen, das Verräterdokument überreicht hat. Sabina fällt der Traum der letzten Nacht ein: Ihre Mutter will über ihr einen Schirm aufspannen. Doch er ist brüchig und löchrig. Sie nimmt ihren eigenen, der noch ganz neu ist. Aufgespannt ist er straff und stattlich.

»Geh nicht zu Bleuler«, fleht Sabina ihre Mutter an.

»Doch! Der Chefarzt muss wissen, was Dr. Jung mit seiner Patientin gemacht hat.«

»Lass doch! Denk daran, was Vater gesagt hat.«

Frau Spielrein nickt ergeben. Man solle die Tochter tun lassen, was sie für nötig hält, hat ihr Mann bestimmt. Er sei froh, dass Sabina Jung eine Ohrfeige gegeben habe. Das zeige, dass sich Sabina schon selbst helfen könne.

Freud erfährt von den Vorgängen um Sabina. Jung kann nun nicht mehr anders, als Freud endlich die ganze Wahrheit zu eröffnen. Er entschuldigt seine Verschleierungstaktik mit seinem Vaterkomplex: Er habe bei einem Geständnis den Tadel Freuds befürchtet.

Freud ist erleichtert, seine Rolle als Jungs erfahrener väterlicher Freund wieder gefunden zu haben. Er ist nun auch wieder der distanzierte Naturwissenschaftler, der die Sache als Experiment beobachtet, das vielleicht auch neue Erkenntnisse bringen könnte. Freud vergleicht Jungs Erfahrung mit der Arbeit im Labor. Wenn ein Reagenzglas über der Spiritusflamme zu schnell erhitzt wird, zerspringt es.

Jung versteht den Hinweis. Zu schnell und intensiv hat er sich in der Analyse von Sabina Spielrein auf die Gefühle der Liebe eingelassen. Erleichtert nimmt er Freuds Erklärung auf.

Freud spricht in der Analyse dieser Affäre den Begriff aus, nach dem er schon lange gesucht hat. »Gegenübertragung« ist das Wort, das er von nun an für die Gefühle des Psychoanalytikers, die dieser gegenüber dem Patienten empfindet, verwenden wird. Jung hat ihn mit seiner Affäre auf die Spur gebracht. Und so hat auch Freud doch noch einen Gewinn aus dieser unerfreulichen Geschichte.

»Und Sabina Spielrein zahlte dafür den Preis? Wie erging es ihr weiter?«, fragte Maurer.

»Ich glaube, dass es einem Menschen nicht schlechter gehen kann als ihr – wenn ein solcher Vergleich überhaupt zulässig ist. Ihr innerer Zustand ist kaum zu beschreiben«, antwortete Karin Schneeweiß-Rode. »Wenn ich ihre Brieffragmente und Tagebuchblätter lese, kann ich ihre Verzweiflung, aber auch ihren Lebenstrotz nicht fassen. Dieser Trotz war es, der ihr das Überleben schließlich ermöglichte. An einer Stelle ihres Tagebuchs schreibt sie, dass sie sich ohne Zögern mit Zyankali vernichten könnte, weil sie keine Angst mehr vor dem Tode habe. Im nächsten Satz aber wehrt sie sich gegen diese traurigen Fantasien und beendet den Tagebucheintrag an diesem Abend mit einem einzigen Wort und einem Ausrufezeichen – ›Mut!‹.«

Mehr als ein »Mhm« kam nicht von Maurer.

Sabina arbeitet, sie arbeitet ihren Schmerz und ihren Zorn in ihre Doktorarbeit hinein, sie arbeitet sich über ihre Abgründe hinweg, rettet sich im Schreiben. Ihren Wunsch, sich zu töten, lässt sie in eine Arbeit über den Todesinstinkt einfließen. Sie ist es, die als Erste einen zweiten Grundtrieb neben der Sexualität postuliert, den Todestrieb. Das Individuelle wird in der Liebe ausgelöscht, vernichtet, damit Neues entstehen kann. Die Liebe will nicht mehr das kleine Ego, sie will die Verschmelzung, die Auflösung. Der Koitus wird in Träumen oft als Sterben dargestellt. Doch wo der Tod sich zeigt, regt sich auch der Trieb zum Leben, zum Weiterleben in neuer Gestalt und mit neuer Kraft. Sabina Spielrein arbeitet alles aus sich heraus, was sie in ihrer Erkrankung als Kind und Jugendliche und später mit Jung erlebt hat. Sie gebiert den Gedanken eines Todestriebs. Das hält sie am Leben.

Es ist ein Leben auf der Flucht. Sie läuft weg vor ihrer Liebe zu Jung, die einfach nicht aufhören will, die ihr Herz immer noch verbrennt. Im November 1911 geht sie zu Freud nach Wien und hofft, dass er sie aus beidem retten kann, aus dem unlöschbaren Feuer ihrer Liebe und aus ihrer Selbstzerstörung.

Freud empfängt sie freundlich und gibt ihr den Schutz, den sie braucht. Sie wird in die Mittwochsgesellschaft aufgenommen. Ihre Arbeit zum Todestrieb wird von allen interessiert gehört und angeregt diskutiert, nur einer, Freud selbst, wehrt ab und lässt Sabinas Gedanken nicht an sich heran.

Acht Jahre später wird er den Gedanken aufgreifen und unter seinem eigenen Namen in die Psychoanalyse einführen und bekannt machen – er unterlässt es, Sabina Spielrein als eigentliche Entdeckerin zu nennen.

Sabina kann nicht in Wien bleiben: Mit ihrem Wichtigsten, ihrem leidenschaftlichen Todesliebeswunsch, wird sie von Freud nicht aufgenommen, nicht gehalten. Kurz darauf flieht sie in eine Ehe, sie flieht vor der sie noch verfolgenden vernichtenden Liebe zu Jung. Vielleicht kann eine Ehe die Unglücksliebe eindämmen und ersticken. Ein Jahr nach der Eheschließung gebiert Sabina, die todesverliebte Frau, eine Tochter. Renata, die Wiedergeborene, heißt sie. Später wird sie noch eine Tochter zu Welt bringen. Nach Umwegen, Fluchtwegen und Zwischenaufenthalten kann sie 1923 in ihre Heimat Rostow zurückkehren. Dort gründet sie ein psychoanalytisches Kinderheim, wird anerkannte Analytikerin und lehrt an der Universität. 1941 wird sie als Jüdin mit ihren Töchtern von den einmarschierenden Deutschen erschossen.

»Ich höre die Schüsse in meinen Ohren gellen«, flüsterte Karin Schneeweiß-Rode mit brüchiger Stimme. »Sie treffen mich selbst.«

Maurer schwieg.

»Die Schüsse klingen wie berstendes Eis«, sagte die Professorin tonlos.

»Wie Eis?«

»Ja, ich höre es, und es erinnert mich an meinen dritten Traum.«

»Möchten Sie ihn erzählen?«

Schneeweiß-Rode nickte. »Ich sitze in einem Ruderboot. Ein etwas älterer Mann sitzt mir gegenüber und taucht die Ruder in gleichmäßigen Zügen in den stillen See, der warm in der Sonne liegt. Wir rudern, einem sachten Sog folgend, an das nördliche Ufer. Dort wird das Wasser bewegter. Plötzlich sind wir im Abfluss des Sees, und ein Bach reißt das Boot mit sich. Wir werden zwischen aufschäumender Gischt und hoch schlagenden Wellen hin und her geworfen. Es schleudert uns an die großen Steinblöcke, um die der Bach fließt, es schlägt uns gegen die Felsschrunden der enger werdenden Schlucht.

Da höre ich eine Männerstimme, die mir irgendwie bekannt vorkommt, laut ›Halt‹ rufen. Das Echo vervielfacht den Ruf.

Ich erschrecke. Die Abfahrt wird tatsächlich abgebremst. Das Boot fährt sich fest. Bestimmt im Kies und Sand des Bachbetts, denke ich. Doch als ich in den Bach schaue, sehe ich, dass er zufriert. Eisschollen blockieren das Boot, bis es ganz im Eis festfriert. An den Felsen der Schlucht hängen lange, spitze Eisstalaktiten; die Felsblöcke sind mit einer Eisschicht überzogen, das Boot ebenfalls.

Da steht mein Gegenüber auf und geht weg, als wäre nichts geschehen. Ich will es ihm nachtun. Doch ich kann mich nicht bewegen. Ich merke, dass ich zu einer Eissäule erstarrt bin, und weiß, wenn ich jetzt aufstehe, zerspringe ich. Dann wache ich erstarrt und ausgekühlt auf.«

»Brauchen Sie eine Decke?«, erkundigte sich Maurer.

Die Professorin nahm die angebotene Decke ohne ein Wort und warf sie über sich.

»Wieder ein Traum, der Sie frieren lässt?«, begann Maurer vorsichtig.

»Hm. Die Kälte holt mich ein.«

»Haben Sie eine Idee zu diesem Traum?«

»Ich ahne es – oder, besser, ich befürchte es.«

»Ist es das, wonach ich sie am Ende unserer letzten Sitzung gefragt habe?«

»Ich denke schon. Mein Verhältnis zu den Männern oder, genauer, das Verhältnis der Männer zu mir. Der Traum zeigt deutlich, dass man es nur als abgekühlt oder erkaltet bezeichnen kann. Beinahe banal, dieser dritte Traum.«

»Wir werden sehen«, versuchte Maurer vorsichtig zu widersprechen. »Mir fällt dazu die Geschichte von Sabina Spielrein ein, wie sie mit Jung auf dem Zürichsee gerudert ist.« Maurer blickte die Professorin an, die keine Regung zeigte. »Lassen Sie mich einfach ein paar Fragen stellen, wenn ich darf?«

Sie nickte.

»Ist es ein bestimmter Mann? Ich meine, Ihr Mitfahrer im Boot. Erinnert er Sie an jemanden, den Sie kennen?«

»Eine ungefähre Ahnung habe ich durchaus. Aber genauso interessiert mich, wer das ›Halt‹ ruft. Das Echo im Traum klang übrigens schrecklich.«

»Alt, alt, alt?«

»Ja, unendlich oft hallte es durch die Schlucht. Es ging mir durch Mark und Bein. Nach diesem Traum hatte ich das Gefühl, alt zu sein, steinalt.«

»Milton Erickson würde das eine massive und schlimme hypnotische Induktion nennen, die da im Traum zu hören ist. Und raffiniert verpackt überdies.«

»Er scheint Recht zu haben: Ich fühle mich seit langem schon wie eine alte Frau, die nichts mehr wissen will, am wenigsten von den Männern. Ich weiß, das klingt so negativ, und von außen sieht mir das niemand an, aber innerlich fühle ich mich tatsächlich so.«

»Seit wann empfinden Sie so? Seit damals, ich meine, seit der … wie soll ich sagen?«

»Seit der Vergewaltigung? Sprechen Sie es ruhig aus. Nein, ich weiß es nicht. Sicher, so etwas hinterlässt lebenslange Spuren, doch dieses Gefühl, alt zu sein, hat erst später eingesetzt.«

Es war eine gute Zeit. Ihr schien alles zuzufallen. Karin Schneeweiß-Rode war noch keine dreißig und hatte gerade ihre Promotion hinter sich gebracht. Die halbe Assistentenstelle an der Universität ernährte sie zwar nicht üppig, aber immerhin so, dass sie sich das Wichtigste leisten konnte.

Seit vier Semestern hatte sie sich außerdem ihren größten Wunschtraum erfüllt. Sie hatte am C.-G.-Jung-Institut mit der Ausbildung zur Analytischen Therapeutin begonnen. Jungianerin zu sein und dann Therapie in der eigenen Privatpraxis zu machen – etwas Besseres konnte sie sich nicht vorstellen. Bald würde sie die Universität mit ihren Intrigen und Inszenierungen nach dem Motto »Wer ist der Klügste im ganzen Land?« hinter sich lassen. Bisher hatte sie ganz gerne und – das sagte sie sich nicht ohne Stolz – auch erfolgreich mitgemischt. Doch eine Fortsetzung der Universitätskarriere hätte bedeutet, sich der herrschenden Psychologie zu unterwerfen. All das passte nicht mehr zu der Lebenslust, die nach Abschluss ihrer Doktorarbeit überraschend in ihr aufgebrochen war.

Ihre Ausbildung am Jung-Institut wurde von den Kollegen an der Universität zwar mit Stirnrunzeln betrachtet, aber als ihre Privatsache notgedrungen akzeptiert und als hoffentlich bald vorübergehender Spleen eingeschätzt, der ihr bei jeder Gelegenheit spöttisch vorgehalten wurde. Karin nahm die Sticheleien mit Witz und Ironie auf und schoss die ein oder andere Spitze gegen den akademischen Betrieb und seine Engstirnigkeit zurück.

Wenn sie von der Universität zum Jung-Institut ging, ertappte sie sich hin und wieder dabei, dass sie hüpfte oder eine alberne Melodie im Kopf hatte. Dann war sie ein kleines Mädchen, das nicht auf die dunklen Steine im Kopfsteinpflaster treten darf, um nicht zu einer Nixe oder Nymphe verzaubert zu werden. Manchmal blieb sie in der Fußgängerzone im Passantenstrom stehen und kniff sich in den Arm, um sich nicht in ihrem Glücksgefühl zu verlieren.

Die Beschäftigung mit der jungschen Psychologie, mit Märchen und Mythen, mit Symbolen und Bildern, natürlich auch mit den eigenen Träumen, hatte in ihr etwas Verrücktes und Verspieltes zum Vorschein gebracht.

Sie schob die Eichentür der Jugendstilvilla auf und betrat die kühle, nun dunkel erscheinende Vorhalle des Instituts. Ihre Augen brauchten einen Moment, bis sie zuerst das große Porträtfoto von Carl Gustav Jung erkannten und sich dann dem schwarzen Brett zuwenden konnten, an dem seit dem Vortag die Vorlesungen und Seminare für das nächste Semester aushingen. Sie musste nur noch wenige Kurse belegen, dann konnte sie nach der Vorprüfung selbstständig, allerdings unter

Kontrolle eines Lehranalytikers, Patienten behandeln. Bei der Aussicht auf diese nächste, entscheidende Etappe ihrer Ausbildung stieg ihr trotz der dämmrigen Kühle des ehrwürdigen Vorraums Wärme ins Gesicht. Sie schrieb die Termine, Anfangszeiten und Namen der Dozenten der von ihr zu belegenden Seminare in ihren Notizblock. »Diagnostik II, Dr. Christian List« war die letzte Zeile.

»Das brauchst du doch nicht mehr zu belegen«, hörte sie eine männliche Stimme hinter sich. Sie blickte sich um.

»Ach du, Johannes!«, brachte sie überrascht hervor. Doch dann fing sie sich wieder: »Junge Männer sollten Damen nicht über die Schulter ansprechen. Das gehört sich nicht, mein Lieber.«

»Das kann schon sein. Aber *Diagnostik zwei* hast du doch schon gemacht.«

»Na und, was geht's dich an?«

»Das ist das einzige Seminar, das List im nächsten Semester anbietet.«

»Ach so, wusste ich gar nicht.«

»Na, gib's zu, du gehst gerne zu ihm.«

Die Wärme in ihrem Gesicht wurde zu einer unangenehmen Hitze. Das aufsteigende Rot konnte man im Dämmerlicht nicht erkennen.

»Ja, wo die Liebe hinfällt ...!«

Karin ließ ihren Block sinken. Der Kugelschreiber fiel zu Boden.

»Nichts für ungut, ich muss weiter. Habe noch einen Termin bei Hofstetter.« Johannes Roth nahm die Steinstufen der im großen Bogen sich aufschwingenden Treppe mit langen Schritten. Die einzelnen Wörter des unvollendeten Satzes »Ja, wo die Liebe hinfällt ...!« schienen bei jedem seiner Schritte im Stakkato durch das Institut zu hallen.

Die Hitze in Karins Gesicht war einer steinernen Kühle gewichen.

Sie hatte es selbst nicht gewusst oder nicht wissen wollen,

was Johannes Roth schon gesehen hatte. Sie war verliebt, daran gab es spätestens seit diesem Zwischenfall nichts zu zweifeln. »Na und?«, sagte sie sich trotzig und spürte, wie mit dem Trotz auch ihre Kraft wiederkam. Was spricht eigentlich gegen eine Beziehung zu List? Nichts!, dachte sie. List war weder ihr Therapeut noch ihr Lehranalytiker. Sie hatte einige Seminare bei ihm besucht, aber es gab keine therapeutische Beziehung zwischen ihnen. Natürlich ist er fünfzehn Jahre älter, überlegte sie weiter, aber Alter schützt vor Torheit nicht, besonders in der Liebe. Man muss die Liebe nehmen, wo sie hinfällt.

List war seit zwei Jahren Vorstand der C.-G.-Jung-Gesellschaft und damit automatisch auch Leiter des Instituts. Soviel sie wusste, war er schon seit längerem geschieden. Hatte sie ihn nicht kürzlich am Hochsee mit seinen beiden Kindern bei einer Bootsfahrt gesehen, oder war das nur eine Fantasie?

Noch während sie über ihre Gefühle zu ihm nachdachte, wusste sie, dass sie mehr waren als eine kleine Liebelei, und sie wusste, dass er es wusste und dass es auch für ihn mehr war als eine Spielerei.

Sie erinnerte sich an Lists letztes Seminar mit dem Thema *Traumsymbole des Individuationsprozesses*, an dem auch Johannes Roth teilgenommen hatte. Sie hatte Jungs umfangreiches Werk *Psychologie und Alchemie* in einem Referat vorgestellt. Jung hat darin die Suche der Alchemisten nach dem Stein der Weisen, dem »Lapis philosorum«, psychologisch gedeutet. Die Prozeduren der Alchemisten, die Phasen des Erhitzens, des Schmelzens, des Zusammengießens, der Schwärzung, der Weißung und Rötung der Materialien symbolisieren nach Jung psychische Prozesse, die die persönliche Entwicklung des Menschen beschreiben.

»Für den Mordfall Roth suche ich diesen elenden Stein der Weisen schon seit einer kleinen Ewigkeit«, unterbrach Maurer die Professorin unsanft.

»So banal versteht Jung den Stein der Weisen natürlich

nicht«, tadelte sie ihn. »Bei Jung ist der Stein der Weisen das Symbol für das Selbst. Die Individuation ist der Weg zu diesem Selbst, also der Prozess, in dem wir unserem eigentlichen Wesen und der Ganzheit unserer Psyche näher kommen. Träume sind dabei Wegweiser in diese Richtung. Hier zeigt sich der eigentliche Unterschied zu Freuds Auffassung der Träume. Bei Freud sind Träume im Wesentlichen Vergangenheitsbewältigung, für Jung sind sie nach vorne, auf die Entwicklung einer Person, gerichtet.«

»Wem erklären Sie das! Sie wissen doch, dass ich Jung mag«, wies Maurer die Erklärung der Professorin ein wenig barsch zurück.

»Warum dann diese Ungeduld? Sie müssten doch ganz zufrieden sein, dass Roth nun in meiner Vergangenheit auftaucht.«

»Im Grunde habe ich mir das schon länger gedacht. Bei meinen Vernehmungen an der Uni bin ich auf den merkwürdigen Umstand gestoßen, dass Roth damals gegen Ihre Berufung an die Universität intrigiert hat.«

»Ich habe so etwas geahnt, wenn auch nicht mit Bestimmtheit gewusst. Die Hintergründe sind vermutlich in der Geschichte zu suchen, die ich Ihnen gerade erzähle, und sie sind vermutlich in meinem dritten Traum zu finden. Also warten Sie noch etwas.«

»Sie haben leicht reden! Der Mordfall Roth muss heute Nacht noch geklärt sein, oder ich gebe die Suche nach dem Stein der Weisen auf.«

»Vielleicht war die erfolglose Suche wie bei den Alchemisten dann wenigstens auf der psychischen und symbolischen Ebene ein Beitrag zu Ihrer Individuation«, spottete die Professorin. »Apropos Ungeduld und Alchemisten: Am Ende meines Referats habe ich einen Alchemisten namens Morienus zitiert. Ich kann das Zitat noch auswendig: ›Diese Sache nämlich, die du so lange gesucht hast, kann nicht durch Gewalt oder Leidenschaft erworben oder durchgesetzt werden. Sie wird nur durch Geduld und Demut und durch deine entschlossene und vollkommenste Liebe erworben.‹«

Im Seminar herrschte Stille. Die Teilnehmer waren von Karins Darstellung beeindruckt. List bedankte sich überschwänglich – zu überschwänglich – für das glänzende Referat, nickte ihr dabei zu und fuhr nach einer Kunstpause fort: »Vielleicht sind der Eros und der Sexus, eben die Liebe, das eigentliche Movens unseres Individuationsprozesses. Oder ist die Liebe selbst der Stein der Weisen?«

Ihre Blicke trafen sich.

»Ich glaube nicht, Herr Dr. List, dass das ein jungscher Gedanke ist«, durchbrach Johannes Roth das nachdenkliche Schweigen der Seminarteilnehmer. Roth sah beide, Karin Schneeweiß-Rode und Dr. List, an. Einige Teilnehmer schwiegen betreten, andere protestierten gegen Roths Einwand. Dr. List beendete das Seminar mit einem Hinweis auf das Thema der nächsten Sitzung.

Karin Schneeweiß-Rode verdrängte die Erinnerungen an das Seminar. Während sie die Straße überquerte – obwohl die Fußgängerampel rot war – und das Hupen der Fahrzeuge überhörte, stand ihr Entschluss fest. Sie würde sich für *Diagnostik II* bei Dr. List anmelden. Sie musste wissen, was an ihren Gefühlen war, sie musste wissen, wie er reagieren würde. Mit »er« meinte sie Dr. List und zugleich auch Johannes Roth. Sie wusste nicht, wessen Reaktion sie mehr fürchtete. Lists mögliche Ablehnung oder Roths spöttische Ironie. Oder war es bei Roth einfach Eifersucht? Auf die triviale Idee, dass Roth sich in sie verliebt hatte, war sie noch nicht gekommen.

»Ich war damals wohl ziemlich naiv«, gestand Karin Schneeweiß-Rode.

Maurer wiegte fragend seinen Kopf und wartete auf eine Erläuterung.

»Männer waren mir gleichgültig. Ich liebte das Leben, wozu

brauchte ich da Männer.« Sie unterbrach sich einen Augenblick. »Vielleicht ist die Ursache aber auch in meiner Vergewaltigung zu suchen. Damals liebte ich vor allem mein Studium am C.-G.-Jung-Institut, sonst nichts – dachte ich wenigstens. Vielleicht hat sich Dr. List da eingeschlichen, oder ich habe meine Begeisterung für Jung auf ihn übertragen, ganz wie Sie möchten. Aber dass Roth sich für mich interessierte, wäre mir nicht im Traum eingefallen.

Ein paar Tage später kam die formelle Absage vom Institutssekretariat. Das Seminar *Diagnostik II* sei schon überfüllt und in diesem Fall den zweit- und drittsemestrigen Ausbildungskandidaten vorbehalten. Zugegeben, ich war ein wenig enttäuscht, aber mit einer Absage des Sekretariats konnte ich leben. Mir kam nicht in den Sinn, dass dahinter eine Anweisung von Dr. List stehen könnte.

Doch zwei Tage darauf kam ein kurzer Brief von ihm. Es sei wohl für alle Beteiligten besser und würde sowohl unter den Ausbildungskandidaten als auch in Therapeutenkreisen Missverständnisse vermeiden helfen, wenn sie sich in der nächsten Zeit aus dem Weg gingen. Manchmal sei der Verzicht eine größere Leistung, als den Gefühlen nachzugeben, die – wie schon andere bemerkt hätten – bei beiden vorhanden seien. Der lapidare Brief endete mit den besten Wünschen für eine erfolgreiche Therapieausbildung am Jung-Institut.

Mir wurde kalt. Der Brief glitt mir aus den Händen und flog unter die Anrichte im Flur meiner Zweizimmerwohnung. Dort lag er zwölf Jahre lang bis zu meinem Umzug. Ich hütete mehrere Tage frierend das Bett. Meine Kniekehlen schmerzten wieder. Ich wusste nicht, warum. Eigentlich war doch nichts Schlimmes passiert. Ein kleiner Flirt aus der Ferne, ein paar Gefühle wie bei einem pubertierenden Mädchen, ein paar illusionäre Tagträume – nichts anderes war es doch, was zu Ende ging.«

»Vielleicht war doch mehr geschehen?«, versuchte Maurer vorsichtig einzuwenden. »Ihr dritter Traum zeigt das offenkundig: Dr. List steigt aus dem gemeinsamen Boot, das er eben noch mit leichten Ruderzügen auf dem sonnendurchfluteten See bewegt hat. Sie bleiben, in einer Eisschlucht erstarrt, alleine zurück.«

»Aber warum lässt mich solch ein simples Verlassenwerden innerlich so erstarren?«

»Wer ist denn von uns beiden Psychologieprofessor?«, sagte Maurer grinsend. »Es scheint für Ihre Seele die Wiederholung einer alten Erfahrung zu sein – wieder ist es wie Ihr erster Traum ein Kältetraum, ein weißer Traum, wenn Sie so wollen. Natürlich! Das wird mir jetzt erst klar. Das Echo im Traum suggeriert auch dieses: Das Alte wird wieder herbeigerufen. Wie bei einem Fluch werden die Vergewaltigung und der Verrat von damals fast magisch wieder heraufbeschworen.«

»Dabei wollte Roth doch nur ›Halt‹ rufen, was er im übertragenen Sinne ja auch getan hat. Er hat meine Liebe zu List gestoppt. Es ist dieselbe hallende Stimme, die im Institut sagt: ›Ja, wo die Liebe hinfällt ...‹, genau, es ist Roths Stimme, die ich im Traum höre!«

»Vermutlich ist es auch kein Zufall, dass es gerade Roth ist, der das Alte, den alten Verrat, noch einmal heraufbeschwört.«

»Ich verstehe Sie nicht. Was wollen Sie damit sagen?«

»Ich müsste vielleicht genauer sagen: Ihr dritter Traum will Ihnen zeigen, dass Roth selbst die Verbindung zum Vergangenen ist.«

»Wollen Sie sagen, dass Roth mein Vergewaltiger war?«

»Nein, aber er war dabei.«

»Dabei?«

»Ich denke, er war der Verräter, der Sie im Stich ließ. Hieß der Junge auf dem kleinsten der sieben Motorräder nicht Hansi? Und ist Hansi nicht eine übliche Rufform von Johannes?«

Die Professorin wandte sich auf der Couch von Maurer ein wenig ab und krümmte sich unter der Decke. Sie fasste sich an die Kniekehlen. Maurer konnte nichts anderes tun, als zu warten. Es dauerte lange, bis sie langsam ihre Hände von den Kniekehlen wegzog und sich so mühsam streckte, als müsste sie warten, bis das Eis in ihr schmolz.

»Es stimmt«, sagte sie leise, »Roth, der doppelte Verräter.«

»Beim dritten Mal ist es ihm nicht gelungen.«

»Ein drittes Mal?«

»Nun, ich meine, bei Ihrer Berufung an die hiesige Universität.«

»Richtig. Er wollte mich nicht hier an der Uni haben. Er spürte, dass ich ihn ungewollt, allein durch die Anwesenheit meiner Person ständig an sein Versagen und seinen Verrat erinnern würde. Ich wäre für ihn ein ständiger Appell an seine Schuldgefühle – und das war ich wohl in der Tat die ganze Zeit für ihn, ohne dass ich es wusste.«

»Es muss eine schwierige Beziehung zwischen Ihnen und ihm gewesen sein?«

»Es schwankte von einer Nichtbeziehung – wir redeten uns wieder per Sie an – bis zur unsicheren Sympathie, besonders wenn es darum ging, die Dominanz der Verhaltenstherapie und der Zahlenpsychologie ein wenig anzukratzen.«

Nach einer Weile fuhr sie fort: »Jetzt verstehe ich auch seinen Besuch einige Tage vor seiner Ermordung. Am 14. oder 15. Dezember klingelte es abends um neun Uhr an meiner Haustür.«

Karin Schneeweiß-Rode erhielt selten so spät Besuch und schaute zum Fenster hinaus auf den mit groben Steinplatten gepflasterten Platz vor ihrem Haus. Sie erschrak und war gleichzeitig peinlich berührt. Roth stand mit einem riesigen Blumenstrauß und einer Sektflasche vor der Tür. Es blieb ihr keine andere Wahl, als zu öffnen.

»Entschuldigen Sie, verehrte Kollegin, dass ich Sie einfach überfalle«, stotterte Roth.

»Nun kommen Sie doch erst mal herein. Draußen ist es ja eiskalt.«

Roth überschritt ungelenk die Türschwelle und zog seinen

Mantel aus, dabei stieß er beinahe den frei stehenden Kleiderständer um. »Entschuldigen Sie bitte. Meine Brille beschlägt.« Er wischte sich umständlich die Brillengläser frei.

»Macht gar nichts. Nun kommen Sie doch herein, und erklären Sie mir die Überraschung.«

Er blickte sich im Wohnbereich der Professorin um. »Schön haben Sie es hier. Und warm! Wenn man aus der Kälte kommt, tut das doppelt gut.«

»Bitte setzen Sie sich doch. Was darf ich Ihnen anbieten? Einen Tee? Der wärmt auch von innen.«

»Nein, nein. Machen Sie sich keine Umstände, ich habe etwas mitgebracht, einen kalten Sekt.«

»Wie bitte? Sekt? Meines Wissens gibt es nichts zu feiern«, wehrte Schneeweiß-Rode kühl ab.

»Wenn Sie so wollen, doch. Ein bisschen. Oder, besser gesagt, sehr viel.«

»Sie machen mich neugierig.«

»Nun, wie soll ich sagen, erstens meine Entschuldigung.«

»Ich wüsste nicht, wofür Sie sich entschuldigen müssten.«

»Tja, ich war Ihnen gegenüber oft reserviert, an der Uni als Kollege, meine ich. Und dann ist da noch die alte Geschichte am Jung-Institut. Wir haben nie mehr darüber gesprochen, aber sie stand doch zwischen uns.«

»Längst vergeben und vergessen. Und im Übrigen war es doch wohl nicht Ihre Schuld, dass List nichts mehr von mir wissen wollte.«

»Nun, leider ist es nicht ganz so.«

»Wollen Sie etwa beichten?«, fragte sie ironisch.

»Lächerlich, nicht? Aber die Wirksamkeit der Psychotherapie liegt zum Teil doch auch darin, dass sie eine Beichte in säkularisierter Form ist.« Roth zögerte und fügte dann leise hinzu: »Also, nehmen Sie mir die Beichte ab?«

Obwohl die Professorin bei diesem beklemmenden Spiel zunehmend fröstelte, wollte sie nicht ablehnen. Sie nickte.

»Ich hatte nach der Begegnung am schwarzen Brett im

Jung-Institut ein Gespräch mit List. Die kurze Auseinandersetzung mit ihm im Anschluss an Ihr Referat hatte mir keine Ruhe gelassen. Ich wollte die Angelegenheit mit ihm klären, weil ich während meiner Ausbildung am Institut ein gutes Verhältnis zu ihm haben wollte. Leider ging das Gespräch völlig daneben und endete in einem Eklat.«

»Ging es in diesem Gespräch um mich?«

»Nein, eigentlich nicht und wahrscheinlich doch, auch wenn Ihr Name nicht ein einziges Mal fiel. Mir war das damals allerdings nicht bewusst.«

»Vielleicht doch!«, wandte die Professorin ein.

»Nein, es ging um die Bedeutung der Liebe in der jungschen Psychologie. Es war eine theoretische Diskussion, deshalb verstand ich auch nicht, warum List plötzlich emotional wurde: ›Was immer Jung über den Eros und den Sexus gedacht haben mag, ich halte sie für die Individuation des Menschen für zentral.‹

›Jung durfte die Liebe nicht für essenziell halten. Das hätte ihn an seinen Verrat der Liebe erinnert‹, antwortete ich aufsässig.

›Was meinen Sie damit?‹, wollte er wissen.

›Seine immer noch geheimnisumwitterte Liebe zu seiner Patientin Sabina Spielrein.‹

Damals war die Geschichte nur über den Briefwechsel zwischen Freud und Jung bekannt; die Tagebücher und Briefe Sabina Spielreins schlummerten noch unentdeckt in den Kellergeschossen des Palais Wilson in Genf.

Lists Stimme wurde hart: ›Sie werden doch ein persönliches Versagen – falls es ein solches war – nicht in eine Theoriediskussion um Jungs Positionen einbringen.‹

Ich weiß noch heute nicht, welcher Teufel mir meine Antwort einflüsterte: ›Bei großen Lehrern der Psychotherapie müssen Theorie und Praxis übereinstimmen. Jung hat mehr als versagt. Ich würde sagen, es war ein Vergehen, ein Vergehen an seiner Patientin und an der Liebe.‹

List war nun richtig ärgerlich. ›Junger Mann, ich glaube, es steht Ihnen als Ausbildungskandidat nicht zu, darüber zu befinden. Ich denke, wir beenden das Gespräch, und zwar auf der Stelle!‹

Wie betäubt verließ ich das Institut. Ich wusste, dass ich einen großen Fehler begangen hatte, aber nicht, dass ich damit Ihre Liebe zu List durchkreuzt hatte. Ich habe Sie danach nie mehr am Institut gesehen. Ich war so sehr mit meinen nachfolgenden Schwierigkeiten am Institut beschäftigt, dass ich mich nicht um Sie gekümmert habe. Erst als Ihr Name auf der Berufungsliste unserer Universität auftauchte, fiel mir die Geschichte wieder ein, und ich erkundigte mich vorsichtig bei Kollegen und alten Freunden aus meinen Institutszeiten, was aus Ihrer Ausbildung am Jung-Institut geworden war. Als man mir dann erzählte, dass Sie die Ausbildung ein Semester nach meinem desaströsen Gespräch mit List abgebrochen hatten, begann ich die Zusammenhänge zu ahnen. Da List wusste, dass ich die Gefühle zwischen Ihnen und ihm intuitiv erfasst hatte, musste er das Gespräch als Warnsignal auffassen. Sicherlich hätte eine Liebesbeziehung zu Ihnen keinen großen Skandal ausgelöst, aber als Vorstand der Jung-Gesellschaft und Direktor des Instituts wäre er angreifbar gewesen. So hat er Sie, wie ich vermute, geopfert oder, anders ausgedrückt, die Liebe zu Ihnen verraten. Liege ich da richtig?«

Schneeweiß-Rode stimmte ihm mit einem kaum merklichen Nicken zu. »Eine lange Beichte. Alle Achtung!« Sie spürte kalte Wut in sich aufsteigen. »Die wäre nicht nötig gewesen. List wäre wohl selbst auf die Idee gekommen, dass eine Liaison mit einer Ausbildungskandidatin seiner Karriere nicht gerade förderlich war. Also, was soll's. Wie gesagt, vergeben und vergessen. Oder haben Sie noch etwas zu beichten?«

Roth zögerte. »Sie haben Recht. Was soll das Beichten, alte Geschichten sollte man ruhen lassen.«

»Gibt es noch etwas anderes?«

»Nein, das war nur so allgemein dahingesagt. Lassen Sie

uns über den zweiten Grund meines Kommens sprechen. Vielleicht ergibt sich hier ein Anlass zum Feiern. Wäre es nicht an der Zeit, dass die Nicht-Verhaltenstherapeuten an der Uni enger zusammenarbeiten? Wir beide könnten den Anfang machen. Später ließe sich dann eine Arbeitsgruppe gründen.«

Die Professorin nickte müde. Sie stimmte der Idee zu, obwohl sie wusste, dass zwischen ihr und Roth noch etwas im Raum stand. Sie ließ die Überlegungen und Pläne, die er ihr wortreich ausbreitete, an sich vorüberziehen. Das Feuer im Kachelofen war inzwischen erloschen. Sie hatte vergessen, Holz nachzulegen. Der Sekt war warm geworden und hinterließ – nachdem sie sich von Roth doch noch zum Mittrinken hatte überreden lassen – einen schalen Nachgeschmack.

Sie war froh, als Roth seinen Aufbruch ankündigte. Er überreichte ihr den Blumenstrauß, den beide während des Gesprächs völlig vergessen hatten.

»Herzlichen Dank! Ihr Besuch war wirklich eine gelungene Überraschung«, versuchte sie das Abschiedsritual zu beschleunigen.

»Hat mich gefreut. Ich denke, dass unser Gespräch sehr produktiv war.«

»Ganz sicher.«

»Ich werde schon bald wieder bei Ihnen zu Besuch sein, dann bin ich aber wenigstens offiziell eingeladen.« Roth zeigte seine Vorfreude mit einem gekünstelten Lachen.

»Eingeladen?«

»Zusammen mit Professor Graf und Professor Zimmermann samt Assistenten werde ich bei Ihnen einfallen.«

»Natürlich, die Wette, die hatte ich ganz vergessen! Ich bin ja gespannt, was aus dieser gemeinsamen Traumdeuterei wird und, vor allem, wer die Traumwette gewinnt.« Die Professorin bemühte sich ihrerseits, Vorfreude zu zeigen, was ihr gründlich misslang.

»Vielleicht sind Sie es, liebe Kollegin. Ich würde es Ihnen persönlich gönnen, und ein kleiner Triumph für die Tiefenpsychologie wäre es obendrein«, lachte Roth und verschwand in der frostigen Nacht.

»Ein schwieriger Gast, dieser Roth, an jenem Abend«, bemerkte Maurer mit einem tadelnden Kopfschütteln. »Und ein feiger dazu. Vor der Beichte seines ersten Verrats hat er gekniffen.«

»Männerschwein, dreckiges!«

Maurer zuckte zusammen. Er griff nach der Armstütze des Sessels.

»Ich wünsche ihm den Tod an den Hals.«

»Ist schon geschehen«, sagte Maurer in Erwartung eines neuen Wutausbruchs vorsichtig.

Die Professorin brach in schallendes Gelächter aus. Maurer erinnerte sich an Freuds Untersuchung zum Witz, in der er festgestellt hatte, dass das Lachen häufig der Aggressionsabfuhr dient.

Karin Schneeweiß-Rode legte wie ertappt ihre Hand vor den Mund. »Oh, war das jetzt eine falsche Reaktion, die mich belasten könnte? Verhaften Sie mich doch am besten gleich.«

»Nein danke«, wiegelte Maurer ab. »Ihr spontanes Lachen hat sie eher entlastet. Doch nun wieder zurück zum Ernst des Lebens. Wie ging es damals am C.-G.-Jung-Institut weiter?«

»Wollen Sie es wirklich wissen? Es trägt nicht zur Klärung des Mords bei. Nur das Übliche, das miese Scheitern, die Bauchlandung, alltägliche Katastrophen. Für das nächste Semester ließ ich mich beurlauben. Ich konnte das Institut nicht mehr betreten. Schon in der Vorhalle zitterte ich erbärmlich. Ich hörte jedes Mal Roths Stimme: ›Ja, wo die Liebe hinfällt …‹ Nach Wochen des Zögerns, des Zweifelns und der Unentschlossenheit meldete ich mich von der Ausbildung ab. Wenn ich an Jung oder das Institut dachte, spürte ich nur noch Müdigkeit und ein leichtes Ziehen in den Kniekehlen. Ich gab auf, ich musste aufgeben. Danach setzte ich meine ganze Energie in meine Universitätskarriere – mit Erfolg, wie Sie wissen. Wozu eine missglückte Liebe doch gut sein kann.«

»Und Roth? Ich meine, was geschah mit ihm?«

»Bei der Abmeldung erfuhr ich von Kommilitoninnen, dass Roth unerwartet und unerklärlicherweise durch die Vorprüfung gefallen war. Heute verstehe ich, was dahintersteckte. Nach einem zweiten, ebenfalls gescheiterten Versuch hat er die Ausbildung aufgegeben. Er kam später an der Uni in seinem verhassten Job im Prüfungsamt unter.«

»Und wie es der Zufall will, treffen Sie sich wieder, die Verratene und der Verräter. Wie im Kriminalroman. Dort würde das schon für einen gewaltigen Anfangsverdacht ausreichen.«

Die Professorin verschwand von der Couch. Maurer erhob sich enttäuscht aus seinem Sessel und rief Freud und Jung in das Therapiezimmer. Sie ließen sich ein wenig umständlich, aber doch entschlossen in ihren angestammten Sesseln nieder.

Freud strich sich über den kurz geschnittenen, weißgrauen Bart und rückte seine Brille gerade.

»Wenn ich das richtig sehe«, begann er und blickte zu Jung hinüber, »kommen wir jetzt zum letzten Traum des Kollegen Graf.«

Jung nickte ihm zustimmend zu. »Wir könnten uns an die Arbeit machen, falls Sie sich in Ihrem Ärger über die Tausk-Zimmermann-Geschichte wieder rekommodiert haben.« Dabei flog ein schelmisches Lächeln über sein Gesicht.

»Ihr Spott, lieber Doktor, scheint die Abwehr Ihrer Spielrein-Geschichte zu sein«, entgegnete Freud kühl.

Jung sank in sich zusammen.

Maurer befreite Jung aus seiner misslichen Lage, indem er zweimal in die Hände klatschte. »Ich möchte Ihre Aufmerksamkeit auf Herrn Professor Graf lenken. Durch ihn wurden bisher keine alten Erinnerungen bei Ihnen aufgerührt. Aber die Begegnung mit ihm war für Sie, meine Herrn, doch unangenehm und wird es auch in der letzten Sitzung sein, weil er gegenwärtig einer der entschiedensten Gegner der Tiefenpsychologie ist.« Maurer machte eine Pause, um die Wirkung seiner Worte zu beobachten. Jung war noch sichtlich verärgert. Freud schien in Erinnerungen versunken zu sein. Maurer fuhr fort: »Ich erinnere daran, dass Professor Graf zusammen mit seinem Assistenten Andreas Rachner demnächst eine Studie veröffentlichen wird, die belegen soll, wie deutlich die Verhaltenstherapie der Tiefenpsychologie überlegen ist. Auch ein anderer Assistent von Professor Graf namens Thomas Schlichter hat insbesondere Ihren Ansatz, Herr Jung, einer eingehenden Kritik unterzogen.«

»Vielleicht hat der Mordfall Roth auch etwas mit dieser Kontroverse, besser gesagt, mit diesen abgründigen Animositäten gegen die Tiefenpsychologie zu tun.« Jung hatte sich sichtlich gefangen. »Meine Intuition gibt mir das zu verstehen.«

»Ich denke, dass diese Hypothese, Herr Dr. Jung, vieles für sich hat und die richtige Fragestellung für Professor Grafs dritten Traum abgibt«, bestätigte Maurer.

Auch Freud stimmte mit einem kaum hörbaren Räuspern zu.

»Wir beginnen!«, sagte Maurer und ließ Graf das Therapiezimmer betreten. Dieser legte sich ohne Zögern auf die Couch.

»The same procedure?«, fragte Graf. Der feste Ton in seiner Stimme sollte Selbstsicherheit vermitteln.

»Bitte sehr«, antwortete Maurer.

»Sie werden lachen«, begann Graf, »und Sie werden sich in Ihrer Ansicht bestätigt fühlen, dass Träume eine psychische Bedeutung und Funktion haben.« Er sah zuerst zu Freud, dann zu Jung auf und zuckte mit den Schultern. »Ich muss gestehen, dass es mir doch ein wenig unheimlich ist, mit welcher Stringenz die Themen in meinen Träumen wiederkehren. Na ja, ich vermute, dass ich dies in das ansonsten sinnlose Elektronengewitter meines Hirns hineinfantasiere, was unter den Umständen eines Mords und der daraus resultierenden Verdachtsmomente gegen mich und meine Kollegen nicht verwundern kann. Unter Stress produziert auch noch der rationalste Mensch Halluzinationen. Jedenfalls ist mein dritter Traum wieder ein Schlangentraum. Er besteht eigentlich aus zwei chaotischen Traumfetzen.« Graf räusperte sich und griff sich an den Hemdkragen. »Ich bin im Reptilienhaus eines Zoos und stehe an einem Schlangenterrarium. Ich sehe, wie zwei Schlangen miteinander kämpfen. Die größere ist eine Brillenschlange, die andere eine dunkelgrüne Viper. Die Brillenschlange scheint stärker zu sein, sie hat die Viper schon fast niedergerungen. Da tritt ein Tierpfleger hinzu und sagt: ›Zahl's ihr heim!‹ Ich wundere mich noch, dass der Tierpfleger nicht dazwischen geht und den Kampf beendet, um die wertvollen Tiere zu schützen. Die Brillenschlange beißt zu, die Viper zuckt noch, wird schlaff und verendet. Ich trete näher an die Scheibe und sehe wie unter einem Vergrößerungsglas die siegreiche Schlange. Die Muster auf ihrer Schlangenhaut bestehen aus tausenden von kleinen Ziffern.

Dann verändert sich der Ort des Traums. Ich liege zu Hause im Bett und denke an den Schlangenkampf. Da spüre ich, wie mir etwas kühl die nackten Beine hochkriecht, am Geschlechtsteil entlangstreicht, sich weiter hochschlängelt und an meiner Brust saugt. Jetzt sehe ich, dass es die siegreiche Brillenschlange ist. Dann verschwindet sie. Voller Entsetzen merke ich, dass sie sich in meinem Kopf windet und mir den Schädel leer frisst. Der Tierpfleger aus dem Zoo, der wie einer meiner Assistenten aussieht, tritt auf mich zu und reicht mir ein großes Salatblatt zum Essen. Es ist mit vielen Ziffern beschrieben. ›Schlangenfütterung‹, flüstert er. Dann wache ich auf.«

»Wenn ich das auf der Subjektstufe deute, also danach frage, welche Teile Ihrer eigenen Psyche die beiden Schlangen abbilden«, begann Jung, »dann kämpfen in Ihnen zwei starke, aber zunächst gleichrangige Kräfte oder Energien. Wofür stehen die Schlangen? Was fällt Ihnen dazu ein?«

»Hm. Zunächst fiel mir ein, dass lange Zeit die Mathematik und die Psychologie in mir kämpften. Es gelang mir nicht ganz, beide Schlangen, wenn Sie so wollen, in mir gleich stark zu halten.«

»Sie meinen, die Psychologie hat dann doch gesiegt, natürlich nur die universitäre Psychologie«, versuchte Jung zu deuten.

»Ja«, Graf zögerte, »so hat es mein Vater gesehen. Und um ihm das vollends klar zu machen, habe ich in Psychologie auch noch den Doktor gemacht.«

»Worüber haben Sie denn promoviert?«, erkundigte sich Freud interessiert.

»Wenn Sie mich so fragen, wird es klar: über Schlangen«, gestand Graf mit einem Lachen.

»Über Schlangen? Ich dachte, Sie haben in Psychologie promoviert?«

»Natürlich. Das war nur ein kleiner Scherz. Ich habe ein Verfahren der Verhaltenstherapie bei Ängsten untersucht, die so genannte Reizüberflutung. Dabei habe ich als Angstobjekt eine große, allerdings entgiftete Schlange aus dem Zoo genommen. Klienten mit einer Schlangenphobie – meist Frauen – setzen sich in einem kleinen Raum so lange der Nähe der Schlange aus, bis die Angst automatisch abnimmt. Und zwar deshalb, weil der Organismus die Angsterregung auf Dauer nicht aufrechterhalten kann. Ich habe das über den Herzschlag und andere Parameter der physiologischen Erregung gemessen. Es zeigte sich, dass damit eine dauerhafte Heilung erzielt wird, ohne die unbewussten Konflikte oder gar Traumata der Kindheit aufzuarbeiten.«

»Ich bitte Sie«, schaltete Maurer sich ein, »nicht über die Entstehung und Therapie von Phobien zu diskutieren. Wir sind hier, um den Traum von Herrn Graf zu bearbeiten. Lassen Sie sich bitte von Professor Graf jetzt nicht auf das Glatteis einer Fachdiskussion führen.«

»Schon gut, Herr Kommissar, auch wenn es mir sehr schwer fällt«, hielt sich Freud nur mühsam zurück.

»Ihr Traum«, mischte sich Jung ein, »nimmt in seinen Symbolen den Gegenstand Ihrer Dissertation auf. Es scheint um die Psychologie einerseits und um die Verhaltenstherapie andererseits zu gehen, die sich im Schlangenkampf durchsetzt.«

Graf wand sich auf der Couch. Dies geschah nur in einer winzigen Andeutung. Dann schloss er die Augen.

Es war eine äußerst schmucklose Promotionsfeier. Feier war das falsche Wort. Es war ein bürokratischer Akt. Der Dekan der Psychologischen Fakultät rief Gerd Graf nach vorne. Mit ein paar anerkennenden Worten und einem Händedruck überreichte er ihm die Promotionsurkunde. »Magna cum laude«, lautete das Urteil der Professoren.

Als er das Papier in der Hand hielt, war es ein Triumph, das Gefühl eines Siegers nach langer Schlacht. Er ging zurück zu seinem Stuhl in der zweiten Reihe des spärlich besetzten Raums, als er mit einem Blick in die letzte Reihe seinen Vater erkannte. Was führt den hierher?, dachte er, hat die Quälerei denn immer noch kein Ende? Die feste Urkunde mit dem Siegel der Universität und den Unterschriften der Professoren wurde welk. Das Papier hing in seinen Händen wie ein nasser Lappen. »Scheißhauspapier«, schoss es ihm durch den Kopf. Als er sich wie nach einem Marathonlauf erschöpft auf seinem Stuhl niedergelassen hatte, begann er die Urkunde vom oberen Rand her einzureißen, ganz langsam, Millimeter für Millimeter, damit das Reißen nicht zu laut wurde. Er sah, wie das Papier auseinanderbrach, wie sich die feinen Fasern voneinander lösten.

Den Rippenstoß seines neben ihm sitzenden Studienfreunds spürte er kaum. Als der Riss die Urkunde in zwei Hälften zertrennt hatte, legte er sie aufeinander, nahm sie quer und zerriss das nun doppelt gelegte Papier noch einmal. Es schien sich seinem Bemühen widersetzen zu wollen. Er nahm alle Kraft zusammen, bis ihm schwarz vor den Augen wurde. Dann wusste er nichts mehr. Wie durch einen dichten Schleier hörte er aufgeregte Stimmen durcheinander rufen. Auch die Stimme seines Vaters war dabei. Als er die Augen aufschlug, blickte er in das Gesicht seines Vaters. »Ich habe die anderen weggeschickt.«

Gerd wollte etwas sagen, doch konnte er keine Vokale und Konsonanten bilden. Er wich dem Blick seines Vaters aus. Sie befanden sich im weißen Sanitätsraum im Kellergeschoss des Hauptgebäudes. Er lag auf einer Liege. Es roch nach Medikamenten und Krankheit. Wie im OP. Vielleicht ist es auch der Sezierraum für die Medizinstudenten, dachte er. »Du hier?«, fragte er mühsam.

»Ja. Hast du dir das nicht gewünscht?« Georg Graf lächelte. »Deinen Sieg zu feiern?«

»Welchen Sieg?«

»Den der Psychologie über die Mathematik.«

»Ich habe dir eine Kopie des Mathematikdiploms zugeschickt«, wehrte Gerd sich schwach.

»Diplom!« Georg Graf stieß ein höhnisches Lachen aus. »Was ist schon ein Diplom! Du bist Psychologe geworden. Das ist es.«

»Ich habe gemacht, was du verlangt hast, den Abschluss in Mathematik.«

»Genau, du hast es für dich abgeschlossen. Ich habe nicht nur eine, sondern zwei Schlangen an meiner Brust genährt. Die eine hat mich ausgesaugt und mit ihrem Leiden vergiftet, die andere hat mich verraten.«

»Verrat? Was soll das? Es ist mein Leben, nicht deins!«

»Natürlich, lebe du nur dein Leben, aber ich werde dafür sorgen, dass die andere Schlange mich nicht länger aussaugt, dann werden wir sehen, wie du dein Leben lebst.« Georg Graf stand auf und warf seinem Sohn das zerrissene Diplom ins Gesicht. »Verräter!« Er ging zur Tür, ohne sich noch einmal umzudrehen. Die Tür schlug zu.

Die Liege, auf der Gerd lag, vibrierte ein wenig. Vorsichtig richtete er sich auf. Die Urkundenfetzen fielen von ihm ab. Er sah zu, wie sie auf das grünliche Linoleum fielen oder in den Falten seiner Zudecke verschwanden, die er halb von sich weggeschoben hatte. Er war leer, ausgenommen wie nach einer Schlachtung. Er stand auf und verließ den Sanitätsraum. Draußen vor dem Hauptgebäude der Universität sah er noch, wie sein Vater ins Auto stieg und wegfuhr.

»Morgen werde ich zum Prüfungsamt des Psychologischen Instituts gehen«, sagt er sich halblaut, aber entschlossen.

Am nächsten Tag stand Graf im Arbeitszimmer von Roth, der erst wenige Wochen zuvor als Leiter des Prüfungsamts eingestellt worden war. Grafs Blick fiel auf die beiden gerahmten Fotografien von Freud und Jung.

»Die beiden sind hier am Institut bisher nicht bekannt«, begann Roth das Gespräch und lachte Graf an. »Was war gestern Abend bei der Promotionsverleihung los mit Ihnen?«

»Sie wissen das schon?« Graf war überrascht, weniger über die Tatsache, dass der Vorfall schon zu Roth durchgedrungen war, als vielmehr über dessen einfühlsamen Tonfall.

»Ja, so etwas spricht sich schnell herum.«

»Ich verstehe. Es ist auch äußerst ungewöhnlich, dass ein Doktorand diese hart erkämpfte und lang ersehnte Urkunde schon bei der Verleihung zerreißt. Ich kannte mich selbst nicht mehr.« Roths Anteilnahme hatte Graf dazu verleitet, mehr zu sagen, als er beabsichtigt hatte.

»Ja, ungewöhnlich, in der Tat«, stimmte Roth ihm zu. »Sind Sie mit Ihrer Dissertation nicht zufrieden? Sie war doch ausgezeichnet und berechtigt zu größten Hoffnungen für eine schnelle Uni-Karriere.«

»Eigentlich ja, man müsste zufrieden sein.«

»Ohne dass ich Ihnen zu nahe treten will«, fuhr Roth fort, »aber unter Kollegen kann ich es hoffentlich ansprechen: Vielleicht steckt hinter Ihrem Zusammenbruch gestern doch mehr, als Sie vermuten, ich meine unbewusst.«

»Unbewusst?« Graf runzelte die Stirn. »Sie müssen doch von meiner Dissertation her wissen, dass ich Verhaltenstherapeut bin, durch und durch. Nein, ich vermute, es war einfach Erschöpfung, nicht mehr.«

»Aber auch dann sollten Sie etwas für sich tun.« Roth ließ nicht locker »Ich meine, psychotherapeutisch.« Dabei blickte er auf die beiden Porträts an der Wand.

»Lassen wir das.« Roths Fürsorge wurde Graf allmählich doch zu viel. »Ich möchte Sie bitten, mir eine zweite Promotionsurkunde auszustellen. Geht das?«

»Natürlich, kein Problem. Kommen Sie in ein paar Tagen wieder vorbei.«

Als Graf erleichtert Roths Zimmer verließ, fiel sein Blick noch einmal auf die beiden Fotografien.

»Hat Roth Sie jemals wieder auf diesen Vorfall angesprochen?«, erkundigte Jung sich neugierig.

»Nein, nie«, antwortete Graf, »aber wenn Sie mich so fragen, fällt mir jetzt erst wieder ein kleiner Wortwechsel mit Roth ein. Das war einige Tage, nachdem ich ihm den dritten Traum im verschlossenen Umschlag überreicht hatte. Ich habe Roth mein Gutachten über Rachners Habilitationsschrift und meinen Notenvorschlag gebracht.

›Magna cum laude‹, las Roth laut, ›diese Note vergeben Sie selten.‹

›Richtig‹, erwiderte ich, ›aber Rachners Arbeit ist sie wert.‹

›Erinnern Sie sich daran, dass auch Sie diese Note für Ihre Dissertation bekommen haben?‹

›Natürlich, auch für eine Arbeit zur Verhaltenstherapie.‹

›Wenn ich mich recht erinnere, ging es um die Schlangenphobie. Schlangen machen Angst, vor allem, wenn sie einen ein Leben lang verfolgen.‹ Roth lachte für meinen Geschmack etwas zu laut.«

»Roth wusste, worüber er sprach«, sagte Jung anerkennend.

»Was wollen Sie damit sagen? Hat er meine Träume nicht nur gelesen, sondern auch gedeutet oder, besser, versucht zu deuten?«

»Wir müssen davon ausgehen«, schaltete Maurer sich ein.

»Das Schwein! Nach dem, was ich jetzt weiß, sollte ich besser ›die falsche Schlange‹ sagen.« Die Wut in Grafs Stimme war nicht zu überhören.

»Womit wir wieder bei Ihrem Traum wären«, flocht Jung lakonisch ein.

»Und um diesen wirklich zu verstehen, Herr Professor Graf, brauchen wir noch weiteres Material aus Ihrer Biografie«, ergänzte Freud.

»Wenn Sie meinen. Dann erzähle ich Ihnen, wie es damals weiterging.«

Einige Tage nach der Promotionsfeier öffnete Gerd Graf den Briefkasten. Wie jeden Tag sah er bei seinem Besuch im elterlichen Reihenhaus nach der Post seiner Mutter. Wann kam der Brief seines Vaters endlich? Er erwartete ihn fast schon sehnsüchtig. Das Schreiben trug keinen Absender. Gerd schloss die Haustür auf und ging zunächst in die Küche im Parterre. Dort stellte er das Essen ab, das er bei sich zu Hause für seine Mutter gekocht hatte.

Sie lag wie immer oben in ihrem Bett; der rechte Teil des Ehebetts war noch immer sorgfältig bezogen. Die Rollläden waren heruntergelassen. Gerd wartete einen Moment, bis seine Augen sich an die Dunkelheit gewöhnt hatten. Es folgte das tägliche Ritual, das er für sich »das Erwachen einer Leiche« nannte.

»Ich bin's«, flüsterte er. Es blieb still. Im Bett seiner Mutter rührte sich nichts. Anfangs hatte ihn das geängstigt. Jetzt konnte er warten, bis der Hauch einer Stimme das Erwachen des zusammengefallenen Körpers andeutete.

»Georg?«

»Nein, Gerd!« Wieder musste er warten, bis von ihr das nächste Stichwort kam.

»Schade.«

»Er kommt nicht mehr! Finde dich damit ab. Sei froh, dass ich jeden Tag komme.« Auch das musste er ihr jeden Tag sagen.

»Wie du meinst.« Ihre Stimme wurde dünn. Sie weinte, leise singend und tränenlos. Der ausgedörrte Körper konnte keine Tränenflüssigkeit mehr absondern.

Gerd nahm die Nachtschüssel, um die gelbe Flüssigkeit zu entleeren. Als er von der Toilette zurückkehrte, war es wieder still im Zimmer. Er schaltete die Nachttischlampe an und schlug die Zudecke seiner Mutter zurück. Sie lag mit geschlossenen Augen im weißen Nachthemd wie aufgebahrt in ihrem Bett. In Graf überschlug sich der Ekel, der ihn beim Anblick des bettlägerigen Körpers überfiel. Er wusste nicht mehr, was er dann mit hartem Zupacken und grobem Wischen abwusch, den eigenen Ekel oder den Leib seiner Mutter. Sie bestand darauf, dass er das jeden Tag für sie tat. Er konnte diesen täglichen Waschakt nur vollziehen, wenn er sich in dem kalt ausgestrahlten Raum sah, in dem die Leichen für die Sektion in der Gerichtsmedizin gewaschen und präpariert wurden. Geschäftsmäßig, mit übergezogenen Gummihandschuhen bewehrt, führte er den nassen Waschlappen über ihren Körper. Durch den Stoff des Lappens und das Latex des Handschuhs stieß er an ihre eckigen Knochen. Sie stöhnte leise. Ob sie diesen Akt genoss?, fragte er sich. Er stellte die Waschschüssel mit dem warmen Wasser zur Seite und legte Waschlappen und Gummihandschuhe dazu. Dann setzte er sich auf einen Stuhl neben dem Bett.

»Ich muss dir etwas geben.«

»Decke mich wieder zu«, bat sie. Frieren konnte sie in dem stickigen, überheizten Raum kaum.

»Nein.« Seine Stimme wurde hart. »Hier ist ein Brief deines Mannes.« Er wollte nicht, dass sie sich unter ihrem Bettengebirge verkriechen konnte.

»Will er zurückkommen?«, fragte sie und versuchte mit zitternden Händen, den Umschlag aufzureißen, was ihr trotz aufgeregter Anstrengung nicht gelang. »Öffne ihn und lies ihn mir vor!«

Graf wusste, dass dieser Brief für seine Mutter den Todesstoß bedeutete. »Du musst jetzt ganz stark sein.« In dieser Floskel ließ er seinen Spott durchdringen. »Vater kündigt dir hiermit das Haus und wird ab sofort seine Zahlungen einstellen.«

»Ihm wurde gekündigt?«

»Dir hat er das Haus gekündigt!« Er schrie beinahe. Er wartete und war erleichtert, als ihr Körper von einem krampfenden Reißen erfasst wurde. Für Momente lag der singende Ton ihres Weinens im Raum, bevor er jäh von einem schluchzenden Luftholen abgelöst wurde. Ihr Körper nahm ein durchsichtiges Blau an, durch das Graf wie in einem Röntgengerät ihr Skelett zu erkennen glaubte. Er erinnerte sich, wie er sie als kleiner Junge in diesem Bett nackt gesehen hatte. Er hatte die Geräusche aus dem Schlafzimmer seiner Eltern gehört und die Tür leise einen Spalt weit geöffnet. Seine Mutter lag in einem zitternden Krampf und rang nach Luft. Über ihr und in sie verschlungen sein Vater, der ihr – seinen Mund auf ihren gepresst – die Luft abzusaugen schien. Dann biss sich sein Vater in ihrem Hals fest, als wollte er ihren Kopf vom Rumpf trennen. Der Schrei aus ihrem weit geöffneten Mund schien das zu bestätigen. Der Junge wollte der Mutter helfen, wollte die beiden ineinander verbissenen Schlangen auseinander reißen, doch er war wie gelähmt.

Seine Mutter versuchte, Luft in die sich verengenden Lungen zu ziehen. Es war nur noch ein schwaches Röcheln. Die klammernden Hände waren weich geworden. Ein flüchtiges Zittern wie von einem schwachen Stromstoß durchzuckte ihren Körper. Noch einmal durchdrang ihr Weinen den Raum, wurde zu einem Winseln, dann war es still. Auf ihrem Gesicht stellte sich ein befriedigtes Lächeln ein.

»Das war dein letzter Org…«, den Rest des Worts verschluckte Graf. Er hätte es gerne ausgesprochen und sich gewünscht, dass sie es noch hätte hören können. Ihm schien, als setze augenblicklich die Verwesung ihres Körpers ein. Ein stumpfer Geruch hing im Raum.

Graf stand befriedigt auf. Die Lider brauchte er ihr nicht zuzudrücken. Er warf das Federbett über sie und verließ das Zimmer, um den Notarzt zu rufen.

»Dann hat die Zahlenschlange doch gesiegt«, sagte Jung.

»Ich verstehe nicht.« Professor Graf brachte die Worte nur langsam hervor, als wäre er aus einem Dämmerschlaf erwacht.

»Ich meine, die Brillenschlange mit den Zahlenmustern symbolisiert Ihren Vater, der die andere, weibliche Schlange, die Viper, besiegt.«

»Und ich wäre dann der Tierpfleger?«, fragte Graf spöttisch. »Das ist doch eine ziemlich triviale Deutung.«

»Nun, durchaus nicht!«, widersprach Jung ihm. »Der Junge fühlt sich in dem tödlichen Kampf seiner Eltern für beide verantwortlich und will den Kampf beenden. Ich kenne das übrigens aus eigener Erfahrung. Auch ich habe unter der unglücklichen Ehe meiner Eltern gelitten.«

»Meine Herrn«, wandte Freud ungeduldig ein, »das ist nun in der Tat eine triviale Deutung, denn sie leugnet die Sexualität. Auch wenn ich mich wiederhole, muss ich noch einmal sagen, dass auch in diesem Traum und in Ihrer Erzählung, Herr Kollege Professor Graf, zum Ausdruck kommt, dass der Junge sich in einer inzestuösen Bindung zu seiner Mutter befand. Zum Zweiten ist in dem Traum vom Schlangenkampf die klassische Urszene abgebildet, also die Beobachtung des elterlichen Sexualverkehrs. Ebenfalls klassisch ist, dass der Junge den Sexualakt als eine Art von Misshandlung, gewissermaßen als sadistischen Akt auffasst.«

»Meine Herrn, wie auch immer dies psychologisch zu deuten ist«, unterbrach Maurer, »ist Ihnen klar, dass Herr Professor Graf in seiner Schilderung den Tatbestand der unterlassenen Hilfeleistung erfüllt hat?«

»Mag sein, ich hoffe aber, dass mein Vergehen schon verjährt ist. Zudem gehe ich davon aus, dass hier in diesem Behandlungszimmer die Schweigepflicht gilt. Und obendrein haben die beiden Herrn Analytiker vermutlich genügend abstruse Theorien, um mir für diese Tat einen glatten Freispruch zu besorgen. Übrigens auch das eine Folge der Psychoanalytisierung aller Lebensbereiche.«

»Lassen Sie uns wieder auf Ihren Traum zurückkommen. Der zweite Traumteil kam noch gar nicht zur Sprache«, drängte Maurer. »Fällt Ihnen dazu noch etwas ein?«

»Ja«, Graf zögerte, »aber so etwas erzählt man nicht so gerne, und es wird auch ganz in Herrn Freuds Konzept passen.«

Freud schmunzelte. Maurer konnte nicht umhin, dies mit einem Kopfnicken zu quittieren. Jung runzelte die Stirn und zog nervös an seiner kalten Pfeife.

»Herzlichen Glückwunsch dem jungen Doktor!«

Graf dreht sich um und blickte in die Augen von Verena, die er seit seinen Studententagen nur selten und dann nur aus der Ferne gesehen hatte. Verena schien in ausgesprochen heiterer Verfassung zu sein. Sie nahm ihn in die Arme und drückte ihm einen flüchtigen Kuss auf die Wange.

»Schön, dich mal wiederzusehen«, stotterte er. Er war überrascht von ihrer überschwänglichen Freundlichkeit. Mit einem Anflug von Scham dachte er an ihr letztes Treffen.

»Ganz meinerseits«, sagte sie strahlend. »Ich habe gehört, dass du den Doktor in Psychologie geschafft hast. So weit habe ich es nicht gebracht.«

»Nur keine Minderwertigkeitskomplexe.« Allmählich fühlte er sich etwas wohler in seiner Haut.

»Worüber hast du denn promoviert?«

»Über Schlangen«, versuchte er zu scherzen.

»Schlangen? Ein Symbol der Weiblichkeit. Wer hätte das gedacht, dass du über so ein Thema promovierst.«

»Ich dachte, es sei ein Phallussymbol, soweit ich den alten Freud kenne.«

»Nein, hier irrt Freud. Hier haben – übrigens wie so oft – die Jungianer Recht. Ursprünglich wurde die Schlange als Göttin verehrt. Die ägyptische Schlangengöttin umarmte jede Nacht den widderköpfigen Gott Auf-Ra, was nichts anderes heißt als ›Phallus des Ra‹. Hier hast du die symbolische Beschreibung der sexuellen Vereinigung. In vielen Mythen verschlingt die weibliche Schlange dabei den männlichen Gott. Aber ich schweife ab! Wie hieß denn dein Dissertationsthema genau?«

Physiologische Prozesse bei der Reizüberflutung am Beispiel der Schlangenphobie. Graf brachte es wie eine Peinlichkeit vor, die man einer Frau nur ungern eingesteht.

»Du enttäuschst mich nicht!« Sie gab ihm einen leichten Stoß in die Rippen. »Du bist also der Verhaltenstherapie und der Uni-Psychologie treu geblieben?«

»Was machst du denn?«, versuchte er abzulenken.

»Auch ich habe eine Prüfung hinter mir. Seit ein paar Wochen bin ich fertige Analytikerin, genauer gesagt Jungianerin.«

»Herzlichen Glückwunsch der jungen Therapeutin!«, revanchierte Graf sich.

»Danke. Wie du siehst, geht es mir sehr gut damit.« Sie strahlte ihn unverschämt offen an.

Er konnte einen kleinen Stich eines Neidgefühls in der Herzgegend nicht leugnen.

»Apropos Therapeutin, hast du inzwischen eine Therapie gemacht?«

»Nein«, gestand er.

»Warum denn nicht? Das kann dir doch nur gut tun. Ich glaube, ich habe dir das damals bei unserem unerfreulichen Zwischenspiel schon empfohlen.«

»Jetzt kommst auch du noch damit. Sogar Roth, der neue Leiter des Prüfungsamts, wollte mir diesen Unsinn reindrücken. Was eigentlich eine Unverschämtheit ist, aber ich war auf sein Wohlwollen angewiesen.« Graf wusste nicht, was ihn zu seiner Offenheit verleitete, aber er erzählte ihr den Vorfall auf der Promotionsfeier.

»Was zu beweisen war«, meinte sie am Ende seiner Schilderung. »Du solltest tatsächlich etwas Therapeutisches machen, leider geht das nicht bei mir.« Nach kurzem Nachdenken fragte sie: »Wie heißt der neue Leiter des Prüfungsamts? Roth, Johannes Roth?«

»Ja, er ist erst ein paar Wochen auf dieser Stelle. Aber abgesehen davon, dass er in seinem Arbeitszimmer die Ikonen seiner Säulenheiligen hängen hat, scheint er für die Uni ein Glücksgriff zu sein.«

»Säulenheilige?«

»Jung und Freud!«

»Dann ist er es.«

»Wer?«

»Ich kannte ihn mal flüchtig. Er war mit mir am Jung-Institut, aber er brach die Therapieausbildung ab. Es wurde gemunkelt, dass es da irgendeine dubiose Geschichte mit einer Frau gab.«

»Sieh an, auch bei den durchtherapierten Menschen gibt es Schwierigkeiten.« Graf lachte befreit auf und hatte wieder etwas an Sicherheit gewonnen. »Aber noch einmal zu Roth. Ich weiß nicht, was er vor dem Prüfungsamt gemacht hat. Scheint jedenfalls ganz in Ordnung zu sein, auch wenn er jungianisch vorbelastet ist.«

»Apropos jungianisch. Mein Säulenheiliger, wie der frisch gebackene Herr Doktor das ausdrückt, hängt auch bei mir im Vorraum zur Praxis.«

»Du hast eine eigene Praxis und dich selbstständig gemacht?«, erkundigte sich Graf. »Mutig, mutig.«

»Ja, noch nicht sehr lange. Aber ich habe schon eine Warteliste. Du siehst, auch andere brauchen eine Therapie, nicht nur du.«

»Wo hast du denn deine Praxis?«

»Draußen in der Hainbuchensiedlung. Du weißt schon, am Stadtrand, ganz idyllisch. Magst du mitkommen und dir's anschauen, auch wenn es jungianisch vorbelastet ist?«

»Gerne.« Er wusste nicht, ob dieses Wort stimmte. Er spürte, dass die Handfläche seiner Rechten heiß wurde, und sah, wie er damals ausgeholt und ihr ins Gesicht geschlagen hatte. Er wollte nicht, dass sich das wiederholte. Hatte sie gar keine Angst davor? Er beruhigte sich mit einem leise nach innen gesprochenen, lakonischen »Vergessen ist Vergessen«.

Er wusste nicht, wie er in ihr Bett gelangt war, ein wunderschönes, breites Holzbett. Er hatte es einfach mit sich geschehen lassen, ihr alles überlassen und sein Mathematikergehirn ausgeschaltet. Und das war gut so. Sie war die bessere Liebhaberin.

»Liebhaber ist ein blödes Wort«, sagte sie. »Als ginge es bei der Liebe ums Haben.«

»Stimmt.« Mehr brachte er nicht heraus. Er drückte das Gesicht zwischen ihre Brüste.

»Es ist schön mit dir. Du lässt uns so viel Zeit, bevor wir zur Sache kommen. ›Sache‹, wieder so ein blödes Wort.«

Er fühlte sich ertappt. Er hätte schon längst mit ihr schlafen wollen und hatte versucht, sich zwischen ihre Beine zu drängen, doch sie hatte sanft abgewehrt.

Jetzt fasste sie zwischen seine Beine. Er fühlte sein Glied deutlicher.

»Mein kleiner Gott Pazuzu«, flüsterte sie, »›der mit dem Schlangenpenis‹.«

Er fühlte sich in ihrer Hand stark.

»Lass mich nur machen. Wie die babylonische Himmelsgöttin Lamia, die sich über ihren Gemahl Pazuzu setzt.«

Sie befreite sich aus seinen Armen, drückte ihn sanft auf den Rücken und richtete sich über ihm auf, um sich auf sein erigiertes Geschlecht zu setzen.

»Er will nicht. Von wegen eherne Schlange«, lachte sie und blickte aus ihrer Höhe auf ihn herab. Er schrumpfte unter ihr zusammen. Er fühlte sich wie ein Wurm.

»Nicht so schlimm«, tröstete sie ihn. »Lassen wir es für heute. Vielleicht ist es auch besser so. Wie sagt die Therapeutin in einem solchen Fall: ›Es hat alles seinen Sinn.‹« Sie lachte – ihm schien es ein spöttisches Lachen zu sein – und glitt sachte von ihm herab, verließ das Bett und sammelte ihre Kleider vom Boden auf. Er lag noch immer da. Mit einem Blick auf sein Geschlecht, das sich weit zurückgezogen hatte, warf sie die Bettdecke vom Fußende über ihn.

Er wusste nicht, wie lange er noch liegen geblieben war. Es mochten mehrere Stunden sein. Dann stand er im Dunkel auf und kleidete sich an. Er ging leise die Treppe hinunter. Sie saß in einem Sessel, den Kopf seitlich an die Lehne geneigt. Sie schlief. Er öffnete leise die Haustür und entkam.

»Als wollten Sie wie damals aus dem Haus Ihrer kranken Mutter entkommen«, bemerkte Jung einfühlsam. Er beugte sich zu Graf und hob die Hand, als wollte er sie ihm tröstend auf die Schulter legen. Mit einem Blick zu Freud zog er die Hand wieder zurück.

»Im Bett der Mutter bewirkt das Inzestverbot die Impotenz«, ergänzte Freud hart.

»Und die eherne Schlange?«, fragte Graf.

»Im Alten Testament heißt es sinngemäß: ›Und Mose machte eine eherne Schlange und richtete sie hoch auf‹«, erläuterte Freud. »Sie ist also offensichtlich ein Phallussymbol.« Freud sah zu Jung hinüber, der energisch den Kopf schüttelte. »Durchaus«, Freuds Stimme wurde lauter, »die Rabbinen sahen in der Schlange den ersten Geliebten Evas und den wahren Vater Kains, des Brudermörders.«

»Das mag wohl so sein«, gestand Jung zu. »In der patriarchalen Welt des Judentums wurde die Schlange zum Sinnbild der Manneskraft. Doch ursprünglich ist die Schlange ein archaisches Symbol der Unsterblichkeit. Sie erneuert sich durch Häutung immer wieder und scheint nie zu sterben.«

»Hier haben wir es wieder. Sie lösen die Sexualität in allgemeiner Symbolik auf!«, rief Freud erregt. Seine Linke zuckte, als wollte er sie zur Faust ballen. »Sie können davon nicht ablassen, bis heute nicht! Sie verraten meine Libidotheorie, noch heute. Sie verraten mich!«

Jung neigte den Kopf nach vorne und dachte an ein Gespräch im Jahre 1910 in Wien, bei dem Freud ihn verpflichtet hatte, nie die Sexualtheorie aufzugeben. Sie sei das Wesentliche. Er forderte Jung auf, aus ihr ein Dogma und ein unerschütterliches Bollwerk zu machen. Jung hörte noch den leidenschaftlichen Ton in Freuds Stimme.

»Ein Bollwerk gegen ...?«

»Gegen die dunkle Schlammflut des Okkultismus«, hatte Freud nach kurzem Zögern gesagt.

Das war schon damals ein schwerer Schlag gegen ihre Freundschaft gewesen. Jung hatte gewusst, dass er seinem väterlichen Freund nicht widersprechen durfte.

»Ich habe nie verstanden, warum Sie ständig über den Sexus reden mussten, warum dieser Gedanke Sie so ergriffen hat. Erst später wurde mir bewusst, dass die Monotonie, mit der Sie alle psychischen Regungen als sexuelle deuteten, auch eine Flucht vor sich selbst, vor Ihren eigenen mystischen oder religiösen Neigungen darstellt«, entgegnete Jung kühl und fuhr fort: »Das ist das Stück Neurose, das Sie mir nach Ihrer Ohnmacht in München eingestanden haben. Ihre Neurose ist sehr ernst zu nehmen, denn sie geht, wie Ihre Ohnmachten in meiner Gegenwart gezeigt haben, usque ad instar voluntariae mortis, bis zur symbolischen Abbildung eines freiwilligen Todes.« Jung schaute erwartungsvoll zu Freud. Der blieb regungslos. »Und an diesem Stück Neurose habe ich gelitten. Ohne diese Neurose hätten Sie meine Arbeit mehr geschätzt. Sie hätten verstanden, warum ich den Libidobegriff auch symbolisch, ja geistig verstand.«

»Lieber Herr Doktor, an einem Punkt muss ich widersprechen«, entgegnete Freud und hob abwehrend beide Hände, »durch meine Neurose sind Sie nicht zu Schaden gekommen.«

»Wie dem auch sei.« Jung wurde härter. Er schien sich ein wenig aufzurichten. »Ihre Methode, Ihre Schüler wie Patienten zu behandeln, brachte entweder sklavische Söhne oder widerständige Jungen hervor. Indem Sie allen eine Neurose nachwiesen, setzten sie Ihre ganze Umgebung auf das Niveau von

Söhnen oder Töchtern herab. Unterdessen blieben Sie immer ganz oben als Vater.«

»Das wiederum scheint Ihre Vaterneurose zu sein, die Sie mir mehr als einmal eingestanden haben«, entgegnete Freud hart. »Gewiss, ich wollte einen begabten Nachfolger, aber zum Vater haben Sie mich gemacht. Erinnern Sie sich noch an die Spielrein-Angelegenheit? Als Sie diese Sache vor mir nicht mehr verheimlichen konnten, kamen Sie zu mir wie ein schuldbeladener Sohn, der seine Schufterei – das waren Ihre Worte – mir als seinem Vater nur sehr ungern eingesteht.«

Jung stockte, um den Gegenangriff einzuleiten. »Wann sind Sie denn selbst komplexfrei geworden und haben aufgehört, Vater an Ihren Söhnen zu spielen?«

»Solange Sie selbst noch nichts waren, wollten Sie mein Sohn sein, Herr Doktor. Als Sie dann unter meiner Obhut groß geworden waren und genügend Kräfte gesammelt hatten, schlugen Sie gegen mich los. Hier sehen Sie Ihre Neurose nicht!« Freud hatte seine Havanna bis auf einen kleinen Stummel aufgeraucht. Bald würde die Glut der Zigarre ihm die Finger verbrennen.

»Sehen Sie, lieber Herr Professor, solange Sie mit diesem Zeug laborieren, sind mir meine Neurosen nebensächlich, denn die wollen gar nichts bedeuten neben dem großen Balken, den mein Bruder Freud im Auge trägt.« Jung malte mit den Händen den Balken in die Luft.

»Nun muss ich Sie aber an unsere Regel erinnern, wonach kein Analytiker sich seiner Neurose zu schämen braucht.« Freuds Zigarre fiel auf seinen Oberschenkel, dann zu Boden.

»Richtig, aber ich habe mich lege artis analysieren lassen, was mir außerordentlich bekommen ist. Sie haben nur eine Selbstanalyse absolviert. Und Sie wissen, wie weit ein Patient mit der Selbstanalyse kommt. Und weiter wissen Sie, dass man im Verständnis der psychoanalytischen Wahrheiten gerade so weit kommt, wie man mit sich selbst kommt.«

Maurer wollte eingreifen, er hielt die Spannung nicht mehr

aus. »Bitte nicht unter die Gürtellinie!«, wollte er rufen, doch seine Lippen waren wie versiegelt. Er konnte diesen Kampf zwischen dem verletzten und gekränkten Vater und dem vatermordenden Sohn nicht verhindern. Er blickte auf die beiden alten Männer, die, über Graf gebeugt, ihr Gefecht austrugen. Graf, über den das Sperrfeuer der Vorwürfe hinwegging, blieb ruhig. Er war offensichtlich zufrieden, dass die Aufmerksamkeit nicht mehr ihm und seinem dritten Traum galt.

»Ich habe darauf hingewiesen, dass die Psychoanalyse nicht zur Polemik missbraucht werden darf«, versuchte Freud, die Situation zu beruhigen. Er lehnte sich langsam wieder zurück. »Sie erinnern sich, Herr Jung, dass ich als Hausmittelchen dagegen empfohlen habe, jeder von uns möge sich mit der eigenen Neurose eifriger beschäftigen als mit der des anderen. Aber«, Freuds Augen blitzten gefährlich, »wer wie Sie, lieber Herr Doktor Jung, nach so langer Zeit immer noch unaufhörlich schreit, er sei normal, legt den Verdacht nahe, dass ihm die Krankheitseinsicht fehlt.«

»Nun, wenn ich so ungeschminkt offen gegen Sie bin, so sollte das nur zu Ihrem Besten geschehen, auch wenn es Ihnen wehtut«, verteidigte sich Jung. »Ich wollte Ihnen diesen Freundschaftsdienst angedeihen lassen, mit dem Wunsch, er möge Ihnen gut tun.«

»Ersparen Sie mir Ihren angeblichen Freundschaftsdienst!«, wies Freud Jungs Angebot erregt zurück. »Er ist nicht mehr nötig. Die Zeit ist über uns beide hinweggegangen. Wir können es getrost der Nachwelt und der Geschichte überlassen, das Urteil über uns und unseren Streit zu sprechen.«

»Genau«, Graf war aus seiner Schläfrigkeit aufgewacht, »das Urteil ist vernichtend für Sie beide und heißt ›Völlig unwissenschaftlich‹. Leider ist die Hinrichtung der Tiefenpsychologie noch nicht vollzogen, sodass sie ihr Unwesen auch noch im einundzwanzigsten Jahrhundert treiben kann. Zugegeben, das ist eine Schande für die wissenschaftliche Psychologie und die Verhaltenstherapie, aber um auf Ihren Zwist zurückzukommen: Die Ironie der Geschichte ist, dass sich Freudianer und Jungianer noch immer gegenseitig bekämpfen. Die Minen, die Sie beide gelegt haben, sind noch immer hochexplosiv, die kämpfenden Parteien sind zäh – leider, kann ich da nur sagen.«

Freud überhörte Grafs Bemerkung und wandte sich noch einmal an Jung: »Ich schlage Ihnen vor, unsere Beziehung ganz einzustellen, für alle Zeiten gewissermaßen.«

»Ich kann mich Ihrem Wunsch nur fügen«, sagte Jung verächtlich, »denn ich dränge meine Freundschaft niemandem auf.«

Die alten Herren waren vom Kampf erschöpft. Sie schwiegen.

Jung richtete sich auf und versuchte, mit jugendlichem Schwung aufzustehen. »Nun kann ich nur noch mit Hamlet sagen: ›Der Rest ist Schweigen.‹« Am Fuß der Couch angekommen, wandte er sich noch einmal an Freud. »›Psychoanalyse‹ wird in der Geschichte mit Ihrem Namen verbunden sein, mein Name und meine Psychologie mit dem Begriff ›Analytische Psychologie‹. Wie wir von Herrn Professor Graf wissen, ist der Kampf zwischen uns noch nicht entschieden. Die Geschichte braucht wohl noch etliche Jährchen, bis sie weiß, welcher Name – Jung oder Freud – siegen wird, wer von uns beiden unsterblich wird.«

Bitte keine neue faustische Wette zwischen Psychologen!, dachte Maurer und war froh, dass Jung mit hocherhobenem Haupt dem Ausgang zustrebte. Bevor er den Raum verließ, drehte er sich noch einmal zu Freud um: »Und was ich noch zu den Träumen sagen wollte: Ich leugne Ihre Wunscherfüllungstheorie des Traumes nicht, aber sie bleibt nur an der Oberfläche, sie erschöpft den Traumsinn nicht.« Jung schaute nachdenklich auf Freud, der seinem Blick auswich. Die Glut der Havanna war inzwischen erloschen, hatte auf dem Teppich jedoch einen dunklen Fleck hinterlassen. »Ach, bei allem Streit mit Ihnen wünsche ich Ihnen für Ihren Schlaf – den ewigen, meine ich: ›Träumen Sie wohl, Herr Professor Freud!‹« Ein Schmunzeln huschte über Jungs markantes Gesicht. Dann ging er hinaus. Hinter ihm fiel die Tür ins Schloss.

Freud hob den Kopf und ließ den Blick ins Leere gehen, dann fasste er sich wieder. »›Ewiger Schlaf! Träumen Sie wohl‹!« Freud wurde laut. »Der Herr Doktor bleibt unaufrichtig und unehrlich, wie er mir gegenüber immer war! Ein Verlust war sein Abfall nicht. Die Psychoanalyse hat es vertragen und wird es auch in Zukunft verschmerzen.« Zärtlich dachte Freud an seine »Bombe«, wie er seine Streitschrift *Zur Geschichte der psychoanalytischen Bewegung* genannt hatte. Er hatte sie am Ende dieser Auseinandersetzung geschrieben. Im Juni 1914 sollte die Bombe platzen und die Schützengräben zwischen ihm und Jung weiter aufreißen.

Mit Genuss dachte er an die letzten Sätze dieses Sprengsatzes. Er hatte Jung eine umgekehrte Höllenfahrt, eine bequeme Auffahrt aus der unbehaglichen Unterwelt der Psychoanalyse gewünscht.

Jungs Himmelfahrt, wie passend!, dachte Freud und sagte dann laut: »Lassen wir den heiligen Jung in den ewigen Himmel des Geistes und der Religion ziehen. Dort soll er mit den Engeln singen.« Freud zuckte mit den Achseln. »Ich bleibe gerne noch ein paar Ewigkeiten in der Unterwelt der Psychoanalyse. ›Wohl träumen‹ – ein absonderlicher Wunsch. Jung hat das Wesen des Traumes wahrlich nicht verstanden.« Freud begann zu lachen. »So bin ich ihn nun los, den brutalen heiligen Jung. Auf immer – er, der germanische Pastorensohn, im Himmel und ich, der gottlose Jude, in der Hölle. Ich kann ein ›Hurra‹ nicht unterdrücken.« Dann zog Freud sich mühevoll aus seinem Therapeutensessel hoch, stand auf, schaute mit abschätzigem Lächeln auf Professor Graf hinab und schlurfte langsam zur Tür.

»Bedauerlich«, dachte Maurer laut.

»Typisch!«, erwiderte Professor Graf auf der Couch.

6.00 Uhr

Maurer bemerkte, dass eine Tür leise geöffnet wurde. Er blickte sich um und war erstaunt, weder Freud noch Jung zu sehen.

»Na, hast du es geschafft? Ist er abgeschlossen, dein Fall Roth?«

Die Stimme, die die Frage gestellt hatte, klang heiser. Schlaftrunken kam Susanne in den Wohnraum des toskanischen Gutshofs.

»Nein, sonst wäre ich zu dir ins Bett gekommen«, knurrte Maurer.

»Schade. Dann hast du die ganze Nacht umsonst mutterseelenallein hier verbracht?« Susanne setzte sich auf die Armlehne des Sessels und legte tröstend den Arm um Maurer. »Dann lass es doch einfach, mein Liebster. Hier kommst du wohl nicht weiter, trotz Kristallkugel.«

»Zugegeben, es war bisher nicht wirklich erfolgreich.« Maurer zögerte. »Andererseits bin ich doch schon ein gutes Stück weiter, vielleicht sollte ich doch …«

Susanne rückte von ihm ab und versuchte, ihrem verschlafenen Gesicht ein Lächeln abzuringen. »Mein großer Kommissar kann es einfach nicht lassen. Welche neuen Erkenntnisse hast du denn gewonnen?«

»Es war eigentlich schon faszinierend«, sinnierte Maurer laut, »wie mein Unbewusstes in dieser Kristallkugel alle Details der Ermittlungen und sämtliche Erinnerungssplitter zusammengefügt hat. Die Biografien der verdächtigen Professoren liegen nun wie offene Bücher vor mir. Professor Zimmermann hat in seinen Adern psychoanalytisches Blut fließen, das heißt, er stammt von dem Freud-Schüler Victor Tausk ab. Professor Graf ist aus biografischen Gründen glühender, über Leichen gehender Vertreter der Verhaltenstherapie, und Frau Professor Schneeweiß-Rode hat eine Vergangenheit mit dem Ermordeten, Johannes Roth. Aus persönlichen Gründen hätte sie am ehesten ein Tatmotiv, Graf wohl eher aus fachlichen und berufspolitischen Gründen. Bei Zimmermann sehe ich am wenigsten ein Verdachtsmoment, er hätte allenfalls durch die Traumwette in der Öffentlichkeit bloßgestellt werden können – aber das reicht nicht aus, auch bei den anderen nicht. Bleiben noch die beiden Assistenten von Professor Graf, Andreas Rachner und Thomas Schlichter. Beide haben wissenschaftliche Arbeiten geschrieben, die die jungsche Psychologie beziehungsweise die Wirkung tiefenpsychologischer Therapien schwer infrage stellen. Eigentlich nichts wirklich Neues. Von daher erscheinen sie mir nicht tatverdächtig.« Maurer hatte sich aufgerichtet und schaute Susanne fragend an.

Beim Zuhören war alle Müdigkeit von ihr abgefallen. »Das ist doch nicht schlecht«, munterte sie ihn auf. »Und was haben Freud und Jung dazu beigetragen?«

»Wenn ich einmal von ihren alten Grabenkämpfen absehe, waren die beiden sehr hilfreich.«

»Grabenkämpfe? Dann war es doch keine so gute Idee, die beiden gleichzeitig in der Kristallkugel zu imaginieren?«

»Auch mein Unbewusstes hat sehr gut gearbeitet und mir alles zu Verfügung gestellt, was ich je über Freud und Jung gelesen habe. Wie in einem Film zog ihre Geschichte in meiner Kristallkugel vorüber, wie für einen historischen Krimi geschrieben.«

»Jetzt sag endlich etwas zu den Träumen der Professoren.« Susanne wurde ungeduldig.

»Die Väter der Traumdeutung waren nicht schlecht. Auch die Träume sind entschlüsselt. Ich kann nun die Persönlichkeiten der Tatverdächtigen verstehen wie noch in keinem anderen Fall meiner Laufbahn. Aber was nützt es, ich sitze trotzdem ohne den Täter hier.«

Susanne gab Maurer einen flüchtigen Kuss, drehte seinen

linken Arm ein wenig zu sich und schaute auf seine Armbanduhr. »Ich mache dir einen Vorschlag: Es ist jetzt sechs Uhr. Du nimmst dir noch eine Stunde – wirklich nur noch eine Stunde – Zeit für Roth. Dann beginnt unser Urlaub ohne diesen Fall.«

»Einverstanden«, stimmte Maurer zu. »Meine letzte Chance.«

Susanne erhob sich, trat an die großen Fensterflügel und öffnete sie. Frische, taufeuchte Luft drang herein. »Ich ziehe mich jetzt an und gehe nach draußen, da geht gerade die Ostersonne auf. Vielleicht mache ich ein paar Fotos.«

»Warte doch mal. Ich weiß gar nicht, wie ich weiterkommen soll. Eigentlich weiß ich jetzt alles, was ich wissen kann.«

»Wieso alles? Du hast doch noch den Traum des Ermordeten. Oder ist der auch schon gedeutet?«

»Wie konnte ich den nur vergessen?! Das stimmt.« Maurer griff sich an den Kopf. »Wie konnte ich Roths Traum vergessen?«

»Du warst zu sehr auf die Traumwette der Professoren fixiert. Deshalb hast du nur ihre Träume gesehen. Aber das wird mir auch jetzt erst klar.«

»Ja. Und was mache ich jetzt?«

»Ganz einfach. Du imaginierst den toten Roth in deine Kugel, lässt ihn wieder lebendig werden und bittest ihn um seinen Traum.«

»Die Auferstehung in der Kristallkugel.«

»Wieso nicht. Ich ziehe mich jetzt an.« Damit verschwand Susanne im Badezimmer.

Maurer setzte sich vor seine Kristallkugel, die das hereinfallende Licht der Sonne reflektierte und ihn fast blendete. Noch einmal schüttelte er ungläubig den Kopf. Warum habe ich eigentlich nicht mit Roths Traum begonnen?, grübelte er. Hatte der Ermordete vielleicht eine Vorahnung und hätte sich diese nicht im Traum abgebildet, ganz im Sinne Jungs, der ständig von der prospektiven Funktion des Traums sprach? Und wenn Roth den Traum verstanden hätte, hätte er sich nicht vor dem Mord schützen können? Wieder so ein Dilemma des Traums: Wie ernst sind vorhersagende Träume zu nehmen? Wenn sie wahr sind, lässt sich das Vorhergesagte nicht mehr abwenden – aber welchen Sinn hätte ein solcher Träum dann? Meist ist er erst im Nachhinein wirklich zu verstehen – und genau das werde ich jetzt versuchen. Dann hat der Traum wenigstens nachträglich noch einen Sinn. Wollte Roths Unbewusstes mit diesem Traum die Spur zu einem gefährlichen Widersacher, einem möglichen Mörder legen? Wäre das der endgültige Beweis für die Richtigkeit der tiefenpsychologischen, insbesondere der jungschen Traumdeutung, ein Beweis, den auch die Professoren nicht mehr widerlegen können? Ein Beweis also, für den Roth sein Leben gegeben hätte? Würde die Traumwette sich so doch noch auflösen?

Maurer setzte sich aufrecht hin und fixierte die Kugel. Hoffentlich zum letzten Mal in diesem Fall, dachte er. Das Bild von Roths Arbeitszimmers entstand.

Maurer öffnete leise die Tür und trat ein. Sein Blick fiel auf die zwei Schwarz-Weiß-Fotografien – Jung und Freud im hohen Alter. Der tote Roth saß an seinem Schreibtisch, den Oberkörper vornübergebeugt. Der Kopf lag auf den angewinkelten Armen. Er schien zu schlafen.

»Darf ich Sie stören, Herr Roth?«, erkundigte Maurer sich vorsichtig.

Roth drehte sich schweigend um. Sein Gesicht war blutleer. Von der linken Schläfe lief ein roter Faden aus dem kleinen, runden Krater. Roth schaute Maurer verwundert an, fast schien er durch ihn hindurch in die Ferne zu blicken. Roth nickte, als erwartete er Maurers Frage.

»Darf ich Sie um Ihren Traum bitten?«, fragte Maurer mit respektvoller Stimme.

Roth nickte. Dann bewegten sich seine Lippen. »Ich bin auf einem großen Dachboden. In der Ecke zwischen den schweren Dachbalken hängt ein metergroßes Spinnennetz. Ich trete näher und greife nach einem der silbrig glänzenden Fäden, die dick sind wie Schiffstaue und wie Speichen auf die Mitte zulaufen, um die herum konzentrische Taue nach außen immer größere Räder bilden. Das klebrige Tau hält mich fest. Ich will mich befreien, indem ich mich mit der anderen Hand vom Spinnenfaden losmachen will. Zu spät. Auch diese klebt fest. Ich versuche, mich loszureißen, dabei werde ich in das Netz hineingezogen. Ich wehre mich mit Händen und Füßen, um an den Rand des Netzes zu gelangen. Vergeblich. Meine Kräfte erlahmen allmählich. Ich muss entsetzt feststellen, dass ich festhänge. Ich schaue in die Ecke, in der die Dachbalken zusammenlaufen, dort ist das Netz links über mir befestigt. Im Halbdunkel erkenne ich eine rote Spinne, die mich – groß wie ein Raubvogel – mit ihren kugeligen Augen anglotzt. In der anderen Ecke hängt eine Spinne kopfunter mit dem Hinterleib an einem Faden und dreht sich langsam, mit ihren acht Beinen in der Luft rudernd, um sich selbst. Ab und zu fällt sie ruckartig nach unten, doch der Faden fängt ihren Sturz immer wieder auf. Dann klettert sie an ihrem eigenen Faden ein Stück hoch, dreht sich um die eigene Achse und fällt wieder hinunter. Auf dem Rücken ihres fetten Hinterleibs ist ein großes Z, auf dem Bauch ein kunstvoll geschlungenes T gezeichnet. In der dritten Ecke sitzt eine schwarze Spinne. Mir fällt ein, dass es eine Spinne mit dem Namen Schwarze Witwe gibt und dass manche Spinnenweibchen ihre Männchen nach der Begattung auffressen. Auf ihrem Hinterleib entdecke ich ein Geflecht aus weiß geschriebenen Zahlen. Ich befürchte, dass eine der Spinnen auf mich zukrabbelt. Doch nichts geschieht.

›Wie lange soll ich hier noch hängen? Wollen Sie mich aushungern? Ich brauche doch Ihre Träume, sonst verhungere ich tatsächlich‹, sage ich laut in den Dachspeicher.

Plötzlich schießt eine kleine Spinne entlang einem Speichenfaden auf mich zu. Ich sehe noch, dass sie aus der Ecke der Schwarzen Witwe kommt. Sie sticht ihren Rüssel in meinen Kopf. Das Gift wirkt sofort. Ich spüre noch, wie meine Arme und Beine weich und bleischwer werden. Dann rutsche ich durch das Netz und falle und falle. Dann wache ich auf.«

Roth atmete schwer und erschöpft aus, als hätte das Erzählen seines Traums ihn die letzte Kraft und schließlich das Leben gekostet. Das rote Rinnsal an seiner Schläfe wurde breiter. Er drehte sich auf seinem Schreibtischstuhl schweigend um und ließ den Kopf wieder auf die aufgeschlagenen Seiten des XV. Bands von Freuds *Gesammelten Werken* sinken.

»Lass dich nicht stören«, flüsterte Susanne hinter Maurer. »Ich bin gleich fertig und gehe raus.«

»Schon passiert!«, stöhnte Maurer. Das Bild in der Kristallkugel war zusammengebrochen.

»Entschuldige, das wollte ich nicht. Ich verschwinde schon.«

»Nein, bleib bitte noch kurz. Was soll ich denn mit Roths Traum machen? Besser gesagt, wer deutet mir jetzt den Traum? Freud und Jung wollen bestimmt nicht mehr.«

»Dann rufe dir doch deinen dritten Psychoheiligen hinzu.« Ihre Stimme klang aufmunternd.

»Milton Erickson.«

»Genau den. Was würde der dir jetzt empfehlen?«

»Vielleicht selbst zu träumen, also die Lösung zu träumen.«

»Dann tu das doch einfach«, imitierte Susanne die Stimme eines Hypnotiseurs. »Dann tu das doch!« Sie war schon im Gehen, wandte sich zur Tür und öffnete sie leise. Sie drehte sich noch einmal zu Maurer um, der mit geschlossenen Augen dasaß, dann zog sie die Tür zum Flur vorsichtig hinter sich zu.

Was würde Erickson empfehlen?, dachte Maurer. Wieder so eine geniale Idee von Susanne. Erickson würde so etwas sagen wie: »Sie wissen, dass Ihr Unbewusstes im Schlaf träumen kann. Sie können träumen, dass Sie träumen oder dass Sie wach sind. Sie können träumen, dass Sie in einem Traum sind oder dass Sie hellwach, aber doch im Kontakt mit Ihrem Unbewussten sind. Oder Sie können so tun, als träumten Sie, obwohl Sie wach sind. Oder Sie können so tun, als seien Sie wach, obwohl Sie träumen. Und während Sie sich das überlegen, kann Ihr Unbewusstes im Traum nach der Lösung des Falls suchen. Es kann sein, dass die Lösung jetzt im Traum erscheinen wird, an den Sie sich erinnern, oder Sie werden den Traum vergessen, bemerken aber, dass Ihnen die Lösung später plötzlich wie aus heiterem Himmel einfällt. Träumen Sie! Jetzt! Mit geschlossenen oder offenen Augen, wach oder schlafend.«

Maurer hörte von weiter Ferne, wie Susanne zur Garderobe ging und ihre Jacke anzog. Der Kopf sank ihm schwer auf die Brust.

Maurer sah, wie ein Pferd an dicken Tauen in die Höhe gezogen wurde. Plötzlich riss das Seil, und das Pferd stürzte auf die Straße. Es musste tot sein. Doch es sprang wieder auf und stürmte davon. Dabei zog es einen schweren Baumstamm hinter sich her.

»Ihr erster Traum, Herr Doktor Jung, den Sie mir mitteilten«, hörte Maurer Freuds schreiende, lachende Stimme.

»Schon damals wollten Sie nicht sehen, dass der Baumstamm als Penis zu deuten war. Zu feige, Herr Doktor Jung, zu feige.« Freuds Gelächter drang Maurer bis ins Mark.

Er sah, wie Jung hinzutrat, ein Beil in der Hand. Jung hob das Beil über den Baumstamm, der an seiner Spitze ein großes, glotzendes Auge besaß. Er hackte das Beil in das fleischige Holz des Stamms, der krachend auseinander barst. Blut spritzte auf. Jung stand lachend da und schaute Freud, der hinzugetreten war, provozierend an.

»Hier haben Sie ihn endlich, Ihren Penis, Herr Professor«, schrie Jung Freud an und warf das Beil in das Blut, das unter dem tropfenden Penis einen kleinen See bildete. Freud bückte sich, nahm das Beil und schlug die Schneide in den Schädel des Pferds, das noch an den Baumstamm gebunden war. Erstaunt schaute das Pferd mit seinen starren Pupillen rechts und links neben der klaffenden Wunde Freud an, bevor es niedersank. Als Maurer genauer hinsah, erkannte er im gespaltenen Pferdekopf Jungs Gesichtszüge. Jung schien zu lachen. Freud schlug wieder und wieder zu. Jungs wieherndes Gelächter hallte dröhnend in Maurers Ohren.

Maurer zuckte zusammen. Er rieb sich die Augen und versuchte, sich zu orientieren. Schlecht geträumt, dachte er. Und natürlich von den beiden alten Kontrahenten. Einmal gerufen, werde ich die Geister nicht mehr los. Was ich brauche, ist die Deutung von Roths Traum. Drei Spinnen und Roth im Spinnennetz, getötet von einer kleinen Spinne. Ich brauche die Deutung, die Deutung!, war Maurers letzter Gedanke, bevor er wieder einschlief.

Noch einmal stand Maurer in Roths Arbeitszimmer. Er wandte sich von dem toten Roth ab und den Fotografien an der Wand zu. Sigmund Freud saß an seinem Arbeitstisch, einen Bogen Papier in der Rechten, den er jetzt umdrehte und schweigend auf den Schreibtisch legte. Er hob den Kopf und richtete den Blick auf Maurer. »Die Spinne«, zitierte er, »ist im Traum ein Symbol der Mutter, aber der phallischen Mutter, vor der man sich ängstigt. Diese Angst ist nichts anderes als der Schrecken vor dem Mutterinzest und das Grauen vor dem weiblichen Genitale.«

»Das stammt aus Ihrer *Neuen Folge der Vorlesungen* zur Einführung in die Psychoanalyse, es steht im Kapitel über die Revision der Traumlehre, nicht wahr?«

Freud nickte.

»Die Angst vor der verschlingenden Spinne als Mutter«, überlegte Maurer, »ist doch Professor Grafs Thema.«

Freud schien ihm erneut zuzunicken.

»Aber die Spinne mit den Zahlen auf dem Rücken, die wohl Graf symbolisieren sollte«, überlegte Maurer halblaut, »bleibt in Roths Traum in ihrer Ecke sitzen. Außerdem wurde Roth getötet, nicht Graf mit seinem Mutterproblem. Das ist eine falsche Spur.«

Maurer schaute ärgerlich zu Freud, der sich wieder der Niederschrift seines Manuskripts oder Briefs widmete. Maurers Blick fiel auf Jung.

»Das Spinnennetz, oft als Schicksalsrad verstanden, beschreibt den spiraligen Weg eines Menschen zu seiner eigenen, noch unbewussten Mitte, also zu seinem eigenen Wesen, dem Selbst. Manchmal wird die Mitte als Spinne dargestellt, nämlich dann, wenn im Bewusstsein noch die Angst vor den unbewussten Aspekten der eigenen Persönlichkeit vorherrscht.«

Freud horchte auf, lauschte Jungs Worten und legte die Stirn in Zornesfalten, schwieg aber und vertiefte sich wieder in seine Schreibarbeiten.

»Ja, ja, ich weiß«, seufzte Maurer, »Jung verwässert die sexuelle Deutung ins allgemein Psychische. Aber auch Ihre Deutung, Herr Jung, hilft mir hier nicht sonderlich weiter. In Roths Traum sitzt in der Mitte des Netzes keine Spinne, sondern er selbst. Er gleicht wohl eher einer zappelnden Fliege als einer Spinne.«

»Die Fliege«, spann Jung den Faden weiter, »ist das alte Symbol der menschlichen Seele. Deshalb hieß der göttliche Seelenführer Beelzebub, wörtlich übersetzt ›Herr der Fliegen‹, will sagen: ›Herr der Seelen‹. Die Spinne frisst im Übrigen, so ein alter Volksglaube, die menschliche Seele, um ihr dann Unsterblichkeit zu verleihen.«

»Die Spinne hat Roth aber zunächst einmal Sterblichkeit verliehen«, widersprach Maurer sarkastisch. »Seine Fliegenseele ist ein für alle Mal hinüber, und der Spinnenmörder wird ihm kaum wieder Leben einhauchen.« Er wandte sich verärgert von den beiden Psychologen ab. »Ein Psychologe«, fiel ihm ein, »ist, genau besehen, nichts anderes als ein ›Herr der Seelen‹, ein Beelzebub eben. Und Roth zappelt im fein gesponnenen Netz dieser Seelenführer, der Seelenfänger und Beelzebuben. Klar, Roth war auch einer von ihnen – aber wie sagt die Stimme des Volkes? ›Mitgegangen, mitgehangen‹ – oder so ähnlich.« Maurer lachte.

Zum ersten Mal in dieser ganzen Roth-Sache war er froh, dass er nicht Psychologe oder Psychotherapeut geworden war, sondern nur ein einfacher Kommissar. »Wer weiß«, meinte er grinsend, »vielleicht hätte ich mich auch in den feinen Fäden und in dem Gespinst der Psychologen oder, besser gesagt, der unbewussten, labyrinthischen Gänge der Psyche verirrt.«

Er ging ziellos in Roths Zimmer umher, trat an dessen Schreibtisch und griff an dem toten Roth vorbei nach einer besonders umfangreichen Prüfungsarbeit. Es war Rachners Habilitationsschrift. Maurer blätterte lustlos in ihr herum. Ihm schwirrte es vor Augen. Seitenweise nur Zahlenkolonnen, die sich wie phallische Pfeiler auf den weißen Seiten aufreihten. »Die Erektionen eines Zahlenwütigen, mit denen er die Psyche aufspießt«, sagte Maurer halblaut vor sich hin. »Die ehernen Schlangen eines Professor Graf und eines Rachner.« Nichts als Zahlensalat, dachte er und erinnerte sich an Grafs Traum von der Schlangenfütterung.

Gedankenverloren ließ er die Seiten der Habilitationsschrift durch die Finger gleiten. Erst jetzt fiel ihm auf, dass auf manchen Blättern quer zu den Zahlensäulen rote Striche gezogen waren. Beim Durchblättern sah das aus, als wären an manchen Stellen Insekten über die Blätter gekrochen und hätten rote Spuren hinterlassen.

Gezielt schlug er eine der rot markierten Seiten auf und nahm die Striche, Kringel, Doppellinien und Pfeile genauer wahr. Jemand hatte die Arbeit mit roter Tinte korrigiert. Manche Zahlen oder Zusammenfassungen waren unterstrichen, manche ganz durchgestrichen; zwischen einzelnen Zahlensäulen markierten rote Doppelpfeile inhaltliche Widersprüche. Offensichtlich war der Korrektor mit Rachners Arbeit nicht zufrieden; wie ein Berserker hatte er in dem Manuskript gewütet. An mehreren Stellen stand die Bemerkung »am PC nachrechnen«.

»Es könnte Roths Schrift sein«, überlegte Maurer laut. »Sie ähnelt der Niederschrift seines Traums.«

Maurers Blick blieb an »PC« hängen. Er sah zu Roths Computer hinüber, der auf einem schmalen Tisch neben der Tür stand. Er schaltete ihn ein und wartete gespannt, bis sich allmählich ein Bild aufbaute.

Er sah sich selbst im Rechenzentrum der Universität stehen. Es war spät in der Nacht. Personal konnte er nirgends entdecken. Nur das leise Surren und Rauschen der Lüftungen und das Blinken einiger Bildschirme zeigte, dass die Maschinerie lief. Schwaches Licht tauchte die Monitore und Rechnereinheiten in eine gedämpfte Atmosphäre. Die Maschinen spulten ihre Programme ab, rechneten sich durch unendliche Zahlenschlangen und spuckten Berechnungen, Ergebnisse und Texte aus. Alles schien wie gewohnt abzulaufen, keine Störung war zu bemerken.

Doch Maurer spürte, dass irgendetwas nicht stimmte. Wo war das Bedienungspersonal, das um diese Uhrzeit Nachtschicht hatte? Und plötzlich war Maurer sich sicher: Hier wird falsch gerechnet.

Er wartete lange an der chromglänzenden Theke, an der tagsüber die Besucher bedient wurden. Natürlich, dachte er, komme ich zu ungewohnter Zeit. Doch schließlich bin ich Kommissar. Er kicherte ein wenig. Sein Kichern wurde von dem gedämpften Raum und dem leisen Surren aufgesogen. Er schaute an sich hinunter und bemerkte, dass er eine grüne Polizeiuniform trug. Er begann zu lachen, doch auch das Lachen wurde vom Raum verschluckt. Suchend sah er sich um und wartete schweigend. Plötzlich stand Rachner an der Theke. Er war lautlos zwischen den Rechnern aufgetaucht. Der gehört doch nicht hierher, dachte Maurer. Rachner blickte ihn auffordernd an.

»Eine Beglaubigung für diese Rechnung, bitte«, sagte Maurer und legte ihm ein Formular vor. Rachner schaute es lange an, nickte und griff nach einem Stempel. Er drückte ihn fest auf das Stempelkissen, danach auf das Formular.

Zurück blieb ein kräftiger bläulicher Abdruck, der ein wenig verwischt war. Es war nicht das bekannte Siegel der Universität mit den drei übereinander stehenden Löwen. Erst beim zweiten Blick entdeckte Maurer, dass konzentrische Kreise mit radial verlaufenden Speichen in dem runden Siegel ein Netz bildeten.

»Ein Spinnennetz?«, fragte er leise.

Rachner sah ihn lächelnd an. An den Rändern des Netzes saßen jetzt drei fette Spinnen, die langsam auf die Netzmitte zukrabbelten. Der unscheinbare Fleck in der Mitte begann, heftig zu tanzen. Er zappelte wie ein Fliege.

Das ist doch Roths Traum!, dachte Maurer.

»Alles in Ordnung?« Rachners Stimme war angenehm sanft.

»Noch eine Unterschrift.«

Schwungvoll setzte Rachner seine Unterschrift in den Stempelabdruck.

»A. Rachner«, las Maurer.

Das Bild auf dem Monitor in Roths Büro zerfiel. Auf dem schwarzen Bildschirm war nichts mehr zu erkennen. Er hatte sich wohl getäuscht und Roths Computer gar nicht erst angeschaltet. Während er noch vor sich hin starrte, stellte sich auf dem dunklen Monitor langsam ein kaum sichtbares Nachbild ein. Maurer hatte Mühe, die verschwommenen Buchstaben zu entziffern. Es schien Rachners Unterschrift auf der Rechnung zu sein.

»ARachne?«, buchstabierte Maurer halblaut und stockend. »Arachne«.

»Ja!«, schrie Maurer, »Ich hab's!« Er sprang aus seinem Sessel auf und schlug die rechte Faust immer wieder in den linken Handteller. »Endlich. Ich hab's geschafft!«

»Was hast du denn?« Susannes verwunderte Frage unterbrach Maurers Jubel. Sie war zurückgekommen und hatte noch unter der Tür Maurers Schrei gehört.

»Ich hab diesen Scheißfall in der Kiste!«, jubelte er.

»Wer geht ab in die Kiste?«, lachte sie.

»Arachne! Ich sage nur, Arachne.« Er ließ sich in den Sessel fallen, schaute zufrieden lächelnd vor sich hin und flüsterte immer wieder: »Arachne.«

»Muss ich mir jetzt Sorgen machen, bist du jetzt völlig

durchgedreht?« Sie tippte sich an den Kopf und redete eindringlich auf ihn ein: »Arachne ist die Griechin, die von Athene in eine Spinne verwandelt wurde, weil sie kunstvoller weben konnte als Athene selbst, die Göttin des Handwerks.«

Maurer hatte ihr nicht zugehört. Immer wieder schlug er die rechte Faust in die Innenfläche der linken Hand.

»Wer ist denn nun deine Arachne? Es gab doch zu guter Letzt nur noch eine weibliche Verdächtige, die Professorin Schneeweiß-Rode, oder nicht?« Susanne musste fast schreien, um von Maurer gehört zu werden.

»Bei mir ist es eine männliche Arachne, die die Mordintrige auf dem Olymp der Universität fein gesponnen hat«, sagte er grinsend, sprang auf und reckte beide geballten Fäuste in Siegerpose in die Höhe.

»Männlich? Arachner?« Susanne blickte Maurer stirnrunzelnd an. »Du bist wirklich aufgewacht?«

»Andreas Rachner.« Er betonte den Anfangsbuchstaben von Andreas. »Ein ganz billiges, banales Wortspiel hat Rachner aufgegriffen. Aber bei den meisten Mordfällen ist es das nahe Liegende, das den Schlüssel zur Lösung liefert. Doch das nahe Liegende ist auch am schwersten zu erkennen, weil man es für irrelevant hält und gerne übersieht. Dabei hat der tote Roth mich mit der Nase darauf gestoßen, auf die Spinne in Freuds *Neuen Vorlesungen*.«

»Du meinst Rachner, der Assistent von Professor Graf, war es?« Susanne ging jetzt auf Maurer zu, fasste ihn an beiden Schultern und schüttelte ihn, als wollte sie ihn noch einmal aufwecken.

»Genau, dieser unscheinbare Mathematikerpsychologe, der genau wie Professor Graf den Tiefenpsychologen Roth nicht im Geringsten ausstehen konnte.«

»Und du bist dir ganz sicher, dass das keine Hirngespinste sind, die Arachne in deinem Kopf gesponnen hat?« Sie fasste Maurers Kopf mit beiden Händen und schaute ihm tief und ungläubig in die Augen.

»Nein! Ich bin mir ganz sicher, dass das die Lösung ist. Und außerdem: Träume lügen nicht. Er und seine männlichen Professorenkollegen wollten es ja nicht glauben.« Maurer befreite sich aus Susannes Griff.

»Und du hast in der vergangenen Stunde die Lösung geträumt?«

»Nein, eigentlich nicht, ich meine, nicht ich, sondern mein Unbewusstes – oder, genauer gesagt, ein Traum hat mich auf die Spur der richtigen Traumdeutung geführt.« Maurer begann zu tänzeln.

»Klingt reichlich verworren.«

»Mag sein. Aber das Unbewusste denkt eben auf verschlungenen Pfaden, in labyrinthischen Wegen oder spiralig, genau wie ein Spinnennetz aufgebaut und strukturiert ist. Ein Spinnennetz ist doch wirklich ein Kunstwerk höchsten Grades.«

»Rede nicht länger herum. Was ist des Pudels Kern?«

»Denk doch nicht so geradlinig männlich.« Maurer setzte das rechte Bein schwungvoll nach vorne und deutete eine Walzerdrehung an.

»Lass die Scherze. Wenn du schon tanzen willst, dann bitte mit mir.« Sie bot sich ihm mit offenen Armen als Tänzerin an.

Maurer wirbelte sie übermütig im Kreis herum. Nach einigen Drehungen hielt er inne und sagte ein wenig atemlos: »Ist es nicht erstaunlich, dass so einfache Tiere wie Spinnen so komplexe Strukturen hervorbringen? Es ist naturwissenschaftlich völlig ungeklärt, wie die Spinne ein Netz ohne Plan am richtigen Punkt beginnt und immer richtig zu Ende bringt.«

»Und ist es nicht erstaunlich«, fuhr Susanne fort, »dass dieselben Strukturen nicht nur in Spinnennetzen, sondern auch in Kristallen, im Aufbau von Stonehenge und im minoischen Labyrinth auf Kreta zu finden sind?« Susanne fand Gefallen an ihren Ideen. »Nicht zu vergessen das Labyrinth in der Kathedrale von Chartres. Das Netz selbst ist Grundstruktur der Welt, der Bauplan eines Kristalls und eines Baumblattes, alles ist miteinander vernetzt, in Form eines Netzes hängt alles mit allem zusammen, bis hin zum Internet. Und hinter allem steckt Arachne?«

»Von Arachne ist es nicht weit zu den Archetypen, den Urbildern der Psyche. Ist es Arachne oder Gott, der die Archetypen webt?«, überlegte Maurer laut. »Man könnte sagen, dass der ganzen Materie formgebende Archetypen zugrunde liegen. Man müsste – um Jung weiterzuführen – sagen, die Weltseele, aus der heraus die Strukturen des Materiellen entstehen, trägt verschiedene Archetypen in sich. Wir müssten also nicht nur vom kollektiven Unbewussten der menschlichen Seele, sondern der Welt, der Materie reden. Was hältst du von dieser Idee: das kollektive Unbewusste der Welt und des Kosmos?«

»Willst du eine neue Psychologie des Kosmos begründen?«, frotzelte Susanne.

»Nicht ganz«, erwiderte Maurer spielerisch, »aber Sheldrake spricht von morphischen Feldern, nichtmateriellen Energiestrukturen, die die Materie zu ihren Formen organisieren.«

»Morphisch«, überlegte Susanne, »Morpheus ist doch ein Sohn von Hypnos, dem Gott des Schlafs?« Sie schloss die Augen. »Hypnos oder Somnos, der Gott des Schlafes«, flüsterte sie theatralisch und legte den Kopf wie zum Schlaf an seine Schulter, »in tief eingehender Höhle in einem Berg hat der feiernde Schlafgott sein Gemach. Kein Lichtstahl gelangt je dorthin, das Dunkel verwobener Nebel und die Dämmerung zweifligen Lichtes umschweben ihn. Kein Hahn ruft je dort mit seinem frühen Schrei Aurora herauf; nie stören das Bellen wachender Hunde und das Schnarren der Gänse die Stille; nie ist zu hören das Wispern des Laubes an Zweigen, nie die Zwiesprache menschlicher Zunge. Schweigsame Ruhe weilt immerdar. Doch fließt mit lethäischem Wasser am Felsen ein Bach, der mit Gemurmel wiegt in den Schlaf. Rot blüht der wuchernde Mohn am Tor der Höhle mit unzähligem Kraut, woraus die fallende Nacht schläfernden Milchsaft sammelt und tautropfend verstreut auf das finstere Land. Hoch steht die

Bettstätte aus schwarzem Holz der Eben, verhüllt mit dunkler Decke aus luftigem Flaum. Dort liegt ruhend der Gott, Leib und Glieder gelöst in hängender Erschlaffung. Um ihn zerstreut Gestalten aus nichtigen Träumen, so viele wie Ähren auf dem Felde der Herbstzeit, so viele, wie Blätter das Dickicht trägt und Sandkörner an die Ufer der Meere gespült werden.« Lachend brach Susanne ihre Rezitation ab. »Das war frei nach Ovid. Klingt es nicht wunderschön? Morpheus erscheint in den Träumen in unterschiedlichen menschlichen Gestalten. Morpheus, der Gott der Traumgestalten.«

»Womit wir wieder beim Thema wären. Bei den Träumen und bei meinem Mordfall, dessen Lösung ich wohl den Archetypen oder den Gestalten des Morpheus verdanke.«

»Da wirst du dich bestätigt fühlen: Jung hat weiter gedacht als Freud.«

»Vielleicht hat er auch das Wesen der Träume besser verstanden«, meinte Maurer, dem es schwer fiel, einem der beiden den Vorzug zu geben. »Jedenfalls was die prospektive Funktion von Träumen angeht. Seit diesem Mordfall muss ich Jung – auch gegen Freud – zugestehen, dass Träume zukünftige Entwicklungen und Konstellationen vorwegnehmen können.«

»Wer hat denn bei der Traumwette einen prospektiven Traum geträumt?«

»Keiner der drei Professoren, sondern das Mordopfer selbst. Hätte ich Jung ernster genommen, wäre ich schon viel früher draufgekommen.«

»Wer nicht hören will, muss träumen«, grinste Susanne. Sie setzte sich in den Sessel und wartete auf Maurers Erläuterungen.

»In dem Traum, den Roth wenige Tage vor seinem Tod träumte, ist seine Ermordung schon vorgezeichnet. Auch der Täter wird im Grunde benannt: Er kommt in Gestalt einer kleineren Spinne aus der Ecke der Schwarzen Witwe, die Graf symbolisiert. Also konnte es nur einer seiner Assistenten sein.«

»Aber du warst blind für diese Sprache des Traums?«

Maurer ging erregt auf und ab und blieb dann unvermittelt stehen. »Wenn ich ehrlich bin, ja – oder freudianisch geblendet«, gestand er ein, »andererseits ist es gut jungianisch, sich vom Unbewussten auch auf Umwege führen zu lassen. Sie sind oft gewinnbringender als die direkte Via regia. Die Umwege im Mordfall Roth waren durchaus interessant.«

»Du kannst es deuten, wie du willst«, meinte sie, »wichtig ist nur, dass es für dich – oder natürlich für dein Unbewusstes – stimmt. Habe ich Recht?«

»Milton Erickson würde das so sehen.«

»Ja, fast hätten wir vergessen, dass erst dein dritter Säulenheiliger das alles möglich gemacht hat.«

»Seinen Hypnoseinduktionen verdanke ich eigentlich die Lösung des Falls. Seine Idee mit der Kristallkugel ist für mich als Kommissar unschätzbar. Schon deswegen gehört er für mich in die *hall of fame* der Psychologenzunft.« Maurers Schritte wurden langsamer.

»Warum hat Rachner den armen Roth überhaupt erschossen? Doch wohl nicht nur wegen dieser komischen Traumwette?«

Maurer blieb sinnierend stehen. »Ja und nein. Für beide Parteien stand mehr auf dem Spiel, nämlich wessen Traumtheorie und damit welche Theorie des Unbewussten richtig sei. Natürlich konnten die Beteiligten dies nicht durch die Wette abklären, doch emotional hatte sich die Sache so konstelliert, dass eine Niederlage durchaus für einen Gesichtsverlust und den deftigen Spott der anderen Partei gesorgt hätte. Unbewusst hatte sich die Situation auf Sieg oder Niederlage zugespitzt. Niemand wollte sich dem aussetzen. Alle drei Professoren hatten ja auch ernstlich überlegt, aus dieser eigentlich witzig gemeinten Wette auszusteigen. Aber das hat keiner gewagt, nicht zuletzt wegen Roth, der im Zentrum der Geschichte saß, ganz wie es sein Traum vom Spinnennetz darstellte. Er war durch die Träume der Professoren und sein Insiderwissen besser informiert als jeder der anderen Wettteilnehmer – und alle Beteiligten wussten oder ahnten zumindest, dass Roth mehr wusste als sie selbst. Also tatsächlich eine hochbrisante Konstellation. Die psychologische Dynamik der Traumwette bewirkte, dass alle mehr preisgaben, als sie beabsichtigt hatten, nicht zuletzt in ihren Träumen.«

»Und doch war die Traumwette selbst wohl die falsche Spur, der du zu lange gefolgt bist.«

»Das ist richtig. Das Mordmotiv lag eben nicht, wie ich lange dachte, in der Traumwette, sondern in Rachners Habilitationsschrift. Roth hat vermutlich entdeckt, dass mit der von Professor Graf groß angekündigten Habilitation über die Wirkung der Verhaltenstherapie etwas nicht stimmte. Die Verhaltenstherapie war den anderen Therapieformen wohl doch nicht so sehr überlegen, wie Rachner behauptete. Also muss er die Zahlen seiner Studie manipuliert haben. Da ist er kein Einzelfall. Wissenschaftsfälschungen sind recht häufig.«

»Wie kam Roth darauf? Er ist doch kein Statistikexperte.«

»Das nicht, aber ein Traumexperte. Professor Grafs dritter Traum macht deutlich, dass Rachner, im Traum als Tierpfleger, ihn mit Zahlensalat gefüttert hat. Graf hat also unbewusst etwas von Rachners Manipulationen geahnt, dies aber nicht wahrhaben wollen, weil er sich durch die großartige Ankündigung und Vorabversendung der Ergebnisse an die Krankenkassen und Ärztekammern auf Gedeih und Verderb von seinem Assistenten abhängig gemacht hatte.«

»Und Roth hat Grafs dritten Traum beim Wort genommen?«

»Ja, ganz sicher. Vermutlich hat er deshalb Rachners Ergebnisse ganz gezielt überprüft und dabei Unstimmigkeiten entdeckt. Ich kann mir gut vorstellen, dass er Rachner zur Rede gestellt und mit einer öffentlichen Bloßstellung gedroht hat. So wie ich Roth inzwischen kenne, wäre dies für ihn durchaus eine lustvolle Rache an Graf und Rachner gewesen und darüber hinaus noch ein Triumph gegenüber der Verhaltenstherapie. Leider konnte er ihn nicht mehr auskosten.«

»Das darfst nun du an seiner Stelle.«

»Als kleine sadistische Entschädigung für meine Anstrengungen und Entbehrungen wirst du mir das doch wohl gönnen!?«

»Und wo bleibt die Entschädigung für meine, um mit Freud zu reden, libidinösen Entbehrungen heute Nacht?«

Maurer setze sich auf die Armlehne ihres Sessels und zog sie an sich.

»Nicht so stürmisch, junger Mann. Bevor du mich küsst, würde ich schon noch gerne wissen, wie Rachner auf das Symbol der Spinne kam.«

»Ich weiß es nicht. Das wird seine Vernehmung ergeben. Zum jetzigen Zeitpunkt kann ich nur spekulieren. Vermutlich – banal, das jetzt zu sagen – war es sein Unbewusstes. Ich sage doch schon immer, dass der Täter es unbewusst auch darauf anlegt, gefasst zu werden. Er legt unbewusst Spuren, die zu ihm führen. Das Unbewusste hält eine solche Untat nicht aus. Es will die durch den Mord gestörte Ordnung wiederherstellen. Vielleicht gibt es auch hierfür einen Archetypus. Ich weiß nur noch nicht, wie ich ihn nennen könnte. Aber mit dieser Entdeckung gehe ich in die Geschichte der Tiefenpsychologie ein.« Maurer grinste und legte den Arm übertrieben vorsichtig um Susannes Schulter.

»Nicht schlecht, deine Ideen«, erwiderte Susanne, »vielleicht gibt es im Unbewussten einen Sinn oder ein Gefühl für die gute, in sich runde Gestalt, wie das ja auch die Gestaltpsychologie behauptet. Durch ein Verbrechen wäre dann die Gestalt der Psyche des Täters so massiv gestört, dass die Seele nach einer Wiederherstellung der eigenen Gestalt sucht. Erst die Sühne stellt diese Gestalt wieder her – wenigstens teilweise. Vielleicht gibt es ein morphisches Feld für die Integrität unserer Seele.«

»Denkbar. Wenn du das so sagst, bin ich mir da ziemlich sicher. Mir fällt dazu ein, dass das Spinnennetz im Grunde aus vielen konzentrischen Kreisen besteht, aus Kreisen, die um ein

Zentrum angeordnet sind und die in einem spiraligen Weg auf das Zentrum hinführen. Es ist also ein Symbol einer vielfach runden, in sich ganzen Gestalt.«

»Was meinst du damit?«

»Rachners Unbewusstes wählte dieses Ganzheitssymbol, um die Spur zu sich selbst als Täter zu legen, in der Absicht, seine Integrität durch die Überführung und sühnende Strafe wiederherzustellen.«

»Na ja, ich glaube, das sind doch sehr gewagte Spekulationen. Vermutlich gibt es eine viel näher liegende Erklärung.«

»Und die wäre?«

»Roth hat Rachner nach seinem Spinnentraum angesprochen und ihm bei der Konfrontation etwa Folgendes gesagt: ›Der Betrug in Ihrer Habilitation mag ja fein gesponnen sein, und Sie machen Ihrem Namen alle Ehre, aber ich werde das Lügengespinst Ihrer so genannten wissenschaftlichen Arbeit zerreißen, und zwar öffentlich.‹

Rachner tat dann sicherlich erstaunt. ›Wie meinen Sie das?‹

Darauf Roth: ›Aus Ihrem Namen lässt sich unschwer das Wort Arachne bilden.‹

Nun wieder Rachner: ›Arachne?‹

Darauf Roth: ›Arachne, die Spinne. Und Spinnen können für den, der im Netz zappelt, gefährlich werden.‹

Wieder Rachner: ›Im Moment scheine ich in Ihrem Lügengespinst von Verleumdung und Verdächtigung zu zappeln.‹

Nun Roth: ›Tatsächlich eine spannende Frage, wer in wessen Netz geraten ist, ich in Ihres oder Sie in meines. Das wird die Überprüfung Ihrer Habilitationsschrift erweisen.‹

Dann ist Rachner gegangen und hat Roth am nächsten oder übernächsten Abend in dessen Büro überrascht und erschossen. Als zynische Anspielung auf Roths Sympathie für die Psychoanalyse hat er dann per Registerband die Textstelle zur Spinne aus Freuds Gesamtwerk herausgesucht, sie mit Blut gekennzeichnet und dem toten Roth untergeschoben.«

»Nicht schlecht, deine Erklärung. Aber auch in diesem Fall

hätte ihm sein Unbewusstes ein Schnippchen geschlagen und die Spur zu ihm als Täter gelegt.«

»Vermutlich hast du ja Recht«, gab Susanne sich geschlagen.

»Wir werden das bei Rachners Vernehmung in den nächsten Tagen sehen.«

»Heißt das, dass du nun Rachners Festnahme veranlassen musst?«

»Genau das!« Maurer zog Susanne aus dem Sessel zu sich hoch. »Ich schlage einen Osterspaziergang hinunter ins Dorf vor. Da gibt es sicherlich eine Telefonzelle.«

»Ich kann mir zwar einen idyllischeren Osterspaziergang vorstellen, aber natürlich gehe ich mit, schließlich bin ich schuld daran, dass du dein Handy nicht mitgenommen hast. Sonst hättest du doch dauernd mit deinem Chef und deinen Kollegen telefoniert.«

»Und ich hätte mich nicht ganz auf die Kristallkugel oder, besser gesagt, auf mein Unbewusstes verlassen.«

»Und sie braucht auch keinen Platz im Koffer.« Susanne schaute ihn vielsagend an und nahm den über das ganze Gesicht grinsenden Maurer in die Arme. »Komm, lass uns gehen. Die Sonne ist schon erstaunlich warm.«

Sie warfen sich ihre Jacken über und gingen den gewundenen Weg durch zartgrün leuchtende Weinberge in den Ort hinunter. Am Dorfplatz befand sich neben dem Café eine Telefonzelle. Susanne setzte sich in das Café und beobachtete durch das große Fenster, wie Maurer die schwergängige Tür der Telefonzelle aufzog und eintrat.

»Hier Maurer«, antwortete er, nachdem am anderen Ende abgenommen worden war und sein Chef sich mit »Bauer« gemeldet hatte.

Ohne umständliche Höflichkeiten oder Floskeln begann Maurer: »Bitte benachrichtigen Sie die Professoren Zimmermann, Graf und Schneeweiß-Rode. Sie sind entlastet. Sagen Sie den beiden Herren Professoren aber auch, dass sie ihre Wette verloren hätten. Den leibhaftigen oder besser toten Beweis könnten sie auf dem Waldfriedhof unter dem Holzkreuz mit der Aufschrift ›Johannes Roth‹ finden.«

Maurer hörte, wie sein Chef sich räusperte, dann hüstelte und schließlich zu einer Frage ausholen wollte. Bevor es dazu kam, fuhr Maurer ungerührt fort: »Und zum Zweiten: Lassen Sie bitte sofort Andreas Rachner, den Assistenten von Professor Graf, verhaften. Er ist Roths Mörder. Rachner wird vermutlich noch den Traum des Gerechten träumen. Wecken Sie ihn, und sagen Sie ihm liebe Grüße von mir, nein, besser von Herrn Jung und Herrn Freud.«

»Einen Augenblick«, tönte es aus der Leitung, »nun mal ganz langsam. Sind Sie sich ganz sicher, dass Sie nicht träumen, lieber Maurer, oder noch in den letzten Zügen eines Chiantirausches liegen?«

»Ja, bin ich! Rachner ist der Täter.«

»Legen Sie sich erst einmal wieder hin und schlafen Sie sich gründlich aus. Sobald Sie wieder klar bei Sinnen sind, melden Sie sich in aller Ruhe noch einmal«, redete die Stimme aus dem Hörer in besänftigendem und zugleich besorgtem Ton auf Maurer ein. »Sie haben vermutlich eine ziemlich aufregende Nacht hinter sich.« Sein Chef kicherte ein wenig anzüglich.

»Das mit der Nacht stimmt durchaus. Aber die Sache mit Rachner eben auch.«

»Wie jeder Anfänger der Kriminalistik weiß, brauche ich für eine Festnahme handfeste Beweise, die mehr sind als ein paar Traumreste Ihrer letzten Nacht. Also, wie gesagt, schlafen Sie erst mal aus.«

Mit dem Widerstand seines Chefs hatte Maurer nicht gerechnet.

»Aber ich sage Ihnen doch, Rachner war's! Er hat die Daten für seine Habilitation gefälscht, und Roth ist ihm auf die Schliche gekommen. Ich kann das hier am Telefon nicht weiter ausführen.«

Bauer lenkte ein. »Nun gut. Ich kann Rachner ja vorläufig festnehmen lassen.«

»Das ist wirklich kein Risiko. Sie können sich auf mich oder, besser, auf mein Unbewusstes, verlassen.«

»Spielen Sie mir bloß nicht den Polizeipsychologen!«, lachte Bauer durch die Leitung.

»Doch, doch. Wie Sie sich denken können, spielt gerade bei der Lösung dieses Falls die Psychologie die entscheidende Schlüsselrolle.«

»Nun machen Sie mich aber doch neugierig. Darf ich zu guter Letzt noch fragen, wie Sie denn darauf gekommen sind?«, erkundigte sich Bauer und fügte beruhigend an: »Das Telefonat geht auf Dienstkosten, versteht sich.«

»Kennen Sie Lewis Carrolls Fortsetzung von *Alice im Wunderland*?«

»Nein«, murrte Bauer.

»*Through the looking glass*«, erklärte Maurer, »genauer müsste ich für mich sagen, ›Looking through the glass‹.«

»Ich sagte doch, Sie haben zu tief ins Weinglas geschaut.«

»Nein, nur in eine Kristallkugel. Ich gebe zu, diese kriminalistische Methode ist noch recht unbekannt. Zu Hause kann ich Sie in diese Technik einführen. Sie geht auf Milton Erickson zurück, den ›Erfinder‹ der Hypnotherapie.«

»Kristallkugel? Seit wann sind Sie denn unter die Wahrsager gegangen, es reicht doch, dass Sie zu den Psychologen konvertiert sind«, knurrte Bauer.

»Ein wahrsagender Psychologe wäre auch nicht schlecht«, lachte Maurer. »Ich habe mich hier in meinen großen Sessel gesetzt, in meine Kristallkugel geschaut und mein Unbewusstes gebeten, mir in dieser Nacht die Lösung zu liefern. Dann bin eingeschlafen, und heute Morgen hatte ich die Lösung.«

»Und das soll ich Ihnen abnehmen?«

»Sicher. Lassen Sie es mich genauer erklären. Am besten noch einmal mit Lewis Carroll«, fuhr Maurer ungerührt fort. »Am Ende von Carrolls *Through the looking glass* gibt es ein wunderbares Gedicht mit der Zeile ›Never seen by waking eyes‹.«

»Wie bitte? Sie haben nichts gesehen? Spannen Sie mich nicht länger auf die Folter! Wie sind Sie darauf gekommen?«

»Sie werden lachen: Es waren Träume.«

»Sie machen Witze! Ihre ganze Story hört sich an wie ein Traum.«

»Nein, es war wie im ganz normalen Leben. Das besagte Gedicht von Carroll endet mit dem Vers ›Life, what is it but a dream‹.« Maurer hängte ein.

Er drückte die schwere Glastür der Telefonzelle auf und trat hinaus auf den Dorfplatz, wo Susanne ihn bereits erwartete. Er nahm sie lachend in die Arme. »Life, what is it but a dream.« Dann schob er sie wieder ein wenig von sich weg, blickte ihr in die Augen und sagte leise zu ihr: »Never seen by waking eyes.« Bevor sie etwas sagen konnte, schloss er die Augen und küsste sie. Als sie sich von ihm gelöst hatte, erwiderte sie: »Typisch Männer! Nicht einmal die, die ihr liebt, seht ihr wachen Auges.«

»Das ist eigentlich auch gar nicht nötig. Du bist und bleibst eben meine Traumfrau.«

»Manchmal sind aber Träume auch Schäume«, konterte sie.

»Aphrodite, die Göttin der Liebe, wurde aus dem Schaum geboren«, erwiderte er umgehend.

»Dann muss ich dir auch sagen, dass Aphrodite mit dem lahmen Hephaistos verheiratet war«, gab sie zurück.

»Was willst du damit andeuten?«

»Er bot ihr zu wenig, wenigstens sexuell, sonst hätte sie keine anderen Affären wie zum Beispiel mit dem Kriegsgott Ares gehabt.«

Maurer schluckte. »Lass uns ein schönes Frühstück machen. Jetzt beginnt der Urlaub«, versuchte er abzulenken.

Sie gingen langsam den Weg zum Weingut hinauf. Im Wohnraum angekommen, riss Susanne alle Fenster weit auf. »Damit der Dunst des Bösen hinausfliegen kann«, sagte sie energisch.

»Stelle bitte diesen Therapeutensessel in den Vorraum, damit du nicht in Versuchung gerätst, dich wieder in ihm niederzulassen. Und pack diese Kugel weg!«

»Wenn du willst, kannst du sie auf den Boden schleudern«, erwiderte er grinsend.

Er legte übertrieben behutsam die Hände um die Kugel, und überreichte sie ihr feierlich. Betont vorsichtig übernahm sie die schwere Kugel.

»Wirf sie mit aller Kraft auf den Steinboden!«

Sie packte die Kugel fester, hob sie ein wenig hoch, holte mit Schwung aus und schmetterte sie zu Boden. Das krachende Splittern von Glas blieb aus.

»Du mit deiner eingebildeten Kristallkugel, die nichts ist als ein Traum!« Sie zog ihn an sich und umschloss ihn fest mit beiden Armen. Er wehrte sich nicht, war aber in Gedanken bei Milton Ericksons Untersuchungen zur Hypnose. Erickson hatte Versuchspersonen angewiesen, eine Kristallkugel zu fixieren und dabei in Trance zu gehen, was ihnen nach einiger Übung recht gut gelang. Sollten Sie dann aber ohne Kristallkugel in einen hypnotischen Zustand gehen, gelang ihnen das nur mit Mühe. Ihre Fähigkeit, eine Trance zu erzeugen, war an die Kugel gekoppelt.

Daraufhin bat Erickson Versuchspersonen, sich eine Kristallkugel nur vorzustellen und in diese imaginäre Kristallkugel zu blicken. Diese Personen entwickelten eine weit tiefere Trance als diejenigen, die in eine echte Kugel geschaut hatten. Maurer hatte lange geübt, sich seine Kugel vorzustellen. Inzwischen konnte er sich überall seine Kristallkugel träumen und sie überallhin mitnehmen – und niemand konnte ihn daran hindern.

»He, wach auf!«, flüsterte sie ihm ins Ohr. »Träum nicht schon wieder.«

Er befreite sich aus ihrer Umarmung, ließ den Blick über ihr Gesicht wandern und sagte leise: »Ich glaube, ich habe die ganze Nacht geträumt.«

»Immerhin hast du jetzt den Täter, ganz real«, erwiderte sie lächelnd und zog ihn wieder an sich.

Danach ging alles ganz schnell und wie selbstverständlich.

»Sie funktioniert noch«, murmelte er in ihre Achselhöhle.

»Meinst du mich?«

»Nein. Meine eherne Schlange.«

»Wer bitte? Du sprichst im Traum.«